# 高校体育教学与训练实践研究

刘 雷 袁 翔 崔 晶 著

全 国 百 佳 图 书 出 版 单 位

吉林出版集团股份有限公司

图书在版编目(CIP)数据

高校体育教学与训练实践研究 / 刘雷,袁翔,崔晶
著.--长春：吉林出版集团股份有限公司,2023.6
ISBN 978-7-5731-3899-6

Ⅰ.①高… Ⅱ.①刘… ②袁… ③崔… Ⅲ.①体育教
学-教学研究-高等学校 Ⅳ.①G807.4

中国国家版本馆 CIP 数据核字(2023)第 132102 号

# 高校体育教学与训练实践研究

GAOXIAO TIYU JIAOXUE YU XUNLIAN SHIJIAN YANJIU

作　　者:刘　雷　袁　翔　崔　晶

责任编辑:欧阳鹏

技术编辑:王会莲

封面设计:豫燕川

开　　本:787mm×1092mm 1/16

字　　数:263 千字

印　　张:12

版　　次:2023 年 6 月第 1 版

印　　次:2023 年 6 月第 1 次印刷

出　　版:吉林出版集团股份有限公司

发　　行:吉林出版集团外语教育有限公司

印　　刷:长春第二新华印刷有限责任公司

ISBN 978-7-5731-3899-6　　　　定价:72.00 元

# 前　言

　　大学生是未来祖国现代化建设的人才。健壮的体魄、良好的心理素质、高尚的道德情操已成为 21 世纪对人才的基本要求。大学生正处于身体发育的旺盛阶段，因此树立健康第一的思想、培养良好的体育锻炼习惯、掌握科学的体育锻炼方法，对于提高大学生个人身体素质，进而提高全民族体质，具有特别重要的意义。

　　高校体育教学是我国高校教育和体育教育的重要组成部分，在促进我国体育和教育事业发展、促进大学生健康全面发展方面发挥着重要作用。随着教育改革的不断深入发展，越来越多的高校开始重视体育教学在培养学生身心素质上所起的作用。

　　体育教学与运动训练是高校体育教学的主要组成部分，不断完善体育教学与运动训练可以全面提高高校体育的教学质量，促进学生综合素质的稳步提升，进而为我国的体育事业培养出更多的优秀储备人才。所以，对运动训练与体育教学两者之间进行双重掌控，同时做到优势互补，便是当今高校体育教学工作者需重点思考的问题。在高校体育教学工作中，既需要进行体育教学，又需要保证运动训练，将体育教学和运动训练有效结合，进行优势互补，有助于高校体育教学工作高效进行。

　　本书通过对高校体育教学与训练的研究，旨在提高人们的体育教学观和运动训练观，促进体育教学与运动训练的良性发展。全书观点新颖，内容丰富，语言流畅，通俗易懂，对从事体育运动及教学工作者具有一定的借鉴和参考价值。

　　本书在写作过程中，吸收、借鉴了国内外许多专家学者的最新研究成果和出版文献，在此一并表示感谢。由于作者的时间、水平、经验有限，书中难免有不妥或错漏之处，恳请同行和广大读者指正。

# 目 录

# 第一章

# 体育教学概述

作为传播体育理论和体育实践知识的重要途径,体育教育有助于培养学生体育方面的才能,促进学生德、智、体、美等诸多方面素质的全面发展。本章主要从体育教学的概念与目标、特点与功能以及体育教学的现状和发展几方面进行分析与研究,为体育教学实践活动的开展奠定一定的理论基础。

# 第一节 体育教学的概念与目标

## 一、体育教学的概念

体育教学是众多学科教学的一种具体形式,为了更深入地认识体育教学的概念,就需要首先了解教学的相关知识,对教学的基本含义进行分析是认识体育教学的重要前提。

### (一)教学的概念

"教学"是一种动态行为,是教学工作者对具体的学科或技能组合进行的一种有组织、有计划的教学行为。可以从宏观和微观两个方面对教学的含义进行分析,具体如下。

首先,从宏观角度分析,教学是一种特殊的教育活动,它是指教学者就一种或多种文化为对象,对受教者进行教育,以期让受教者获得这种文化的活动。其中的教学者是掌握某种知识或技能的人,他与接受教育的人共同构成教学的主体。

其次,从微观意义上讲,教学是一种直观的教师进行教授和学生进行学习的活动,在这个活动中,教师是教学的引导者,是教学活动的组织者和知识传授者;学生是教学的"受众"和主体,简而言之,教学是一种以特定文化为对象的"教"与"学"的活动。

综上所述,可以认识到,教学是一种教育活动,这种活动需要教师和学生的共同参与,并为了实现某一具体的教学目标而相互协作。

### (二)体育教学的概念分析

#### 1. 体育教学是一门学科

体育教学包括体育教学目标、教学内容、教学评价等内容。体育教学是一种特殊的教学课程,它以发展学生体能,增进学生身心健康为主要目标,配合德、智、美、劳进行教学,促进学生身心全面发展。体育教学最重要的教学组织形式是课程教学,作为一门较为特殊的课程教学,体育课程教学的目的是促进学生在德、智、美三方面全面发展的同时,促进学生的身体素质的提高和身心健康,以保证教学目标的顺利实现。体育课程教学的概念更加侧重于体育运动知识与技能的学习与掌握,但在学生对体验和参与体育运动的认识、情感与社会适应等方面没有给予充分的关注。

#### 2. 体育教学是教育的组成部分

体育教学是在教师的指导下,从生物科学、教育学、心理学、社会学、哲学等学科中获得知识,在体育与健康方面有计划、有目的、有组织地进行以身体锻炼为载体的活动,它与德、智、美、劳的教育课程相配合,共同促进学生身心全面发展。除了运动能力的教育还有些许欠缺,在体育运动、体育活动与训练的教育方面都能够促进学生身心发展,这也是素质教育的主要内容。

### 3.体育教学是活动

体育教学主要是有目的、有计划、有组织的相关体育活动的组合。有关研究学者也提出了相似的看法："现代体育教学是为了使学生能在身体、运动认识、运动技能、情感和社会适应能力方面和谐发展的有计划、有组织的活动。"体育教学不仅仅是把理论知识背熟就可以，它是在参与运动技能的基础上，有一定技能进行的体育活动，达到体育参与一定运动技能的标准，是感受体验的积累。

## (三)体育教学的要素构成

体育教学既不是完全的游戏和娱乐活动，也不是一种随意的、随心而行的教学活动，它是由多种要素共同组成，才得以正常、合理、科学地开展。一般来说，体育教学的构成要素主要包括以下几个方面。

### 1.体育教师

体育教师是体育教学活动的组织者、指导者，同时也是知识的传授者。如果没有体育教师的参与，那么体育教学也就不会存在，这主要是因为缺少体育教师这一要素，体育教学也就缺少了"组织者"和"指导者"。在体育教学中，体育教师既是课程设计的参与者，同时也是课程教学的实施者。因此，体育教师是体育教学中的主导因素。

### 2.学生

学生是体育教学中的受教育者，是体育教学的主要对象。在体育教学中，学生是最为活跃的因素，是主体因素。

### 3.教学环境

教学环境是指开展体育教学活动所需要的硬件和软件条件的综合。就体育教学而言，良好的体育教学环境在其中有着非常重要的影响，如果缺少良好的体育教学环境，那么整个的体育教学质量就会受到很大的影响，甚至会对体育教学的顺利开展产生非常严重的影响。

### 4.教学目标

教学目标是体育教师组织开展体育教学的根本依据，如果体育教学中缺少教学目标，那么后续的工作就无法正常开展。体育教学目标涉及多个方面和多个层次，它是体育教学中的定向因素和评价因素。

### 5.教学内容

体育教学内容主要是由内容实体(体育课程)和内容的载体(体育教材)共同组成的。体育教学内容是体育教师根据体育学科的体系、学生的需要和社会的需求选编出来的。如果缺少了体育教学内容，那么体育教学就显得非常空洞。

### 6.教学过程

教学过程是体育教学中的最为中心的要素。如果缺少这一要素，体育教学也就无法得到时间、空间和程序上的支撑，更无法进行体育教学的组织和管理。

### 7.教学方法

在体育教学中，体育教学方法与体育教师、学生和体育教学目标等要素有着非常密切的联系,它是体育教师根据体育教学目标和学生的实际情况所选择的有效的教学手段和技术,其中包含了为促进学生深入理解教学内容的各种信息及其传递的方式。

8.教学评价

体育教学评价与体育教学目标和体育教师等要素之间有着密切的联系,它是体育教师根据具体的教学目标而制定的各种考核和评价指标,这些指标既包括体育教学的教学情况,也包括学生的学习情况。

# 二、体育教学的目标

学校体育教学目标是学生在实际参加的有关体育内容的教学情景中,对于最终学习成果的预期标准。体育教学目标是由体育教师制定的,具有较强的灵活性和实用性;它可以为具体的体育教与学活动提供依据。除此之外,它还是对具体教学过程与丰富教学活动的定向。

体育教学目标又可分为阶段性目标和最终目标,其中阶段性目标是指体育教学各个阶段的目标;阶段性目标的总和就是最终目标,即体育教学的总目标。体育教学总目标是实现体育教学目的的标志。

## (一)体育教学目标的特性
通过总结来看,体育教学目标的特性主要表现在两个方面。

### 1.预见性和挫折性
首先需要说明的是,体育教学的目标并不是确立之日起在很短的时间内就可以达到的,也就是说它并不是已经实现的现实。由此可知,体育教学目标对体育教师和学生共同完成体育教学活动有着很大的指导和激励作用,它是一种对体育教学活动结果的预见与期待。另外,学校体育教学还具有一定的挫折性,因为体育教学目标不是已经存在的现实,因此在实现的过程中会遇到许多不在预期之内的问题和困难,这些困难会给最终要实现教学目标以极大阻碍,要达成目标需要付出努力,甚至经过非常艰辛的努力才有可能实现。

### 2.方向性和终结性
学校体育教学目标能够反映出特定的价值取向,这也说明了它带有明确的方向性。在实际的学校体育教学中,这个方向性也是非常直观、明确地展现在体育教学主体面前,如他们应走向什么方向,走到哪里等。

而体育教学目标的终结性不是体育教学的终止。体育教学目标的完成意味着下一个更高更强的体育目标的建立和开始,这个"终结点"只是整个体育过程的互相联系的一个一个的"歇脚点"。

## (二)体育教学目标的功能
学校体育教育目标的功能主要表现在三个方面。

### 1.体育教学目标是选择教学内容与方法的重要依据
体育教学中包括的内容较为广泛,除最为常见的体育运动项目技能外,还会学习一些和体育与保健相关的知识与技能。而正确合理的体育教学目标可以界定体育教学内容的范围,对教学内容的选择起到导向作用,并且对其做出最有价值的判断。另外,对于相应的教学内容选择对应的教学方法也是要以体育教学目标为依据的。

### 2.体育教学目标是组织教学活动的重要依据

体育教学目标的高低决定了体育教学活动组织的严谨程度和方法。它会对体育教学内容的结构形式和教学的组织形式产生影响,指导体育教学的具体实施,例如,较低的体育教学目标(体育教学的子目标)可以轻易完成,因此在对其相关内容进行教学时可以组织得相对轻松一些;对待较高的目标则需要严谨、紧张、细致的教学组织。

### 3.体育教学目标是教学评价的重要依据

对于体育教学的结果都要进行系统、客观的评价,以此获得有效数据和结论以用于反馈给体育教学管理部门。此后,相关部门会根据这些评价调整体育教学中的各种指标,促进教学水平的进步以及与学生的适配性。总的来看,学校体育教学目标是评价体育教学价值和效果的主要依据,它是进行学校体育教学评价的基本标准。由此可知,体育教学目标为学校体育教学评价提供了依据。

## (三)体育教学目标制定的依据

### 1.以人体的发育规律为依据

根据我国体育教学的现状来看,受教育对象的人体发育规律对教学的影响非常重要。人体发育有几个敏感期,这些敏感期对体育素质的培养有着非常重要的作用,抓住这几个敏感期进行体育教学可以达到事半功倍的效果。根据近几年的调查研究发现,按照我国国民的个体发育规律,各项素质发展的最高峰的年龄主要集中在学生时期,特别是大学时期。体育教学可以充分满足大学生的身心发展需求。在高校期间,要制订更加系统、合理、科学的体育教学计划,此阶段的教学最有可能会让学生受益终身。这也是体育教学的根本目标。

### 2.以个体参与体育运动的兴趣与能力为依据

体育教学要想取得最佳的教学效果,就必须吸引学生的关注,提高学生参与体育运动的兴趣。要想提高学生的学习兴趣,就要根据学生生理、心理和智力的特点,将体育运动的趣味性、目的性、对抗性等相结合,使学生由浅入深、由易到难地逐渐掌握体育运动知识,从而获得参与体育运动的基本能力。而且教师还要注重学生对体育运动的兴趣,来提高欣赏体育运动以及参与运动的能力,使其成为学生终身的爱好。

### 3.以促进个体综合素质的全面发展目标为依据

体育运动不仅仅是提高学生的运动技能,还要综合发展学生的综合素质。在培养德育方面,一些体育运动项目要求学生克服内在和外在的双重障碍,培养学生坚定的意志和顽强的毅力。无论遇到怎样的困难都要遵循道德规范和准则,努力实现自己的目标。在智育方面,体育运动项目中,很多运动项目都要求运动者具有高速判断、分析、思维、想象的能力,让运动者的智力得到良好的开发。在美育方面,体育本身就是健康美、形体美的代名词,无时无刻不在培养学生对美的感受能力、鉴赏能力、表现能力以及创造能力。因此,在制定教学目标时要考虑选择合理的教学内容,使学生的德、智、美的综合素质得到全面发展。

体育教学的目标能够把握体育教学的方向,是体育教学研究非常重要的一个部分,对教学改革发展起着至关重要的作用。

(四)体育教学目标的制定

1.体育教学目标制定的步骤

(1)对体育教学对象进行分析。学生的学习需要是指学习者学习成绩、学习态度等的现状与体育教学目标之间的差距。分析学习者能力与条件是指学生在体能、运动技能、体育知识等方面已经具备的能力与条件。在对学生的学习需要与能力条件认真分析的基础上才有可能设置合理有效的学校体育教学目标。

(2)对体育教学内容进行分析。在制定体育教学目标时,要认真分析体育教学内容的特点与功能,这是因为制定具体的体育教学目标终归离不开具体的体育教学内容。教学内容的不同自然带来了不同的特点与功能。无目标的体育教学内容,注定也就没有教学内容的目标。

(3)编制体育教学目标。在分析完体育教学内容后,就要开始着手制定体育教学目标了。体育教学目标是指导体育教学活动设计、实施和评价的基本依据,它通常在"单元"或"课"的教学计划中按照课程的水平目标分别陈述。

2.体育教学目标陈述

通常认为,体育教学目标陈述主要包括四个方面的要素。

(1)明确目标的行为主体。体育教学目标注重学生学习产生的变化和结果,而不应是像以往那样单纯以教师的"教"为行为主体的过程。现代以及未来的教学都要以学生作为行为主体。因此,对于体育教学目标的陈述也就要注意突出体现这一趋势。

(2)准确使用行为动词。体育教学目标应采用行为动词来描述体验性目标和结果性目标,以区分学习结果的层次性。

(3)规定学习条件。在体育教学目标的陈述中要注意将教学条件一一描述出来。体育教学设计的准备工作和体育资源较多,这些都是体育教学中不可或缺的内容,就教学条件来讲一般包括情景、环境和信息三大条件。

(4)说明预期效果。体育教学目标的陈述中必须要有经过教学活动后预期达到的效果。另外,在对预期效果进行描述时要以学生为主体,且语言通常为肯定句。

3.体育教学目标制定的要求

(1)连续性。体育教学目标是通过若干年级目标、单元目标、课时目标的实现最后加以实现的,在不同年级之间、同一年级前后之间、不同单元之间等既有一定的独立性,又有相互联系与影响。因此,制定体育教学目标,无论是年级、单元,还是课时之间都注意相互之间的连续性。

(2)层次性。无论是体育情感目标、认知目标、运动技能目标,还是增强体能目标本身都有一个从低到高的层次。各领域目标之中,都有从低到高的层次。

(3)可操作性。体育教学目标的制定应具体、明确,便于操作,有利于给体育教学活动的过程以清楚的导向,并且目标制定得还要便于最终对教学效果的评价;体育教学目标的制定应尽量利于测量和评价。

### 4.体育教学目标制定的注意事项

(1)应具有教育价值。体育教学的目标要具有教育价值,在实际的体育教学中,有些体育教师过于强调目标分解和细节。结果制定了一些体育价值并不大,甚至没有价值的目标,这极大地影响了体育教学效果。

(2)应与体育课程目标相关。学校体育课程目标是体育教学目标的上位目标,每一个下位目标都必须与上位的目标有机衔接,并与之相一致。

(3)应与学生实际情况相适应。学生的需要、能力、条件等实际是制定体育教学目标的前提与基础,只有体育教学目标与学生实际情况相适应,这个目标才称得上是合理的目标,学生在追求这个目标的过程中才能获得相应的进步和增加对体育运动的兴趣。

(4)目标描述应准确直白。只有当学校体育课程教学实施的人能像目标制定者那样理解其中要达到的结果时,目标才是有效的。

(5)应找到学生与内容的结合点。在制定体育教学目标时,必须考虑体育教学的对象和教学内容两个因素。要使目标符合学生的实际,必须认真考虑学生的需要及要达到的学习结果。

(6)体育教学目标应注意及时调整。无论体育教师考虑得多么周密,体育教学目标制定得多么明确具体,其体育教学过程也不是一成不变的。体育教学根据实际情况及时调整既定目标。

### (五)体育教学目标的实现途径

体育与健康课、课外体育活动与其他体育健身活动等内容是高校体育教学工作的主要内容,同时也是体育教学目标实现的基本方法。

### 1.体育与健康课

体育与健康课是必修课,它是以教育部制订的教学计划为依据而开设的。体育与健康课是系统地对学生进行体育教育的课程。高校体育的基本组织形式也是体育与健康课。体育与健康课有三个基本特征。

(1)体育与健康课的课程标准是有一定规定的,授课的班级也是相对固定的。

(2)体育教师是专业的,场地、设备与器材也有较好的保证。

(3)体育与健康课有规定的考评,学生毕业与升学都要进行体育与健康课的测试。

### 2.课外体育活动

我国高校体育目标得以实现的重要组织形式之一是课外体育活动。课间操、体育锻炼、早操、课外体育训练、课余体育竞赛以及在校外进行的郊游(夏令营、冬令营)等是课外体育活动的重要形式。课外体育活动具有四个方面的意义。

(1)课外体育活动能够提高学生学习体育知识和技能的积极主动性。

(2)有利于学生运动能力的提高,对学生自觉锻炼身体的意识和习惯具有积极的培养作用。

(3)有利于学生体质的增强,能够发展学生的体育兴趣与爱好。

(4)学生的课余体育生活能够得到丰富,学习和生活质量等也会有所提高。

3.其他体育健身活动

其他体育健身活动是指在高校教育的各个环节中开展的有利于学生增进健康、增强体质的活动。这些健身活动也是实现体育教学目标的主要途径。

# 第二节　体育教学的特点与功能

## 一、体育教学的特点

体育教学与其他学科的教学存在着共性，同时又有自身的特性。体育教学与其他学科教学的共性主要体现在三个方面。首先，体育教学与其他学科教学的目的都是传授某种知识或技能。其次，体育教学和其他学科的教学都属于教师与学生的双边活动。教师与学生在教学活动中会有各种形式的交流，如语言上的交流和肢体动作的交流等。过往这种交流更多的是从教师到学生（教师传授给学生某种知识和技能），现代教学要求教师开始注重使这种交流转向从学生到教师。最后，体育教学和其他学科的教学均是以班级为单位开展教学活动，实际的教学过程中，班级教学的组成方式会根据需要有所不同，如学生入学时组成的自然班，或根据学生的不同兴趣组成的单项班等。

这里重点对体育教学区别于其他学科教学的特点进行分析阐述。

（一）教学环境的开放性

一般学科的教学主要是室内，而体育教学场所多为室外，目前，我国各级院校的体育教学多以体育实践课为主，体育教师组织的大多数体育课主要在学校操场进行。与其他学科主要是在封闭的教室、实验室等地方开展教学活动不同，体育教学的教学空间富有变化性，环境更加开放，即体育教学环境具有开放性特点。

体育教学环境的开放性决定了体育教学具有不同于室内教学的特殊要求，开展教学活动应注意以下几点。

首先，一般来说，室外活动受干扰因素多，如天气、地形、周边设施与噪声等，体育教学的组织管理工作愈加复杂，需要精心设计与统筹安排体育教学的组织形式、教学步骤与方法，以保证室外体育活动正常、有序地开展。

其次，室外的体育教学是动态的，大部分的教学时间学生都处在不断变化与形式多样的运动中，而且班级内学生较多，教师可采取分组教学。

最后，由于一些学校的体育基础设施条件较差，体育教师应重视和加强学生的安全教育。

（二）教学过程的直观性

体育教学以身体练习为主，身体是教学的主要载体，因此，教学过程拥有直观性特点。这种直观性主要体现在讲解、示范和教学组织管理三个方面。

1.教学内容讲解的直观性

在体育教学过程中，教师的讲解必须生动、形象，具有强烈的画面感，具体来说，要求教师对体育教学内容的讲解不仅要达到与其他学科教师讲解同样的要求,还要求体育教师的语言更加生动,并且富有一定的肢体表现能力,以使学生有形象、贴切、有趣的感觉。尤其是在某些拥有较难技术动作的体育运动教学中,教师不仅要对体育教学重点进行详细描述,还要用生动、形象的语言把复杂的技术动作进行简单化讲解,做到深入浅出,以便于学生理解和掌握。

### 2.动作技能示范的直观性

体育教学过程中,每一项体育项目的教学都涉及技术动作或战术配合,为了加深学生的理解和认识,教师有必要进行动作示范和实践演示。在教师运用示范法时,需要运用非常直观形象的动作示范,其中包括正确动作的演示和错误动作的演示,这些演示都是非常直观地展现在学生眼前,不能有任何的艺术加工和变形,这样才会使学生从感官上直接感知动作的正确与错误,以利于他们建立正确的、清晰的运动表象。当学生建立正确的动作表象后,再配合教师的讲解,使之与思维结合起来,从而掌握体育知识、体育技术和体育技能,改善身体素质,提高运动水平。

### 3.教学组织与管理的直观性

相较于一般学科的教学,体育教学中教师与学生接触更多,关系更融洽,对学生的组织与管理也带有直观性,如要更加富有责任心、更具有活力,身体力行,这对学生的身心也是一种无形的教育。对学生的组织与管理有助于教师对学生的观察与帮助,把控教学过程,也能为学生创造轻松的教学环境,使学生在教学中表现出来的言行都是他们最为真实的一面,有利于体育教师获得正确的教学反馈,并及时修正教学过程。

### (三)教学内容的情感性

体育教学内容是非常丰富的,它会涉及多种与体育相关的内容,通过对体育运动项目知识、技能及相关内容的学习,学生可以普遍体会到源自体育的丰富情感。体育教学中,学生丰富的情感体验主要表现在三个方面。

### 1.体育教学内容的运动美

在体育教学过程中,师生可以体会到只有体育才能赋予人的人体美和运动美。一方面,学生通过接受体育教学,掌握体育健身的方法和技能,达到运动塑身的效果,使身体外在形态保持优美的线条和良好的身材比例;另一方面,学生通过对不同运动的学习,可以认识到人体不同的动作展现出的动作美和肌肉的动态美,这种美只有在运动中才能看到,是极为外显的美。

### 2.体育教学内容的精神美

在体育教学中,学习运动项目,了解运动知识能使学生真正领悟体育精神。学生通过参与体育活动可以陶冶情操,平衡心态。如学生在关键时刻始终保持冷静的心态,或是在胜利时表现出谦虚等。而每一项运动都向人们表现出了不同的美的特点和审美特征,如球类运动可以表现个人对球类技术的掌握能力,集体球类项目中除了个人能力外,还包含了与队友之间的协作和互助精神。这些内容都是人类积累下来的丰富的体育内涵,而通过体育教学能促进学生感受到体育的精神美,掌握体育的精髓。

### 3.体育教学内容的创造美

体育教学是一种创造性的社会活动,其创造的成果就是让学生获得内在的顿悟和精神上的启迪。同时,体育教学沟通着学生与学生、教师与学生,对提高学生社会适应能力具有重要作用。

此外,在体育教学中,学生通过体育教学中对美的感受,可以提高审美能力。既然有美的存在,那么就要有欣赏美的人和能够欣赏美、懂得如何欣赏美的能力。

### (四)教学条件的制约性

体育教学内容丰富,涉及要素较多,因此也会受到多种因素和条件的影响,这就使得体育教学会受到更多客观条件的制约,这是体育教学的重要特点之一。

体育教学活动受到的制约主要来自学生运动基础、学生其他基本情况(年龄、性别、生理和心理特点)、体育教学场地条件、器材、气候等。这些因素都会影响体育教学质量的高低。具体来说,主要表现在两方面。

### 1.学生特点的制约

学生是体育教学的主体,是体育教学过程中体育知识与技能传授的受众,与学生有关的诸多情况会对体育教学本身造成一些影响,因此体育教学要想进行得顺利,获得良好的教学效果,就要注重对学生的运动基础以及体质强弱等实际情况的区别对待。这些差异具体如男生与女生不同的身体形态、机能水平、运动能力等,根据这些差异,学校体育教育部门和体育教师在进行教学设计、教材选择和教学组织等方面的工作时就要考虑周全,否则就会影响教学目标和教学效果的实现。

### 2.教学条件的制约

教学环境状况会直接影响体育教学效果。在体育教学中,体育教学环境是体育教学的重要载体,其质量的高低对体育教学会产生较大影响。例如,体育教学活动多在户外开展,面临的是严重的空气污染,或邻近马路带来的噪声污染等问题,这些问题则势必会影响体育教学主体在教学活动中的状态与情绪;天气对于室外体育教学的影响也是不能忽视的,如遇到雨、雪、大风等恶劣天气时,室外体育教学被迫停止,转而来到室内进行一些体育理论课的教学,长此以往,不利于体育教学目标的实现。

总之,体育教学受多种体育教学条件的制约,要想顺利开展体育教学,就要摆脱不利于体育教学的各种条件因素的影响,尽量将制约因素的影响程度降至最低。

### (五)技能学习的重复性

在体育运动项目的技能学习中,重复练习是学生技能提高的重要基础。新的《体育与健康课程标准》指出,现代体育教学应促使学生完成运动参与,促进学生的身体健康、心理健康,并提高学生的社会适应能力。体育教学最基本的目的则是使学生掌握运动技能,而要达成这一体育教学目的,就必须重复学习运动技能。当然,这里所说的技能学习的重复性,并非某一运动技能的"简单机械化重复",而是同一运动技能学习的重复性,在这种重复过程中,学生的运动技能是持续、螺旋式提高的。

具体来说,结合体育运动技能的形成具有阶段性和规律性分析,运动技能形成大致分为四个阶段，即：练习分解动作阶段、练习连贯动作阶段、独立完成连贯动作阶段和熟练完成连贯动作阶段。学生要想熟练掌握运动技能，需要经过长期的反复练习。学生无论是掌握篮、足、排运动中的复杂技能，还是学习体操中的滚翻、田径中的跑等技能，都需要经历由不会到会、由简单初步学习到复杂深入学习、由不熟练到熟练的发展过程。

技能学习的重复性要求体育教师在体育教学过程中要严格遵循循序渐进的教学原则，逐步指导学生掌握各种运动技能，根据不同运动技能的特点，合理安排练习内容和时间，通过反复练习，使学生逐步掌握、提高运动技能。

### （六）身体活动的常态性

在体育教学中，学生需要不断重复学习体育运动技能，这也决定了学生在体育教学活动中，要经常进行身体活动，即体育教学具有身体活动的常态性特点。体育课堂教学过程中，教师与学生的身体操练非常频繁，这种几乎常态化的特点成为体育教学非常显著的特点。

体育教学要求学生掌握基本的运动技能，体育教学过程中有很多对身体活动的要求是体育教学与其他学科教学的最大不同之处。文化类学科的教学环境多为教室、实验室或多功能厅，此类学科的教学要求教学环境要保持相对的安静，这样才能激发学生的思维并产生很好的学习效果。而和这些学科相比，体育教学却刚好相反，其教学的地点多为户外或专用运动场馆，普遍较为宽阔，而且在大多数时间的运动技术练习环节并不需要刻意保持安静，学生之间、学生与教师之间都可以随时有相关的交流和沟通，如此才更有利于对运动技术的学习。因此，在体育教学中，几乎所有内容都涉及身体活动，或者是为即将到来的身体活动做准备的活动，就是对作为"身体知识"的体育教学的最好诠释。在反复练习的过程中，对学生的机体产生一定的刺激，安排得当的生理负荷有利于发展学生的身体。

需要特别指出的是，体育教学的身体活动的常态性特点不只针对学生，同时也包括教师，在体育教学过程中，不仅是学生要进行具有一定运动负荷的运动，教师在做示范、做指导和参与组织教学中也需要付出不少体力。

### （七）身心练习的统一性

身体与心理的发展具有密切的联系，现代科学研究发现，身体健康有助于改善心理健康，而心理健康与否也可以影响身体健康。因此，体育教学具有要求学生身心共修的特点。

体育教学重视对学生身体的改造，与此同时它还强化学生的心理与多种适应能力的发展。而在其他学科的教学中却无法达到这样的效果，这主要是因为体育教学营造了不同种类的教学情境，一系列积极的情境使得参与其中的人在潜移默化中受到感染，在体育教学中，学生的身心发展看似是多元的，但实际上是一种身心统一的锻炼，即达到身体与心理的共同拓展和发展，表现出十足的统一性。身体发展是基础，心理发展是依赖，并能促进身体发展。从这一方面来看，体育教学不仅可以促进学生掌握技能、发展身体、增强体质，而且有利于培养学生的思维方式和良好的心理品质，促进学生身心健康与协调发展。

体育教学中学生身心练习的统一性，要求教师应做好以下教学工作。

首先，体育教学内容的选择应有助于学生的身心发展。体育教学内容的选择会影响到体育教学效果，作为体育教学活动的依据，教师在选择时应慎重。为了使体育教学体现出身心统一的特点,教师应针对学生的身心健康状况合理选择教学内容,所选教材的编排要符合该年龄段学生的心理特点,除此之外还要满足其美学、社会学等其他方面的要求。使学生通过体育教学中的知识学习、身体练习、情感体验,身心受益。

其次,体育教学方法的选用要符合学生的身心特点。与其他学科的教学相比,体育教学的教学方法更加丰富,这更加便于体育教师结合体育教学实际合理选用教学方法,为了体现体育教学中学生身心练习的统一性,体育教师选择的教学方法均应遵循与学生年龄段相适应的身心变化规律,选择正确的、适合学生身心发展的体育教学方法,体育教师必须根据学生的这些身心特点安排教学方法,才能有效地激发学生的积极性和兴趣,促进学生身体和心理的共同发展。

最后,体育运动负荷的安排应注重学生的身心承受能力。身体练习是学生获得技能的重要基础,在此过程中,学生还要经历各种心理体验。具体来说,在体育教学实践中,教学内容以身体练习为主,需要学生运用身体器官直接参与活动,不仅要承受一定的身体负荷,还要承受一定的心理负荷。学生在完成大负荷的身体练习时,要承受肌肉活动引起的疲劳与不适,体验不同的心理过程,磨炼思想意志,还要克服困难、团结一致、努力拼搏,感受失败和成功的心境。这种身心练习的统一性更有益于学生的身心健康发展。

### (八)人际关系的多边性

教学是师生共同参与的双边互动过程,在体育教学中,人际交往占据重要位置,体育教学中的人际交往具有多边性的特征。现代体育教学的组织形式主要在单人、双人、小群体以及全班之间不断转换,要求学生在不同的时空内完成不同的身体运动、不断地变换角色位置,彼此之间建立多种不同的联系。因此,在体育教学中,师生之间、生生之间、小群体之间具有频繁且形式多样的人际交往关系。

体育教学过程中人际关系的多边性要求体育教师在教学中注意以下三点:一是尊重学生,关注学生成长;二是运用多种方式与学生交流和沟通;三是鼓励与评判,教会学生在体育课堂中初步体会社会交往;四是引导学生相互之间进行配合,培养学生的合作意识,提高其人际交往能力。

## 二、体育教学的功能

### (一)传播体育知识

知识是教学的基础性功能,体育教学也不例外,在体育教学过程中,体育教师承担着传播体育知识的重要责任,因此,体育教学具有传播体育知识的重要功能,体育教学主要是通过改造学生身体的手段来实施教学的,从教与学的角度来说,可以将体育知识形容成一种"身体的知识"。这种知识最初伴随着人类的发展而发展,每个人类社会时期都有相应的"身体的知识"的传承,如在原始社会,身体的知识就是人类通过走、跑、跳、投、打等动作捕获猎物或逃避猛兽等行为。而在现代社会中,体育知识的传承内容变成了某项体育运动(如篮球、体操)的基本知识或某些体育技能。

应该认识到,体育教学中对体育知识的传承不是简单的"身体的知识"的模仿,更多的是通过体育教学,来向教学对象——学生传承体育文化,即体育教师通过体育教学内容向学生展现、传授和体育教学内容相关的文化。

## (二)传授运动技能

科学研究表明,适当参加体育运动对人的身体素质的发展非常有益,而体育教学就成为传授这些运动技术的最好方式。体育教学中所涉及的体育运动技能对于人体的要求不再像过去那样严格,这里的运动技能主要是指如球类、武术、田径和游泳等运动技巧和方法。

就我国体育教学现状来看,学校体育教学活动的组织过程就是体育教师以体育教学内容为依据,对学生传授体育知识与相关技能的双向信息传送的过程。因此,运动技术就成为体育教学的主要内容,也是重要内容。具体来说,教师在体育课中传习的是各项具体运动技术,如足球运动中的传球技术,甚至可以细分到内脚背传球技术。因此,对于运动技能的训练,没有实践就无法学会。

体育教师是运动技术的掌握者和传播者,在向学生传授运动技术的过程中发挥着十分重要的作用。体育教师对运动技术的传授应从简单的、入门的、基础的入手,在此之后逐渐积累,由简到繁。运动技术不同于其他学科的学习,它不仅需要学生对运动理论有深刻的了解,还要身体力行地亲身参与技术练习,在无数次的重复中逐渐在脑海中和身体上建立起对技术的表象反应,最终到熟悉动作以及可以在下意识的情况下做出正确的动作。整个教学过程是循序渐进的。

## (三)传承体育文化

从某种意义上讲,体育教学真正的目的在于教会学生正确的体育运动方法,使其能在未来的生活中对身心产生持续的、良好的影响,体育教学也可以看作是一种体育文化的传承。体育知识、运动技能的传授都是为体育文化的传承而服务的。

从文化的发展角度来看,传承体育文化是一个长期的、系统的过程,要想真正实现体育教学传承体育文化的功能,就必须使学生通过不同阶段的体育教学,学习到较为完整的运动知识、运动文化。具体应从以下三个方面着手。

首先,保证单次体育课内容之间教学的连贯。可以把体育课中传习的各种小的运动技术累加起来,学生学到的是某个运动项目的完整技术,继续累加,就学到了各种运动技能。

其次,保证不同阶段体育教学的可持续发展。体育教学是由每周两至三次的体育课组合而成的一种贯穿全年的教学计划。其中根据不同的教学周期可以分为课程教学、周教学、学期教学以及学年教学。比学年教学周期更长的就是多年教学。在小学体育教学、初中体育教学、高中体育教学和高校体育教学中,应将这几个不同阶段的体育教学有机统一起来,以促进学生对体育文化全面系统地掌握和传承。

最后,重视发挥学生的主体性作用。当前,人们对以人为本的教育教学理念的追求使得人类自我知识的回归不仅代表了体育教学的特殊性,还赋予了体育教学知识传承的特殊意义。具体到体育教学中,要求教师在体育教学的开展和实施中重视学生的主体性作用,因为学生才是体育文化的继承者和传承人,体育教学就是要发挥体育文化的传承功能,使体育文化能通过体育教学获得长久的传承。这也是现代教育强调以人为本的重要原因所在。

### （四）体验运动乐趣

乐趣是体育的特质。一个运动项目从不会到熟练掌握，人们会有一定的成就感和乐趣。运动中友伴之间的巧妙配合也能产生许多意想不到的乐趣。体验运动乐趣是人们从事身体运动和体育比赛的重要目的，让学生体验运动乐趣是体育教学的目的之一，也是体育教学功能的主要表现之一。

在学校体育教学中，教师应根据学生个性的、身体素质等的差异，让他们在掌握运动技能和进行身体锻炼的同时，体验运动的乐趣，以使学生喜爱运动并养成参加运动的习惯。具体来说，教师需要做好以下三方面的工作。

#### 1. 正确对待和理解运动乐趣问题

每一项成熟的体育运动项目都有其固有的乐趣，这些乐趣来自该运动项目所特有的运动过程和比赛特征。选入教材的运动项目或是游戏也是如此，只不过有的运动项目乐趣明显，有的不太明显。教师应该结合教材、学生实际、教学目标以及教学手段，深刻理解和运用运动乐趣。

#### 2. 让学生不断获得成功的运动体验

很多时候，体育教学中的身体练习是枯燥的，很多学生经过自己的刻苦努力，不断练习提高，较好地掌握了运动技能，获得了极大的成就感，他们对运动乐趣的体验就更强烈和深刻。因此，学校体育教师应该采用各种教法、手段，让每个学生都有机会获得成功的运动体验，从而提高学生参与运动的积极性与主动性。

#### 3. 开发利于学生体验运动乐趣的教学方法

在体育教学中，教师要善于采用多种方法来帮助学生体验运动的乐趣。如采用挑战性练习法、游戏法、让位比赛法、分组总分比赛法等教学方法，通过情节化、游戏化、竞赛化、简单化、生活化等多种手法，让学生能够充分地、平等地体验到体育运动中的各种乐趣。

### （五）强健身体素质

体育运动的健身功能是客观存在的，增强人民体质是发展体育运动的本质属性。经过长期的改革与实践，现代高校体育课程在规划设计教学大纲、选择教材内容、安排课时、实施教学组织等方面已逐渐合理化与科学化。

当前，促进学生身体的发展，实现体育教学的健身功能是我国学校体育教学的根本目标，要实现这一目标，需要教师做好以下三点。

#### 1. 重视健康教育

教师应根据体育教学的规律特点，将各种行之有效的健身内容、方法与手段（健身的、竞技的、娱乐的、保健的等）应用到体育教学中去，有机协调并统一体育教学的教育性、健身性、竞技性和娱乐性等特征，从而提高体育教学质量，促进学生积极参与体育运动，科学地进行体育锻炼，进而取得强身健体的效果。

#### 2. 合理安排负荷

运动有助于健康，但是应注意将运动控制在科学的范围之内。为保证学生身体的健康，体育教师应酌情掌控运动负荷强度。学生亲身参与体育运动实践在体育教学活动中是必不可少的。而既然参与运动实践，就必然会使身体承受一定量的运动负荷。合理的运动负荷对发展学生身体素质有极大的帮助，它对学生的机体或多或少会产生一定的刺激与影响，其影响的程度要视运动项目的内容、学生身体素质、持续运动的时间、运动间隙时间、营养补充等状态而定。只有适应学生身体发展状况的身体活动量，才能取得良好的教学效果。

### 3.突出锻炼重点

体育教学内容丰富，不同的运动项目对身体的锻炼重点不同，如足球运动对人体的耐力、爆发力、速度和灵敏度有着较高要求；游泳对人体的心肺功能和协调能力有较高要求等。在体育教学中，教师应结合学生的身体状况有区别地、有针对性地选择合适的体育教学内容，组织学生进行体育锻炼，使学生获得身体的合理发展。这要求体育教师在制订教学计划前就要对学生的普遍体质与运动基础有一个清晰、全面的认识，并遵循体育教学的规律，运用科学的教学方法合理地组织体育教学，以此来有效发挥体育教学的健身功能。

### (六)促进心理健康

体育教学不仅有利于学生的身体发展，还对学生的心理健康发展具有重要的作用。体育教学促进心理健康的功能主要是通过教师传授来实现的，因为教师的一言一行无时无刻不影响着学生的思想，这些行为都是在潜移默化中进行的，因此，教师必须身体力行、为人师表，为学生做出表率与榜样。

体育教学对学生心理健康发展方面的作用主要表现在以下两个方面。

### 1.平和心态、缓解压力

参与体育活动有助于学生体验各种心理，在参与体育运动的过程中，学生要频繁面对成功与失败，其中失败和挫折的次数远远多于成功。由此可以培养学生在逆境中正确处理心态的能力，作为胜利者也要做到戒骄戒躁，只有具备这样的素质，才能再接再厉，取得成功。教学更为重要的作用是传授各种人类社会的道德、规范与理念，这是学生走向社会之前的必学内容。

此外，平和的心态有助于学生提高自我抵抗压力的能力，而在体育活动中，也有助于学生获得身体和心理上的放松，缓解学生的学习压力。

### 2.修养品德、完善人格

首先，体育教学具有帮助学生形成良好思想品德的功能。学生在体育教学与比赛中，可以养成遵纪守则的良好习惯。根据体育运动或游戏的规则，运动竞赛或游戏要想顺利进行，必须依靠参与者自觉遵守既定规则。在体育练习或比赛（游戏）中，学生还要懂得关心同学，尊重对手，尊重裁判，自觉遵守体育课堂秩序。

其次，实践证明，系统的体育教学对陶冶学生良好情操，塑造学生完美人格具有重要的作用。体育教学中，大多体育运动或体育游戏都需要集体共同参与方能完成。体育运动取胜关键要靠集体的团结配合。因此，学生为了取胜，必须认识到团结互助、协调合作、发挥集体力量的重要性。总之，身体练习的过程中体力活动与智力、情感、意志活动紧密结合，融于一体，形成身体思维，所以学校体育教学能使学生的体能和思维活动同时得到发展，学生作为体育运动团队中的一员，需要处理好个人利益与集体利益的关系，应抱有克服一己私欲，顾全大局的思维行事。这有助于学生形成完善的人格。

总之,体育教学的功能是多元化的,现代体育教学要求教师不断提高自身的体育专业素养和体育教学能力,以此来充分发挥体育教学的多种功能,促进学生的全面发展,从而使学生成为适应社会发展的高素质人才。

# 第三节 体育教学的内容及环境

## 一、体育教学内容

体育教学内容是体育教育的载体,它是根据体育课程的目标,体育教学的内在规律以及社会需要来确定的。体育教学内容体系的构建必须在三个方面的基础上,充分考虑体育课程各个阶段的目标,即学生的身心特点,教学内容的纵横联系,以及教学时数、教学条件三个方面的因素,使教学内容的知识和技能体系同促进学生主体社会化所需的素质结构的形成结合起来。

### (一)教学内容的概念

世界著名教育学家佐藤正夫指出,"构成教学内容最重要的因素是学科向学生传授的知识内容,即教学内容是由该学科的知识素材构成的。"从学科的知识素材中选择、整理并组织的,其目的在于实现一定教学目标的必要素材,就是教学内容。所以,知识素材的教育价值越高,它在整个教学内容结构中的地位便愈重要。不是各门学科的一切知识素材都可作为教学内容。

体育教学的技能与知识素材庞大复杂。因此,必须筛选那些适合体育教学目标的身体练习和理论知识作为体育教学内容。体育教师要深刻理解体育教学内容的内涵,不仅要掌握它们,而且要善于从教育学、体育学和教学论的角度去选择和整合它们,以便于发挥它们在教学过程中的生物学、社会学和教育学功能,即新《标准》提出的身体、心理与社会的三维健康观。因此,优秀的体育教师必须学会教学内容的选择与整合。这也是国家教育部颁布的《体育与健康课程标准》对每个教师业务素质的客观要求。

### (二)体育教学内容的类别与划分

#### 1.体育教学内容的特殊性与松散性

体育教学内容不同于数学、物理和化学学科的教学内容,它不具备鲜明的顺序性、阶梯性和逻辑性。在课程内容上先学篮球还是先学足球,先学体操还是先学田径?它们之间有什么逻辑与主从关系并不明确。这正是体育教学内容整合安排和优化组合的难关所在,这也是体育学科与体育教学内容的特殊性与松散性所在。

对此可概括为以下几点:①体育教学素材庞博复杂,素材间主从关系、逻辑关系不明朗,无论横向还是纵向(同类身体练习之间)联系都较松散。②体育学科的教学目标受社会、国家以及教育发展的影响呈现出多样性的特点。因此,教学内容在服务于教学目标时也具有多种指向性。③教学内容随学生的生长发育、认知水平和性格爱好的变化,相应地产生较大的变化。教材内容的排列不是呈直线递进式,而是呈复合螺旋式。

### 2.体育教学内容的类别与划分

由于体育教学素材丰富多彩,比较松散,逻辑顺序不明显,所以体育教学内容类别呈多样性的状态。不同的分类标准,体育教学内容有不同的类别。①按学校体育的目标划分:新颁布的《标准》将体育教学内容分为运动参与、运动技能、身体健康、心理健康和社会适应五个方面的内容。②按课堂体育教学的目标划分:可分为增进健康、发展体能;体育与健康基本知识;基本运动能力与运动技能;体育兴趣与个性心理品质培养等多方面教学内容。③按课堂体育教学教材类别划分:可分为游戏、田径、球类、基本体操、健美操、武术与民族体育活动等多方面教学内容。④按体育学科能力划分:可分为体育运动能力、体育锻炼能力、体育娱乐能力和体育观赏能力等方面教学内容。⑤按教学内容在教学大纲中的地位划分:可分为重点、一般和介绍性三类教学内容。⑥按体育课的"授业"要求划分:可分为体育运动的基本理论知识、基本运动技能和基本运动技术三类教学内容。⑦按年龄和学段划分:可分为1～3年级与4～5年级教学内容,初中与高中教学内容和大学教学内容。⑧按教学任务划分:可分为学习内容、复习内容、练习内容等。

在众多的体育教学内容中,核心是锻炼身体、发展体能与提高运动技能所需要的知识、方法和手段。其他内容例如心理健康、意志品质培养、和谐的人际关系与团队合作精神等,都只有通过学习和实践同上述内容相关的身体练习才能发展和形成。

### (三)体育教学内容选择的原则

"体育教学的内容,应当根据体育教学目标、体育教学的基本规律和我国的国情来确定。"这是我们在确定体育教学内容体系时首先要考虑的三个重要条件,也是基本的前提。体育教学内容非常丰富,真正作为教学内容的,仅仅是其中的一部分,因此,需要我们去认真遴选。在选择体育教学内容时,我们应该遵循以下原则。

### 1.实践性与知识性相结合的原则

实践性和知识性相结合是由体育的本质属性所决定的。利用身体活动来达成教学目标是体育教学的一种最重要的形式。通过实践,要使身体的大肌肉群得到活动,各内脏器官系统得到锻炼,同时要体验到体育的乐趣、受到品格的培养和体育方法的训练,这些都是以体育教学内容作为媒介实现的。体育教学的一个重要目标之一是使学生掌握体育知识和发展体育能力,为终身体育奠定基础,这个目标的实现就依赖于实践性与知识性的结合。知识性主要体现在为什么做、怎么做和为什么要这样做上,这固然要通过基础理论内容进行讲授,但更多的是在实践中体验、理解,通过运用来加以强化。体育教学内容体系就是实践性与知识性的结合体。

### 2.健身性与文化性相结合的原则

健身性是体育教学区别于其他教学的显著特点,体育教学内容体系要具有健身性是体育教学的本质属性的要求。而文化是人类认识世界、改造世界和适应环境的产物,体育本身就是一种文化现象,体育教学内容的文化性就是体育教学内容要有利于提高学生对体育的认识,促进体育情结的培养,树立体育的价值观和体育理想,进行良好的体育道德的熏陶。

健身性与文化性相结合,就是体育教学内容体系既具有良好的健身价值,又具有丰富的体育文化内涵。

3.民族性与开放性相结合的原则

体育的形式和内容总是与某些国家或地区的民族文化传统和民族习俗有关。当今许多风行于世界的体育项目都是发端于各个不同的民族和国家。如我国的武术、日本的相扑、希腊的马拉松、欧洲的击剑等,无不具有鲜明的民族色彩。体育教学内容的民族性就是要把具有我国民族特点的那些优秀项目吸收进来,既发挥它们的健身功能,又发挥它们的优秀传统教育效应。但体育教学内容仅强调民族性是不够的,任何民族,无论它有多么优秀,在发展过程中,总会受到来自方方面面、形形色色的因素的约束,总会具有一定的片面性,相对于大千世界来说,这种局限性就显得更为明显了。因此,体育教学内容必须体现出民族性与开放性的特点,即要在保留优秀的本民族体育内容的基础上,充分吸取世界各民族的优秀体育内容,将它们融合在一起,使之形成一个优势互补,功能齐全的体育教学内容体系。

4.继承性与发展性相结合的原则

传承优秀的传统文化是教学的重要功能。体育教学内容的选择要吸收我国历史悠久的传统体育内容,使这些宝贵的文化遗产得以继承,这就是体育教学内容的继承性原则。

但时代在前进,任何事物总是要不断地发展才能适应时代的要求,否则就必将被历史所淘汰。文化的继承是有选择的、批判性的,对于传统体育内容,我们在有选择地继承的基础上,要进一步丰富它的内涵,在保留它的原有特点和精华的前提下剔除那些落后的不健康的东西,使它具有时代气息,符合现代社会发展的需要,这就是体育的发展性原则。我们对于武术的继承和发展,就是体育教学内容继承性与发展性相结合原则的典范。

5.统一性与灵活性相结合的原则

体育教学内容要面向全体学生,它必须有一个相对统一的标准,使体育教学有一个较为规范的目标,这就是体育教学内容体系的统一性。但它绝对不应该是完全整齐划一的。首先,我国地域辽阔,各方面的条件不一致,发展不平衡,教学的相关基础不是同一起点。其次是学生的身心发展水平有差异,体育基础、接受能力也不相同,即使是同一教学阶段的学生,都会表现出明显的不同特点,因此,教学内容必须留有一定的余地,具有灵活性,能根据教学条件和学生特点,灵活地加以选择,这就是体育教学内容体系的灵活性。只有兼顾统一性和灵活性,才能有效地使不同条件的所有学生的身心都能得到全面发展。

(四)体育教学内容体系的结构特征

体育教学内容体系的结构是指体育教学中特定的内容之间的功能组合。这个结构是学生掌握体育知识、技术技能,培养品格,进行体育方法训练,实现体育教学目标的知识基础。它必须既能满足社会的需要,又能满足作为教学主体的学生的需要。其中学生的需要是激发学生良好的学习动机,产生积极的学习行为的诱因。换句话说,就是学生对能满足自己需要的教学内容才能产生兴趣。另外,体育教学目标的达成是建立在相关教学内容共同作用,产生良好的综合效应的基础之上的,因此,教学内容的优化组合是体育教学内容体系构建的关键。而社会需要是社会对教育目标的要求,从这个角度来说,满足社会需要的过程就是一个促进学生逐步提高社会化限度的过程。社会需要和学生主体需要具有同一性,但它们在满足的层次上,时间顺序上是不一致的,我们必须把握体育教学内容结构的基本特征。

### 1. 体育教学内容结构具有主观目的性

体育教学内容体系的结构具有明显的主观目的性,当客观的需要和主观目的相一致时,建立的体育教学内容结构才是合理的。目的性具有两层含义。首先,在不同的学习阶段,学生对体育教学内容的需要是不一致的,体育教学的内容结构要与不同学习阶段的学生的需要相对应,体现出结构的层次性,因而需要人们在丰富的体育内容中认真遴选,合理组合,按照体育教学目标去确定体育教学内容结构。其次,体育教学内容结构要有利于学生形成合理的认识结构、技术技能结构、能力结构和体育方法结构。所以体育教学内容结构就要能给学生在体育知识、技术、技能、体育方法和终身体育能力的形成方面提供一张理想的网络,这就是体育教学内容结构的目的性。例如在小学阶段,由于体育教学的目标主要是提高学生对体育的兴趣,发展他们的基本活动能力,培养自尊心和自信心,进行团队精神的熏陶,因而采用的主要教学内容是活动性游戏、简单的体操和小型球类活动等,让他们在学习过程中去感受体育的乐趣,在集体练习中培养协作精神,在完成练习中树立自信,在整个活动中使各种基本活动能力得到提高。进入中学以后,体育教学目标提高,侧重点有所改变,这时的教学内容结构就需要相应地进行调整。总而言之,不同的教学阶段有不同的教学目标,也就有不同的教学内容,教学内容不断地调整主观目的就是为更好地实现体育教学目标提供条件。

### 2. 体育教学内容结构具有联系性

体育知识和运动技能的种类是极其丰富的,任何体育教学内容结构都只能包含其中的一部分,而选取的这一部分内容,应具有广泛的联系性,通过这些内容的教学后,可以有效地扩充学生的知识范围,打下良好的体育运动技术、技能基础和建立良好的能力结构,为学生进一步的发展创造条件。

体育教学内容结构的联系性表现在两个方面。一方面是具有横向特点的广泛性。身心的发展要求是全方位的,既包括保健、营养、卫生、锻炼原理、竞赛规则等基本知识,又包括促进身体发展的各种运动技术技能和练习方法,相对广博的体育基本知识和多样化的运动技术,技能是形成良好的体育态度和体育能力的重要条件。另一方面是具有纵向特点的复合性。体育教学内容要随着学习的进行逐步深化,这是教学的基本规律,就单一的教学内容来说,这就是它的纵向特点。但是体育教学目标是多元的,它的实现依赖于多种教学内容的综合效应,因此,它势必要求多种内容协同向纵深发展,这就是纵向发展的复合性。这种复合性和广泛性的结合,可以提高体育教学内容结构的全面性和协同性,教学内容的广博性和教学内容之间的联系性对于学生创造性的发展也是非常有利的。

### 3. 体育教学内容结构具有包容性

体育教学内容结构的包容性表现在体育教学内容结构内部相互渗透、彼此贯通。只有整个内容体系相互联系,形成一个完整的知识体系,产生共轴效应,才是科学的体育教学内容结构。作为一个知识结构,体育教学内容结构应该是纵向相连、横向相关的,这种结构内部互相关联的特性,必然要求不同的内容之间彼此包容。同时体育教学内容健身效果的共性和优势现象,使它们对于身心发展的效应表现出包容性。体育教学内容结构的包容性使教学内容的选择具有更大的灵活性,体育知识技能具有更大的综合性。

4．体育教学内容结构具有动态性

体育教学内容结构要跟上体育科学的发展步伐,符合社会发展的需要,就必须具有动态性。随着人们对体育科学研究的不断深入,在对人体的认识、体育锻炼对人体的作用、运动行为对身心的影响诸方面,都会产生新的知识,这些新的知识必然要及时在体育内容结构中反映出来。另外,随着社会的发展,社会对人才素质的要求是不断变化的,譬如,现代社会的快节奏的、高竞争性的特点,对人才的竞争力、创造力和良好的心理素质提出了更高的要求,这些要求当然地也就应该反映在以满足社会需要和学生需要为出发点的体育教学内容体系结构之中。所以体育内容体系结构总是处在一个动态的变化之中。

5．体育教学内容结构具有实践性

体育教学内容以实践性为主,这是由体育的本质属性决定的。体育的基本知识以对体育的正确理解和能指导体育实践为出发点,建立起围绕体育实践而编织的知识体系网络。而活动性内容则应以在实践过程中对身心健康水平的良性影响为依据。换句话说,就是要考虑它对体育教学达成目标的贡献,以及各个内容之间的优势互补,使之既能产生教学内容所具有的个别优势,又能形成多种内容结合而成的结构优势。这种优势现象的出现是以实践性为前提的。

（五）体育教学内容体系的设计与构建

在体育教学内容体系的整体设计与构建时,应依据新的体育与健康课程标准提出的5个领域（运动参与、运动技能、身体健康、心理健康和社会适应）、3个层次的目标体系要求（课程目标、领域目标、水平目标）,按照学习阶段和教学要求,以健康和体能为主线,包含体育知识、技能与社会人文教育,构建和设计教学内容体系。

在每个学段上依据学生的年龄特征和培养的主攻方向,在教学内容选择和安排上有所侧重。在每个年龄段上提出重点学习内容,通过多年的系统体育教学,即通过初小、高小、初中、高中及大学体育课实现学校体育和体育课的整体课程目标。在构建和设计体育教学内容体系时,应注意各阶段教学内容的衔接性和递进性。各阶段的教学内容既有其各自的特殊性与阶段性,但相互间又有较大的互补性和逻辑性,应严格避免传统教学内容体系中严重的重复和无序现象。

## 二、体育教学环境

体育教学环境是体育教学活动的基本因素之一,任何体育教学活动都是在一定的体育教学环境中进行的。体育教学环境不仅影响着体育教学过程的组织与安排,而且在某种程度上还决定了学生未来发展的方向。体育教学环境历来是我国体育教学中比较忽视的一个问题,在喧嚣的马路上跑步,或在尘土飞扬的操场上踢球是我们经常可以看到的场景。这固然与学校的经济条件有关,但却深刻反映了人们在观念上与"以人为本"教育理念的背离。今天,当我们站在新时代的巨轮上全方位审视我国体育教学改革的时候,不得不把目光投向体育教学环境这片似乎被人遗忘的领域。

## (一)体育教学环境的概念

要弄清楚体育教学环境的概念,首先必须明确环境、学校教育环境、教学环境等几个相关的概念。从哲学的角度而言,人类的环境,包括了两个层次,即外部环境和内部环境,外部环境即自然界,内部环境则是我们人类自己创造的文化世界。我们可以把环境理解为人生活于其中,并能影响人的一切内、外条件的综合。

学校教育环境是一个特殊的环境,它是学校中各类人员进行以教与学为主的各种活动所依赖的物质条件和社会条件的总和。学校教育环境本质上是一种人工环境,或者叫人文的环境,因为学校教育环境的一切无不被赋予了一定的教育意义,体现了人们的教育观念和审美意识。学校教育环境又包含了许多层次和方面,而教学环境就是学校教育环境的重要组成部分。

教学环境是按照发展人的身心需要而组织起来的育人环境,我们可以把它看成是学校的一切教学活动所必需的各种条件的综合。教学环境又有广义与狭义之分,广义上而言,影响教学的所有社会环境如社会制度、科学技术、家庭与社区条件等都属于教学环境;狭义上而言,教学环境主要指学校教学活动所需要的物质、制度与心理环境,如校园、校舍、各种教学设施、各种规章制度、校风、班风、课堂教学气氛及师生人际关系等。一般我们所说的教学环境主要是指狭义的教学环境。

体育教学环境是指开展体育教学活动所需要的所有条件的综合。很显然,体育教学环境是教学环境的组成部分,是一种相对微观的教学环境,故它不可能游离于教学环境之外而孤立地存在。

## (二)体育教学环境的构成要素

### 1.体育教学的物质环境

(1)体育教学的场所

包括体育馆和各种体育场地如田径场、篮球场、排球场等以及这些场地的周围环境如阳光、空气、树木、草坪等。体育场馆的布置与建设除要考虑学校整体的布局外,其位置、方向、采光、通风、颜色、声音、温度以及建筑材料等都必须要符合运动和学生身心的特点以及安全、卫生与审美的要求。如田径场跑道的方向一般要与子午线相一致;再如体育馆的墙面和有些体育场地的地面颜色一般采用比较温暖的颜色,诸如柔和的黄色、珊瑚色和桃红色等,因为暖色调可使人在视觉上和情感上的兴趣趋向外界,可提高中枢神经的兴奋性,因而也特别适合幼儿园和小学的体育场地。体育教学场所同时又是整个学校校园环境的重要组成部分,蕴藏着极为丰富的文化内涵,因此应该成为学校最亮丽的风景和最吸引学生的地方。

(2)体育教学设备

体育教学设备主要有两大类:一类是常规性设备,如课桌椅、实验仪器、图书资料、电化教学设备等;另一类是体育器材设备,如体操垫、单(双)杠、篮球、足球、排球、健身器材、标枪、铁饼、铅球等。这些设备是开展体育教学活动的必备条件,对完成体育教学的任务起着重要的作用。

2. 体育教学的心理环境

(1) 学校体育传统与风气

学校体育传统与风气是指一个学校在体育方面养成并流行的带有普遍性、重复出现和相对稳定的一种集体行为风尚,它是校风的有机组成部分。良好的学校体育传统与风气对学生会产生潜移默化的影响,对学生形成良好的体育态度、培养学生体育兴趣爱好、养成良好的体育锻炼习惯以及提高学生的体育文化素养等方面都有着非常重要的作用。

(2) 体育课堂教学气氛

体育课堂教学气氛是指班集体在体育课堂教学过程中所形成的一种情绪、情感状态,它包括师生的心境、态度、情绪波动、师生间的相互关系等。积极的课堂教学气氛有利于体育教师和学生之间的信任和情感交流,最大限度地引发和调动学生学习的积极性和自觉性,并且有利于帮助学生树立克服困难的勇气和信心。

(3) 体育教学中的人际关系

人际关系是指人们在社会交往中所形成的人与人之间的心理关系。体育教学中的人际关系主要包括两个方面,一是体育教师与学生之间的关系,二是学生与学生之间的关系。这些关系又构成了体育教学中的人际互动过程,直接影响着体育课堂教学的气氛、体育教学反馈以及学生的课堂参与限度和积极性,进而影响体育教学的效果。

(三) 体育教学环境的特征

1. 体育教学环境的教育性

教育功能是体育的重要功能之一。在当今社会,这项功能已经获得人们的认知和重视,并通过体育的手段和方法进行各种教育活动(如健全性格、锻炼意志品质、心理辅导等)。体育教学环境是学生身心活动的环境,这个环境的内容、氛围、互动形式、设计理念、构成因素等都具有教育意义,这种教育性的体现是体育教学环境特有的。

2. 体育教学环境的群体性

教师和学生是体育教学的参与者(教师是主导者,学生是主体),这构成了体育教学的人文环境。来自不同地方、不同专业的参与者,在这个环境中通过体育教学活动进行交流(包括肢体、心理、思想的交流),由陌生到熟悉,并建立新的人际关系(同学关系、师生关系);教学环境中的个体在体育活动中不断地与老师、同学进行交流,体现出个体与群体的教育性,并受群体的规范,群体中个体的数量在政策上也有限定。

3. 体育教学环境的可控性

体育教学环境虽然包括自然环境,但它本身不是自发形成的。它是根据教育教学目标和教学计划构思设计的,具有可控性。主导者以教育教学目标为指导,不断地通过各种方法手段控制整个教学环境的诸因素,实现教学目标和满足主体的需求。在这个教学环境中,氛围、情绪、主体的活动都是可控的。

4. 体育教学环境的潜在性

由于体育教学环境是作为主体知觉的背景而存在的,刺激限度较弱,具有一定的暗示性,因而常常使学生在不知不觉中产生各种潜移默化的影响。体育教学环境对学生而言犹如空气和水一样"润物细无声",它无时无刻不在影响学生的学习活动。在同学们的欢声笑语中,在每一次成功的喜悦中,在每一次失败的反思中,没有任何强迫的接受。

5. 体育教学环境的和谐性

体育教学环境中的场所、设施要与学校其他建筑、设施协调一致,体育设施、场所与其他建筑设施在风格、布局、功能等方面要和谐,形成一个有机整体;体育教学场所、设施之间要协调一致,场地与场地之间、器械与器械之间的布局要有层次性,避免互相干扰,颜色搭配要符合学生的心理特征;体育教学的场所设施要与校园的自然环境协调一致,营造出自然和谐,景色宜人,奋发向上的体育教学环境。在这样的环境中教学,学生的各种潜能才能被充分挖掘出来,学生才能健康地发展,主体意识才能体现出来。

学校毕竟是社会的一个组成部分,体育教学环境随时都受到各种外界环境的影响,同时它又对外界社会产生着不可忽视的作用。从这个意义上说,体育教学环境是特殊的开放系统,它同样辐射着大众体育与竞技体育,并受其影响。

(四)体育教学环境的功能

1. 陶冶功能

实践证明,优雅文明、美观和谐、活泼向上的体育教学环境,对陶冶学生的情操、净化他们的心灵、培养他们的审美情趣以及养成他们高尚的道德品质和行为习惯有着重要的意义。通过各种有形的、无形的或物质的、精神的体育教学环境因素的综合作用,能够在耳濡目染、潜移默化中熏陶、感化学生,从而产生一种春风化雨、润物无声的教育效果。体育教学环境的这种陶冶功能如果运用恰当,对实现体育教学的目标乃至学校体育的目标都具有重要意义。

2. 激励功能

良好的体育教学环境,一方面可以有效地激励教师教学的工作热情和动机,另一方面可以提高学生学习的积极性和自觉性,从而推动体育教学工作的顺利进行。体育教学可以为学生创造一幅诗一般的画面和意境:翠绿的草坪、湛蓝的天空、清新的空气、整洁的场地、个性化的器材与充满活力的运动场面。在这里,人与自然、人与环境、人与运动已经浑然一体。置身于这样的环境中,去奔跑、去跳跃、去拼抢,对学生而言,是他们人生中最惬意的享受。在这里,儿童热爱运动的自然本性展现得淋漓尽致,而体育意识则宛如春天的藤萝,在学生的心灵中一天天萌发、滋长。

3. 健康功能

体育教学环境是师生长期生活、学习、工作的环境,环境的优劣直接关系到教师和学生的身心健康。一个卫生条件良好,没有污染和噪音,教学设施充足、安全的体育教学环境,可以有效地促进师生特别是学生的身心健康。另外,体育教学中宽松和谐的课堂气氛和良好互助的人际关系,还对学生心理健康有积极的促进作用。

(五)良好的体育教学环境的表现形式

1. 能够勇于突破传统授课模式

每个教师都会在自己毕业参加工作,以及多年的教学实践过程中,不自觉地形成一种符合自己固有风格的教学模式。这些虽然在一定限度上使教学顺畅进行,但是却能束缚体育教师的思维方式,使自己陷入条条框框之中,严重制约着体育教学的改革和发展。我们只有突破传统思维方式,勇于进行体育教学改革,改进组织形式,改革教学方法,以适应现代教育的发展需要,才能提高体育教学质量,实现教学目标,创造适合主体身心发展的教学环境。

2.能够激发全体学生的兴趣和参与热情

体育教学改革的第一目标是"使体育教学面向全体学生"。教师要带着饱满而稳定的激情上课,用教态、内容、语言、媒体、灵活的方法手段等方式激发学生的兴趣,并使其积极参与到教学活动中,使学生身心放松,体验成功与失败,学会积极思考,提高分析问题和解决问题的能力;培养每个学生的参与意识,并把这种参与意识调动起来。鼓励学生积极参与到体育活动中,帮助学生确立不同阶段的学习目标,使学生能够通过自己的努力体验到成功的乐趣。

3.能够充分发挥主体的自主性、创造性

(1)充分发挥主体的自主性

体育教学的突出特点是实践性强,注重师生互动和反馈,学生对运动知识的掌握和技能的形成与提高,都是通过自身主动、自觉的活动完成的。在教学过程中教师应指导学生在如何学练上下功夫,激发学生的兴趣、启迪学生的思维、开阔学生的视野、丰富学生的体育文化知识,使学生掌握获取知识的途径和方法,从而提高学生的参与意识。

(2)充分发挥学生的创造性

创造性是对原有认识、操作成果有所改进或有所突破、超越。体育课的教学内容丰富、手段多样,教师要突破传统的教学模式,充分发挥学生的创造性。例如,在体育舞蹈的教学中,学生不仅要会跳舞,还要学会创编舞蹈的原则,能够创编舞蹈。在教学中为学生提供器材,鼓励学生发挥想象,编排游戏,这样既充分发挥了学生的创造力,又培养了学生的自信心,增加了学生的学习兴趣。

4.能够充分体现体育教学的全面性

体育教学不仅仅是要提高学生的身体素质,还要教会学生做人,培养学生良好的道德品质,健全学生的性格。如在耐久跑中锻炼学生身体抗疲劳的能力,培养学生坚韧不拔的顽强精神;在游泳、滑冰、跳跃等项目教学中,培养学生不断克服胆怯心理,以勇敢、无畏的精神去战胜困难,越过障碍;在足球、篮球、排球等团队运动项目教学中,要增强学生的自身活力,培养与人合作的精神;在羽毛球、乒乓球、网球等教学中,培养学生冷静的头脑、敏捷的思维、准确的判断、当机立断的性格。通过组织竞赛,培养学生在逆境中的承受能力。在体育教学活动中,要在学生自我意识发展的基础上,培养他们的自我控制能力,使他们逐步形成各种良好的心理品质。

(六)体育教学环境的调控

体育教学环境是由多种要素构成的整体系统,它与体育教学活动息息相关。体育教学环境的优劣直接影响着体育教学的进程,为了最大限度地发挥体育教学环境的正向功能,降低负向功能,实现体育教学环境的最优化,必须对体育教学环境进行调控。对体育教学环的调控是多方面的,突出的要注意以下几点。

**1. 重视体育教学环境的地域优势**

一般说来,不同地区、不同学校在环境条件上是有差异的,任何学校在环境方面又都有自己的特点和优势,充分挖掘和利用自身已有的环境优势,最大限度地减少、避免和弥补已有环境的不足,就有可能推动体育教学环境的整体改观。每个学校只要充分挖掘,都可以发现自己所处环境条件的潜力和优势。

**2. 重视体育教学环境的整体布局**

构成体育教学环境的因素颇为复杂,既有物质的,又有心理的,既有有形的,又有无形的。只有当这些环境因素协调一致时,体育教学环境的积极作用才能得以发挥。因此调控体育教学环境,首先要考虑整体的筹划布局,把体育场、馆的建筑,周边环境的绿化,场内场外的布置,图书资料的购置,各类器材的设置,良好人际关系的建立,积极向上的班风学风的形成,作为一个整体来加以全面考虑和控制。注意体育教学环境的硬件建设和美化要符合学生身心发展的特点和教学基本规律,要遵循教育学、心理学、生理学、卫生学以及美学的基本原理,通过科学的调控,使体育教学环境真正成为塑造健康体魄、健全人格的统一体。

**3. 重视体育教学环境中强势因素的作用**

环境心理学研究表明,环境可以影响人的行为,环境的不同特性能对人产生不同的影响。将这一原理运用于体育教学环境的调控过程中,适当突出体育教学环境的某些特征,可以增强特殊场景下的环境影响力,使师生的行为发生积极的变化。例如:在体育馆、图书资料室、球类训练室的主要出入口,设置一面醒目的镜子,有助于整理师生的仪容,约束师生的言行。在体育场馆醒目处、通道口陈设体育格言箴语,将有利于学生开阔视野,激发他们学习体育、参与体育的热情。体育教学环境建设中充分发挥强势因素的作用是调控中的重要方面,但应当根据具体情境灵活运用,不能生搬硬套,这样,对体育教学环境的调控才能获得理想效果。

**4. 重视体育教学环境调控中师生的主体作用**

体育教学环境调控中教师的作用很重要,作为教育者要注意体育教学环境的调控,但是仅仅做这些还不够,还应当重视学生在调控体育教学环境方面的作用。和教师一样,学生也是体育教学环境的主人,创造良好的体育教学环境的一切工作,几乎都离不开学生的参与、支持和配合。良好的校风、班风建设,体育教学设施的维护,教学秩序和纪律的执行等,都与学生紧密联系在一起。因此,教师应当重视学生参与体育教学环境建设的主动性,培养他们对体育教学环境的责任感。只有这样,业已形成的良好的体育教学环境才能得到持久的维护,业已创造的良好体育教学环境在学生自觉不懈的努力中才会变得更加和谐、优美。

在学校体育改革向纵深发展,素质教育成为人们共识的今天,体育教学环境应当引起体育教育界以及学校行政部门的重视,这不仅是因为体育教学是在一个开放的环境中进行,比其他任何一门课程的教学受环境的影响更直接、更显现,而且还因为体育教学环境建设作为学校教学的窗口,更容易展现学校教育的特色。重视体育教学环境建设,重视体育教学环境的可持续发展,是新世纪新时代学校体育改革的一个重要切入点。

# 第四节　体育教学的现状及发展

## 一、高校体育教学的现状分析

近年来,我国体育教学改革正在如火如荼地进行,其理念在于打破传统的以竞技体育为主的教育思想和破除传统教学安排的竞技体育体系,力求将人本主义精神贯彻到体育教学改革的目标中。在这种理念的指导下以及众多有益的改革尝试下,体育教学改革取得了一定的成绩,不过这个成绩与 21 世纪对人才所提出的"知识、能力、素质全面发展"目标要求相比仍旧有较大差距,改革中遇到的许多问题限制了教学改革的步伐和进展。由此可见,我国高校体育教学改革正走在正确的道路上,不过这条道路要走完还需要漫长的时间,过程中也一定会经历许多困难。

对高校体育教学的改革需要依现状而定,对于我国高校体育教学的现状主要可以归纳为以下三个方面。

### (一)体育教学目标缺乏准确性

在目前各大高校开展的体育教学活动中,仍旧是以让学生掌握某项体育运动技术为主要教学目标,如掌握乒乓球、羽毛球或足球技术。其年终考核也是以这些技术的量化指标为标准,显得非常生硬和单调。这种教学模式过于重视让学生强行接受教学内容,而不是花心思在新型教学的创造上,如此就使教学的要求和标准大大降低,并且使体育教学的目标与真正的目标有所偏离,缺乏准确性。

### (二)教学质量出现下降趋势

体育教学目标缺乏准确性的现状,使得接受此类体育教学的学生在体育学习中积极性不高,学习个性不够突出,仅仅是像生产产品一样接受一致的教学,不能充分体现现代体育的个性教学。新型教育理念要求在教学中体现出以人为本与主动性的双重原则,但在实际的体育教学当中,为追求高效率,尽管体育教师一方面强调要在秉承以人为本的原则下开展教学工作,但另一方面在教学实践中只是将这些理念停留在文字表述上,显得空洞、乏味。学生在接受教学的过程中始终感受不到新意,久而久之也就失去了对体育教学的期待和兴趣,长此以往,必然会导致体育教学工作质量的下降,不利于学校体育教学任务的达成。

### (三)教师专业水平相对较低

体育教学所涉及的内容很多,其教学环境也与其他学科教学有很大区别,体育教学绝不是由老师带领学生玩闹嬉戏这么简单。体育教学是一门专业性非常强的学科,为了达到预期的体育教学目标,就需要有经验丰富的体育教师参与教学。现代体育教学的内容中充满了较为新颖、现代的体育运动,体育教师能否率先掌握这些新兴运动项目的技术就成为保证教学质量的关键。

不过从现阶段的实际来看,体育教师的学习速度显然还没有完全跟上新兴运动进校园的速度。现代体育教师的培养环境多为在传统体育教学模式下的培养环境,一些条件较好的高校会聘请一些退役运动员担任体育教师。不过,这两类体育教师大多是技术型和训练型的,他们对自己已掌握的运动技能有着充分的信心,但同时由于他们自小接受单一的体育运动训练,文化水平普遍较低,与其他学科教师相比,存在明显的科研能力较弱的不足。另外,受传统培养方式的影响,体育教师的工作随意性较大,这就使得他们对自己专业以外的体育课程和项目重视不够。

多种不利因素累加,就使得从总体上看,我国高校体育教师的专业水平较低。他们掌握的知识相对陈旧,教学方法与手段也缺乏创新,造成体育教师整体上专业水平的下降,从而严重影响了高校体育教学工作的发展。

### (四)硬件设施普遍匮乏

我国是一个体育资源较为匮乏的国家。尽管高校作为我国重要的人才培养基地可以优先获得优质的体育资源,但从总体上看,许多高校所拥有的体育资源仍显现出不足、陈旧等现象。教育改革从总体上增加了高校生源,而高校学生的人均体育资源则保持不变且逐年下滑,如此一来就加大了学生数与体育资源数的反比关系。可以说,高校场地设施严重缺乏是当下影响体育教学发展的因素之一。

### (五)传统教学思想仍起主导作用

我国是教育大国,我国的传统文化非常重视教书育人的作用。由此,传统的教育理念也一并留存到了今天。然而,现代教育早已不同于传统教育,这是社会发展到一定阶段必然产生的。如果此时仍旧延续传统教学思想,必将影响我国教学的现代化及在未来的发展。

就我国高校体育的教学思想来说,它一直秉承着体育健身的理念。实际上这种理念本没有错,然而当现代教学理念着重素质教育后,对于仅在乎身体健康的体育教学来说显然就表现出了其片面性。它在涉及德、智、体三方面关系的教学实践中过于重视对"体"的练习,忽视了对学生"德"与"智"的培养,而这两方面的素质教育在当下也是成为社会所需人才不可或缺的方面。由此可见,若高校体育教学的实际工作还停留在以竞技项目为主要内容的传统体系的话,将会给未来我国体育教学的发展带来极大阻碍。

## 二、高校体育教学的发展趋势

科技的发展带动了人类社会的发展。在当今社会中,几乎所有事物的发展都离不开相应技术的进步。对于高校体育教学的发展来说也是如此,科技的发展带来了更多更为丰富的体育教学方法与手段。当然,体育教学的发展也不能全部依托于科技水平的发展,教学理念的进步是发展的软件,它与科技所带来的帮助同等重要。

从高校体育教学的发展过程中可以看出,教育理念是所有教育行为的基础,这就需要高校体育教学部门重视体育教育理念的转变,具有与时俱进转变体育教育理念的意识。具体到体育教师来说,不仅需要他们具有良好的体育教学超前意识,而且要有新的人才观、质量观来满足未来学生发展的需求,还要引导学生树立"终身体育"和"全民健身"的体育教育观念和意识。为了适应新时代的发展要求,人们要改变传统的选择教育观为发展教育观,通过体育教学,增强高校学生的身体素质、心理素质以及社会适应能力等,促使其身心的全面发展,培养出适应 21 世纪高科技快速发展的高素质人才。

在新形势下,我国高校体育教学的发展趋势主要体现在以下五个方面。

（一）更加重视发展高校学生的健康素质

体育教学及锻炼对增进和保护高校学生的身体健康具有积极、能动的作用。因此学校体育教学也应建立在多维健康观的基础上,全面贯彻"健康第一"的指导思想,深化学校体育改革。

1.提高学生的体质健康水平

高校体育的本质决定了体育教学必须为提高学生的体质健康水平服务。而促进学生体质健康水平的提高是学校贯彻"健康第一"指导思想的最为直接的体现,也是促进学生整体水平提高的基础。增强学生体质,增进健康,既是学生顺利完成学业的需要,同时也是学生终身健康的需要。

2.提高学生的心理发展水平

心理发展水平包括心理健康水平和心理素质水平。学生的心理发展水平与其生理健康有着非常密切的联系。也就是说,一个患有严重的心理疾病的人就不可能拥有健康的身体。对于学生而言,心理疾病所产生的影响要比生理疾病更为深远和严重。在我国的社会主义市场经济条件下,社会竞争变得越来越激烈,这就要求人们必须具备较好的心理发展水平。因此,促进高校学生心理的健康发展,提高其心理发展水平有着非常重要且深远的意义。

3.提高学生的社会适应能力

一个人能否处于良好的状态,关键取决于他的社会适应能力的强弱。从社会文化的视角来看,体育的实质是模拟社会生产和生活。基于此,一些人常常将体育课堂称为"社会课堂",将体育精神当作是现代社会精神的缩影。所以,提高对学校体育的重视程度对我国高校学生社会适应能力的发展和提高有着非常重要的意义。

（二）更加关注向高校学生灌输"终身体育"的意识

在深化学校体育改革的实践中,广大学校体育工作者深刻地认识到,传统的学校体育比较关注增强学生体质的近期效益,而对培养学生的体育意识、兴趣、习惯和能力重视不够,要使学生终生享有健康,就必须让体育伴随其终生。

因此,学校体育既要重视近期效益,又要重视长远效益。加强对学生终身体育的教育,培养学生的终身体育意识,使其养成经常锻炼的习惯,掌握科学健身的知识与方法,具有独立进行科学锻炼的能力。

（三）更加强调体育教学的选择性与层次性

1.体育课程管理体制的改革为学校体育的选择性创造了条件

传统的体育课程与体育教学,基本上是实行统一管理的办法。由国家统一制定和颁发《体育教学大纲》,规定统一的教学目标,统一的教材内容、教材比重与课时分配,统一的考核项目、统一的评分标准。各地各校对体育教学的选择性只局限在"选修教材"中,且对"选修教材"的实施也有诸多规定。

由于我国幅员辽阔,经济与教育发展不平衡,因此,我国试行了国家、地方和学校三级课程管理体制。在课程管理方面,国家只制定课程标准,提出课程目标,对课程内容不作硬性规定,采取开放与放开的做法,对课程进行宏观管理。具体课程标准的贯彻实施、达成方法、内容设置等,完全由各地、各校根据实际需要和自身条件和特点自行选择。

**2.层次性将成为体育教学中贯彻区别对待的重要方法**

由于我国教育基本上都是采用大班教学,一个教学班少则四五十人,多则六七十人,要完全实施个性化教学目前尚有一定的困难。因此,根据个性化教学的基本思想,进行分层次教学成为体育教学实践中实施因材施教、区别对待的重要形式。

分层次教学是指根据学生的身体条件与运动技能,把一个教学班的学生分成若干个层次,按层次确定学习目标和评价方法,采用不同的教学策略,以保证绝大多数学生都能完成课程学习目标。

**3.高校体育将呈现出地域特点与学校特色**

由于体育课程的选择性加大,各地高校只要遵循《课程标准》规定的"选择教学内容的基本要求",就完全可以根据自己所具有的课程资源、地理条件、气候特点、体育传统等,自主选择体育课程内容与课外体育活动及课余训练内容,因此,学校体育呈现出鲜明的地域特色与学校特色。

### (四)更加注重体育教学的课内外与校内外一体化

高校体育教学逐渐走向课内外与校内外一体化,主要基于以下三个方面。

**1.大课程观的确立**

课程是为实现课程目标在教师组织指导下一切课内外活动的总和。大课程观的确立为学校体育走向课内外与校内外一体化奠定了理论基础。

新一轮的体育课程改革是"从大课程观出发,将体育的课堂教学与课外、校外的体育活动包括运动训练纳入课程之中,形成课内外、校内外有机结合的课程结构"。因此,各类学校及体育教师实施新的体育课程,必须认真搞好课堂教学、认真组织好课外与校外的多种多样的体育活动,以满足高校体育教学的需要。

**2.增进学生健康的需要**

研究表明,当"国民经济发展到一定水平,人的体质健康某些指标呈下降趋势"。而"与体质健康相关的某些人体生理指标的提高,必须有一定锻炼时间、量和强度的积累",如果每周体育活动的总量仅限于几节体育课,那么,体育教学提高学生生理机能的作用将十分微小。《中共中央国务院关于深化教育改革全面推进素质教育的决定》指出:"学校要树立健康第一的指导思想,切实加强体育工作""确保学生体育课和课外体育活动的时间"。要贯彻落实学校教育与体育课程的"健康第一"的指导思想,有效地增进学生的健康,增强学生体质,学校体育就必须走课内外、校内外一体化的整体改革和发展道路。

**3.课程资源的开发和利用**

为了适应"课内外、校内外有机结合的课程结构"的需要,必须充分开发和利用体育课程资源。

就人力资源而言,除体育教师外,班主任、辅导员、有体育特长的其他学科教师、校医、共青团与学生会的干部以及体育特长生等,都将被动员起来,充分发挥他们在学校体育中的作用。

就课程时间和空间而言,首先,除课程计划规定的教学时间外,早晨、课间、课外、双休日、节假日的时间,也将得到合理的利用;其次,体育课程将拓展到家庭、社区、少年宫、业余体校、体育俱乐部,以及江河、湖海、田野、山林、草原等一切可以用来体育锻炼的地方,为学校体育冲破课堂与校园的束缚,实现课内外、校内外一体化提供可能性。

### (五)朝着更加多样化的方向发展

高校体育教育的多样性体现在以下三个方面。

#### 1. 学生个体体育需要的多样性

在高校体育教学中,大学生有着各种各样、各不相同的需求,并且同一学生的需求也是多种多样的,如娱乐需求、健身与健美需求、调节身心的需求、发展体育特长的需求等。因此,高校体育教学要对学生的个体体育多样性需求给予相应的满足。

#### 2. 学校体育内容形式的多样性

为了满足不同学生的、同一学生不同的体育需求,学校体育教育的内容必将朝着多样化的方向发展。具体如下:

(1)开设个体健身类的体育项目,如健美运动、健身操、越野跑、长走、山地自行车等。此类项目可个人进行锻炼,受制因素少,校内校外均可进行,简便有效。

(2)开设反映时代特征的现代体育项目,如足球、篮球、跆拳道、攀岩、体育舞蹈等。此类项目极富挑战性,能够发展学生的个性,满足学生实现自身价值和加强社会交往的需求。

(3)开设休闲体育项目,如网球、台球、保龄球、乒乓球、羽毛球、游泳、冰雪运动、轮滑、滑板等。此类项目娱乐性强,技术含量高,能满足学生愉悦身心的需求。

(4)开设民间体育项目,如武术、跳绳、跳方格、跳皮筋、跳竹竿、踢毽子、荡秋千、爬竹竿等。这类项目扩大了学校体育资源与体育课程资源,可以满足学生健身、娱乐等多种需求。

#### 3. 学校体育组织形式的多样性

目前,学校体育组织形式主要朝着以下三种类型发展。

(1)体育俱乐部。体育俱乐部将成为高校体育重要的组织形式。各个高校根据自身的条件,通过组织各种各样的体育俱乐部,以此来更好地满足大学生提高运动技能水平、发展体育特长以及健身、娱乐、健美的需要。

(2)体育社团。高校中的体育社团通常是由大学生自己来进行组织和管理的,学生们只有参加选择权。一般是由校(院)团委、学生会来组织发起,并由学校体育教研室(部、组)来给予相应的指导和支持,大都是以单项体育协会的形式出现。根据协会的章程,学生们通过交纳一定的费用,自愿报名参加,协会中的管理人员也是通过民主选举产生的。另外,一些全国性的综合体育团体,如全国大学生体育协会,主要任务是负责组织相同级别的学生体育竞赛。这些体育团体有效地提高了学生参与体育活动的积极性。

(3)非正式学生体育群体。非正式学生体育群体多以共同的体育爱好为基础自发建立起来的,以直接的、面对面的、相对固定的角色互动来进行活动,成员之间年龄相近,彼此之间并不存在正式的控制手段。如引导和运用得法,这些非正式学生体育群体将为学校体育注入新的活力。

# 第二章

# 高校体育教学的基本概况

高校体育教学是学校体育的重要组成部分,是高校体育教育实施过程中的主要体现,目的在于培养具有健康体魄与创新精神的德、智、体全面发展的合格人才。加强高校体育教学的改革与研究,可提高体育教学质量,尽快实现体育教学目的。而了解高校体育教学的基本理论能够为改革工作的顺利开展打好基础,做好准备。本章主要从体育教学与高校体育教学,高校体育教学的特点、目标、功能等几个方面来阐释与分析高校体育教学的基本情况。

# 第一节 体育教学与高校体育教学

## 一、体育教学

### (一)体育教学的相关概念

**1.体育教育**

体育教育是指以身体活动为手段的教育,就是身体的教育。

**2.体育教学**

学校体育目标的实现离不开体育教学这一基本组织形式,同时也是学校体育的一个重要组成部分。体育教学具有目的性、计划性和组织性,将相关知识与技能传授给学生,发展学生的智力,培养学生的品德,促进学生良好个性的形成,这个教育过程与其他学科教学相似。但体育教学又有自身的独特性,学校体育目的的实现、体育任务的完成都要采取体育教学这一重要途径。体育教学的范围很广,不仅是指学校体育,还涉及竞技体育、社会体育等领域。

综上分析,我们可以将体育教学定义为:在学校教育中,学生在教师的指导下积极主动地学习和掌握体育基本知识、技能和方法,提高身心健康水平和身体活动能力,强化对自然环境和社会环境的适应能力,形成良好的思想品德和个性的过程。

### (二)体育教学的基本介绍

随着全球化的不断推进,在衡量社会进步与国家发展方面,体育事业的发展水平已成为一个非常重要的指标,而且国家与地区之间的交流也离不开体育这一载体。体育有竞技体育、大众体育、学校体育等多种类型,包括体育教育、体育活动、体育文化、体育竞赛、体育经济等诸多要素。虽然很早以前就已经出现了体育教学,但体育教学真正迅猛发展始于现代社会。20 世纪 60 年代以来,随着信息技术的快速发展,人类进入了信息社会,高技术、新技术、新材料、新能源及生物工程在社会各个领域都得到了广泛而普遍的运用,并推动了社会生产力的发展,使人们的生活节奏越来越快。这一方面给人们带来了便利,使人们的生活水平有了提高,生活条件有了改善,但同时随着电气化、自动化和智能化的不断发展,人们在十分紧张的环境中工作和生活,身心健康受到了威胁。

20 世纪 70 年代,联合国教科文组织对现代教育提出了人才培养要求,要求培养的人才必须能够适应社会的发展和需要,即培养具有"健全的体魄、高尚的道德情操、丰富的科学文化知识"的全面型人才,并指出应将体质作为人才评价标准之一,作为"三育"教育中的一个首要标准。由此使体育教学在教育系统中的地位和作用得到了很大的提升,同时也引起了人们的重视。此后,各国纷纷改革体育教学内容、教材和教法,并进行了深入的探索,如日本创造了"快乐体育"教学模式,深入研究了体育教材的结构和小集团教学法,而不是一味地研究运动素材,这一举措有利于发挥体育教学在培养人格、个性方面的功能,将体育教学提高到了崭新的知识起点,促使体育教学为人的身心和谐与健全发展而服务。

### (三)体育教学论

体育教学论是对体育教学现象和体育教学规律进行研究的科学,现代体育教学的各种现象及现象背后隐藏的规律是现代体育教学论的主要研究内容。

体育教学论是理论与实践并存的科学,因此可以将其划分为两个部分,即体育理论教学论和体育应用教学论,其中体育理论教学论又有自己的分类。

图2—1直观地反映了现代体育教学论的结构体系。

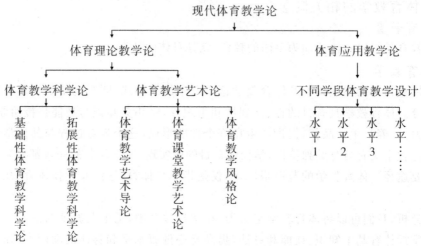

图2—1　现代体育教学论的结构体系

## 二、高校体育教学

### (一)高校体育教学的构成要素

高校体育教学的构成要素是指体育教学的结构要素与过程要素,具体分析如下。

#### 1.高校体育教学的结构要素

对体育教学具有影响的各种要素及各要素的相互关系就是体育教学的结构。体育教材、体育教法、体育教师、学生等都是体育教学的基本结构要素。

概括而言,体育教学包括以下三个方面的结构要素。

(1)参与者

参与者是体育教学的重要因素之一,主要指体育教师和体育教学中的学生。

在体育教学的参与者要素中,体育教师是外部主导,主要职能体现为对体育教学进行计划、组织、管理、监控等。体育教师的专业素质直接影响其职能的发挥和体育教学效果,因此要求体育教师有良好的敬业精神、业务能力等。

在体育教学中,体育教师的主要施教对象是学生,这是体育教学的另一个重要主体。体育教师向学生传授体育知识与技能,但学生不能只是简单、被动地接受,必须在教师的指导下积极主动地参与学习,发挥自己的聪明才智,从而取得良好的学习效果。因此,从广义上而言,在体育教学中,学生是一个主要制约因素和重要调控因素。在教学过程中,学生作为受教育者和施教对象,是一个群体,很多方面存在共性,但因为各方面因素的影响,学生之间的个体差异也很明显。学生能否主动地参与体育学习,对教学质量好坏有决定性影响。而针对学生的特点和差异,因材施教,调动学生的学习兴趣与热情又是体育教师的一个主要职责。

(2)施加因素

体育教学要满足社会对学生的要求,这主要体现在体育教学任务、教学内容、教学大纲与教学计划等要素中,这些要素在体育教学的结构因素中,属于外部施加因素。连接体育的教与学是这类要素的主要作用。

体育教学过程是由体育教学任务、内容和计划等要素规定的,并以这些要素为依据组织与实施教学。体育教学任务和体育教学内容的价值均体现在两个方面,即显性和隐性,将这两类价值的关系处理好,可促进学生健康和谐发展。

(3)媒介因素

体育教学是在一定时空条件下对相关信息有序进行传递的过程。媒介是传递信息的必备条件,具有针对性、可控性、安全性、抗干扰性及实用性等特征。在体育教学中,要想顺利传递信息,必须具备场地器材、环境设备、组织教法等重要媒介。在这些媒介中,场地器材和环境设备是体育教学的基本物质条件,组织教法的作用主要体现在将学生、教材和物质媒介串联起来,对教学过程进行调控。体育教学质量能否得到保证,一定程度上要看是否具备高质量、现代化的媒介条件。

在高校体育教学过程中,这三大要素是动态结合、不断变化的,其中最为重要的是教师的主导作用。体育教师应掌握并熟练运用各种教学艺术,将学生的学习积极性充分调动起来,将各种要素调控好,从而提高教学质量,顺利完成教学任务。

高校体育教学的结构要素见表2—1。

表2—1　高校体育教学的结构要素

| 结构要素 | 具体要素 |
|---|---|
| 参与者 | 体育教师 |
| | 学生 |
| 施加因素 | 教学任务 |
| | 教学内容 |
| | 教学大纲 |
| | 教学计划 |
| 媒介因素 | 场地器材 |
| | 环境设备 |
| | 组织教法 |

## 2.高校体育教学的过程要素

高校体育教学的过程要素具体包括以下几个方向。

### (1)体育教学目标

通过体育教学要达到的结果就是体育教学目标。体育教学的价值取向主要体现在体育教学目标中,只有确定了体育教学目标,体育教学才会有明确的方向,体育教学的出发点和最终归宿也才能确定下来。

而且,在体育教学评价中,体育教学目标是一个非常重要的参考因素,如果没有确定教学目标,体育教学就会漫无目的,盲目开展,体育教师也无法掌控教学过程。

### (2)体育教学内容

在体育教学中,体育教师给学生传授的体育与健康知识、技能和方法等都是体育教学内容。体育教学目标能否达成,体育教学质量能否提高,直接受体育教学内容的影响。只有科学选择体育教学内容,并有效实施,才能使体育教学过程更加顺利并有可能完成体育教学目标,从而使体育教学质量得到提高。

体育教学如果没有教学内容,就不能称为体育教学,而是体育锻炼,这时体育就不是一个学科了,而是一项活动,并且比较空洞。因此选编和运用体育教学内容非常重要,在开展这一项工作时,要对学生需要、社会要求、学科体系进行充分考虑。

### (3)体育教学策略

体育教师以体育教学目标和学生的具体情况为依据而选择的有效教学技术和手段就是所谓的体育教学策略。此外,有助于学生理解教学内容的各种信息及信息的传递方式也属于教学策略的范畴。

体育教学策略与体育教学目标、体育教师、学生等因素密切相关,这一要素对体育教学工作的成败和效率的高低有直接的影响,所以为更好地开展体育教学,完成教学任务,需要对体育教学方法、组织形式和手段进行科学选用。

### (4)体育教学评价

依据体育教学目标制定标准,运用有效评价技术手段测定与衡量、分析与比较体育教学活动过程及其结果,并进行价值判断的过程就是体育教学评价。促进体育教学质量的提高及学生的全面发展是体育教学评价的主要目的。

作为体育教学的一个重要因素,体育教学评价与教学目标、教师等因素的关系非常密切,一般体育教学评价指标由教师根据教学目标制定。

## (二)高校体育教学的原理

高校体育教学的主体内容是体育运动项目,因此在高校体育教学内容设计中,必须重视不同项目的教学,并在具体项目教学原理中融入运动兴趣与情感体验,从而通过科学的教学原理更好地解释学生在运动技能形成与发展过程中的不懈追求和个体本能生物价值观与社会文化价值观的融合。

高校体育教学原理既有理论层面的原理,又有实践操作层面的原理,具体见表2-2。

表 2-2 高校体育教学原理

| 体育教学原理 | 原理内容 |
|---|---|
| 理论层面 | 兴趣、情感、习惯、观念链式循环原理 |
| | 自在趣味性强化原理 |
| | 非自在动作规范强化原理 |
| 实践操作层面 | 自然追求与技术理性相结合原理 |
| | 练习与强化相依关系原理 |
| | 练习的适宜难度负荷原理 |

表 2-2 中,实践操作层面的练习与强化相依关系原理的机制与作用如图 2-2 所示。依据这一原理设计运动技术的练习,可促进体育教学与训练效益的提高。

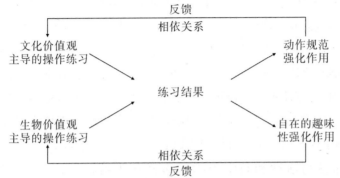

图 2-2 实践操作层面的练习与强化相依关系原理的机制与作用

不管是理论层面的教学原理,还是实践操作层面的教学原理,它们都是在运动项目进化的价值观以及科学与和谐法则的基础上发挥作用的,如图 2-3 所示。

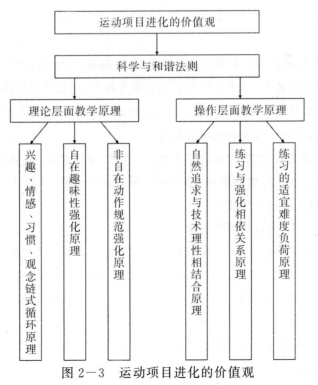

图 2-3 运动项目进化的价值观

# 第二节　高校体育教学的特点与目标

## 一、高校体育教学的特点

### (一)以传授体育技术、技能为主要内容,根本目的在于增强学生体质

大学生进行体育学习,主要是为了锻炼身体,增强体质,从而更好地为建设祖国贡献自己的力量。在体育教学内容中,丰富多样的运动项目是大学生锻炼身体的主要手段。可见,体育技术是大学生的主要学习内容,也是体育教师的主要教学内容。大学生在反复的学习与练习中,将所学技术转化为技能,从而能够通过合理有效的方法来锻炼身体。此外,体育科学知识也是大学生需要掌握的体育教学内容,目的是对身体锻炼提供科学指导。

体育技术和体育知识是高校体育教学的主要内容,一般在高校体育课程设置中,体育技术内容所占的比例要比体育理论知识所占的比例大。这是体育教学与文化课程教学在内容设置上的主要区别,文化课程以文化知识为主要教学内容,学生对这些文化知识的掌握有利于更好地从事生产实践,更好地在社会实践中发挥自己的能力;而体育课教学以技术和技能内容为主,这有利于促进大学生的身体健康成长。

### (二)以肌体参与活动和教学组织的多样化为特征

在文化课教学中,学生主要通过思维活动对教学内容加以掌握,而体育课教学与文化课教学的不同在于,学生除了要动脑外,还要亲身参与活动,即除了有思维活动外,还要有肌体活动。在肌体活动中,通过肌肉感觉、中枢系统传递信息,经过大脑的分析与综合,在理性上认识体育技术、技能。大学生如果缺少必要的肌体活动,是无法掌握体育教学内容的,尤其不可能掌握技术技能类教学内容。

大学生在体育活动过程中,肌体反复受各种条件刺激,从而建立起条件反射,对体育技术加以掌握。在这个过程中,学生不但能够学习体育技术,而且能够锻炼身体,增强体质,提高健康水平。在高校体育教学中,大学生不可避免地要做一些身体活动,这有利于其身体、心理的发育和成长,有利于其保持充沛的精力。

体育教学以集体教学为主,但因为学生性别、性格、身体素质、活动能力等方面的差异,加上体育教学容易受客观环境的影响,所以组织形式必须多样,满足不同学生的需求,适应不同学生的特点,从而提高教学效果。

在高校体育教学中,体育教师要善于运用社会学、教育学、生理学、心理学等多学科知识来对体育课进行精心的组织,从而使体育教学过程与教学规律的要求相符。

### (三)以对学生品德、心理品质培养的特殊作用显示其教育功能

体育运动有自己独有的特征,体育教学就是通过这些独特性对学生产生积极作用的,具体分析如下。

第一,竞赛性是体育运动的一个特点,正因为这个特点,体育教学才能够对大学生的竞争意识与竞争精神进行培养。

第二,体育具有规则性,因此能够培养大学生诚实守纪的品质。

第三,体育运动要求参与者必须克服自身生理负荷,并勇敢面对客观条件的阻力,因此有助于培养大学生勇于拼搏的意志品质与吃苦耐劳的精神。

第四,体育活动具有群体性,能够对大学生的交际能力与协作能力进行培养,同时能够引导大学生树立良好的集体主义精神与爱国主义精神。

总之,当代社会的发展要求大学生具备良好的意志品质和思想品德,体育教学在这方面的作用是举足轻重的。

在新时代,体育教学的教育功能越发鲜明和突出。当今世界正在进行新一轮技术革命,这一方面给世界各国带来了良好的发展机会,另一方面也给各国带来了艰巨的挑战。发达国家和发展中国家在某种意义上共处在一条起跑线上,技术革命对发展中的我国而言,是接近发达国家发展水平的极好机会。人才的发展可以推动科技的进步,教育是培养人才的主要途径。只有促进中华民族整体素质的提升,我国才能在新技术革命中受益。

提高人口素质,体育是关键,体育不但能够增强人民体质,还能够培养人的思想素质。因此,在高校体育教学中,体育教师应确保体育教学的方向是正确的,从而通过体育教学更好地为实现社会主义现代化服务。体育教师只有深刻认识体育教学的特点,才能更好地组织体育教学,促进体育教学在现代化人才培养中特殊功效的充分发挥,促进体育教学质量的提高,为中华民族整体素质的提升、为培养社会主义现代化人才做出贡献。

## 二、高校体育教学的目标

### (一)体育教学目标的概念
体育教学目标是指体育教学中师生预期达到的学习结果和标准。

### (二)体育教学目标的分类
体育教学目标包括认知领域、情感领域及动作技能领域的教学目标,具体分析如下。

### 1.认知领域的教学目标
认知领域的教学目标有不同的级别,如图 2—4 所示,这是由布卢姆等人提出来的。

图 2—4 认知领域教学目标

布卢姆等人提出的认知领域教学目标的分类体系后来被安德森等人进行了改革,重新修订后的认知领域教学目标分类体系包括知识和认知过程两个不同的维度,它们各自有目标(表2-3)。

表2-3  认知领域教学目标的分类体系

| 二维分类 | 具体目标 |
|---|---|
| 知识维度 | 事实性知识 |
| | 概念性知识 |
| | 程序性知识 |
| | 元认知知识 |
| 认知过程维度 | 记忆 |
| | 理解 |
| | 运用 |
| | 分析 |
| | 评价 |
| | 创造 |

**2.情感领域的教学目标**

情感领域的教学目标有五个级别,如图2-5所示,这是有关学者依据价值内化的程度划分的结果。

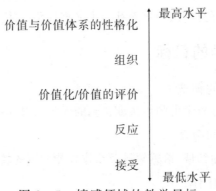

图2-5  情感领域的教学目标

**3.动作技能领域的教学目标**

动作技能领域的教学目标包括六个级别,按照从简单到复杂的排序如图2-6所示,这是由哈罗等人提出的观点。

有意沟通　最高水平
技巧动作
体能
知觉能力
基本/基础动作
反射动作　最低水平

图2-6  动作技能领域的教学目标

## （三）体育教学目标的结构

体育教学目标结构如图2－7所示，这些结构要素是分层的，是层层递进的。

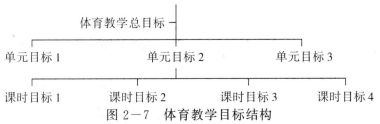

图2－7　体育教学目标结构

下面对图2－7中的结构要素进行简要分析。

### 1.学校体育目标

学校体育目标指的是学校开展体育活动在一定时期内预期达到的结果。它主要由条件目标、过程目标和效果目标三个要素组成。

制定高校体育教学目标，首先要以学校体育目标为依据，这样有助于通过体育教学目标实现学校体育目标。

### 2.体育教学总目标

体育教学总目标指的是依据体育教学要求提出的体育教学预期成果，它包含以下三个方面的目标。

（1）实质性目标

使学生对体育知识和技能加以掌握。

（2）发展性目标

使学生身心素质得到全面锻炼和发展。

（3）教育性目标

使学生形成正确的世界观和良好的个性品质。

### 3.单元目标

单元目标指的是指导高校体育教学的重要目标，其为体育教师设计体育单元教学提供主要依据。体育单元教学目标有以下几种类型。

（1）独立型

独立型单元教学目标如图2－8所示。

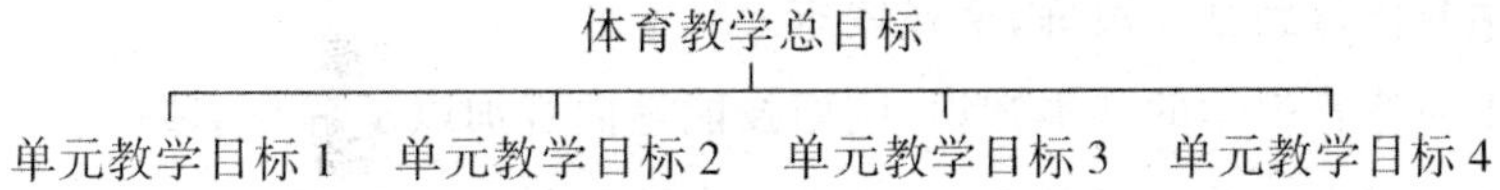

体育教学总目标

单元教学目标1　单元教学目标2　单元教学目标3　单元教学目标4

图2－8　独立型单元教学目标

（2）阶梯型

阶梯型单元教学目标如图2－9所示。

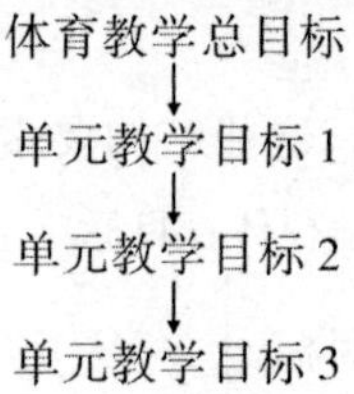

体育教学总目标

单元教学目标1

单元教学目标2

单元教学目标3

图 2—9　阶梯型单元教学目标

（3）混合型

混合型单元教学目标如图 2—10 所示。

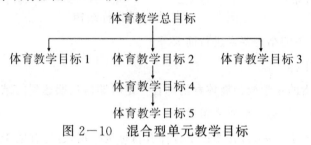

图 2—10　混合型单元教学目标

## 4.课时目标

体育课时目标指的是体育课堂教学目标,就是每节体育课的教学目标,是具体的目标。

## （四）体育教学目标的制定

制定体育教学目标,需要参考一定的因素,遵循相关的要求,从而确保体育教学目标的有效性,充分发挥体育教学目标的引导作用,具体见表 2—4。

表 2—4　体育教学目标的制定依据与要求

| 体育教学目标的制定依据 | 体育教学目标的制定要求 |
| --- | --- |
| 体育教学目标的特点因素 | 分析学生的需要（学习成绩、学习能力、学习条件） |
| 教育要求因素 | 分析体育教学内容 |
| 体育功能因素 | 注意目标间的连续性 |
| 学生需求因素 | 注意目标间的层次性 |
| 教学条件因素 | 注意要体现学生的身心健康发展的需要 |

## （五）体育教学的效果目标

我国高校体育教学的目标是增强学生体质,提高学生身心健康水平,对学生的体育运动能力和思想品质进行培养,促进学生全面发展,成为合格的社会主义建设者。

现阶段我国高校体育教学的效果目标具体表现在以下几个方面。

（1）使学生身体得到全面锻炼,增强体质。

（2）使学生对体育教学的基本知识、应用技能等内容加以了解与掌握。

（3）使学生养成良好的思想品德,促进学生个性发展。

（4）提高学生的运动能力,为国家队培养并输送优秀的后备人才。

上述效果目标之间相互联系、相互促进,它们作为一个统一的整体不可分割,需采取有力的途径一步步落实。

### 三、实现体育教学目标需坚持的基本教学原则

(一)日积月累,提高身体素质

1.含义

"日积月累,提高身体素质"原则是指在体育教学中,经常性地通过适量的技能练习、各种游戏、比赛以及"课课练",使学生的各项身体素质得到全面发展和不断地提高。

2.贯彻该原则的要求

(1)服从学生的身体发展状况来安排身体活动量。

(2)服从体育教学目标来安排身体活动量。

(二)因材施教,体验运动乐趣

1.含义

在体育教学中,根据学生个性的不同、身体素质的差异,对体育课认知水平的不同,让他们在掌握运动技能和进行身体锻炼的同时,体验运动的乐趣,促使学生喜爱运动并养成参加运动的习惯,这就是"因材施教,体验运动乐趣"原则。

这一原则是依据游戏的特性和体育教学中运动情感变化的规律提出的。体育运动充满了乐趣,乐趣是体育的特质。一个运动项目从不会到熟练掌握,人们会有成功和乐趣感。有的项目本身就妙趣横生、充满变数,使人乐此不疲。运动中同伴之间的巧妙配合也能产生许多意想不到的乐趣。有的项目锻炼过程中虽然充满了劳累、痛苦,但锻炼结束后,会让人感到一种舒畅的满足感,这是体育运动充满乐趣的表现。体育运动乐趣是人们从事以体育运动和体育比赛的重要目的,让学生体验运动乐趣是体育教学的目的之一,因此,体育教学要想方设法满足学生对运动乐趣的追求。

2.贯彻该原则的要求

(1)对运动乐趣问题要正确理解和对待。

(2)善于从"学习策略"的角度对运动乐趣加以理解。

(3)将掌握运动技能与体验运动乐趣的关系处理好。

(4)对有利于学生体验运动乐趣的教学方法进行开发与运用。

(5)为学生获得成功的运动体验创造条件。

(三)言行规范,提高集体意识

1.含义

"言行规范,提高集体意识"原则,是指在体育教学中,发挥运动集体的作用,将自己融入集体中,规范自己的言行,找准自己的位置,既要做好自己的工作,又要互相协助,为了集体的目标而共同努力,不断提高自己的集体意识。

体育教学主要在室外进行,受场地器材和活动范围的影响,体育的学习形式也经常以小组的形式来组织,这使得体育学习方式与集体形成存在内在的关联。因此,体育教师应在教学中注重培养学生正确的集体意识和良好的集体行为,使学生学会帮助他人、关心他人,学

会参与集体活动,为学生未来走向社会打下良好基础。

2.贯彻该原则的要求

(1)对体育教学活动中的集体要素进行充分挖掘。

(2)采用教学分组的教学组织形式。

(3)向学生提出共同的学习任务,使其相互帮助,相互合作。

(4)将"集体意识"和"发挥个性"之间的关系处理好。

### (四)潜移默化,积淀运动文化

1.含义

运动文化是包含体育知识、各种运动技能、体育运动相关媒介等各种形式、各种物化状态的内容。运动文化是构成体育课程内容的主要部分。"潜移默化,积淀运动文化"原则是指在体育教学中,通过多种方法、手段,提高学生对古今中外优秀的运动文化的认知和理解,通过对体育知识的学习和掌握以及自身的运动实践,积淀和提高学生自身运动文化的素养和水平,传承运动文化。

2.贯彻该原则的要求

(1)将体育教学中的认知因素重视起来,使学生能够"学懂"。

(2)对有利于学生运动认知的教学方法进行开发与运用。

(3)对"发现式学习"和"问题解决式教学法"进行科学合理的运用。

(4)运用现代化工具对学生学习的积极性进行培养。

(5)创造良好的运动文化环境。

### (五)防微杜渐,保证安全环境

1.含义

所谓"防微杜渐,保证安全环境"原则,是指在体育教学中,创造和提供使学生安全地从事体育运动的环境,同时要对学生进行安全运动的教育,不断提高学生体育锻炼的安全意识和确保运动安全的能力。

体育技能教学是以角力活动、非正常体位活动、剧烈身体活动、器械上身体活动、持器械身体活动等构成的教学过程,危险因素时时存在。这就要求我们在体育课堂教学全过程中,对可预知的危险做到提前防范,对不可预知的危险做到有应对预案,为体育教学提供安全的软硬件环境,对学生进行安全运动的知识教育,把危险因素消灭在萌芽状态。

2.贯彻该原则的要求

(1)在体育教学中建立安全运动的规章制度。

(2)防微杜渐,对所有危险因素(表2—5和表2—6)进行详细的考虑。

(3)制定防止伤害事故的预案。

(4)时刻进行安全警示。

(5)对练习内容难度进行控制,使其在学生能力范围内。

(6)学生安全员充分发挥自己的积极性。

表 2-5　体育教学中可预测的危险因素

| 可预测的危险因素 | 举例 |
|---|---|
| 因学生身体素质差和活动内容差异导致的危险因素 | (1)不熟悉运动<br>(2)力量不够<br>(3)动作难度大<br>(4)缺乏保护与帮助 |
| 因学生思想态度导致的危险因素 | (1)鲁莽<br>(2)不听教师的建议<br>(3)没有做好准备活动<br>(4)着装不规范等 |
| 运动场地条件变化导致的危险因素 | (1)在破损的塑胶地绊倒<br>(2)在雨雪地滑倒 |
| 因器械损坏导致的危险因素 | (1)羽毛球拍头脱落飞出<br>(2)双杠折断<br>(3)绳索折断等 |
| 因特殊天气导致的危险因素 | (1)酷暑天运动<br>(2)严寒天运动<br>(3)暴雨天运动<br>(4)狂风天运动 |
| 因学生身体状况变化导致的危险因素 | (1)伤病期间勉强参加运动<br>(2)女生在生理期运动 |

体育教学中还有一些不可预测的危险因素,也要特别注意,见表 2-6。

表 2-6　体育教学中不可预测的危险因素

| 不可预测的危险因素 | 举例 |
|---|---|
| 情况多变导致的危险因素 | (1)球类运动的碰撞<br>(2)球类运动的摔伤 |
| 无法保护、帮助导致的危险因素 | (1)跨栏跑<br>(2)球类比赛<br>(3)健美操比赛 |
| 各种意外导致的危险因素 | (1)随机性摔伤<br>(2)不常见的伤害 |

在高校体育教学中,只有严格贯彻上述原则,才能顺利实现体育教学目标。贯彻上述教学原则,要能够以体育教学规律和体育教学的特点为依据,对体育教学进行科学设计,对体育教学的条件进行有效整合,提高体育教学效果。要在教学中将体育教学的特点体现出来,实现体育教学的功能。

# 第三节　高校体育教学的功能分析

高校体育教学功能指的是高校体育以其自身的特点对学生和社会施加作用后,产生的良好影响和作用。高校体育教学如果没有自身固有且独特的特点,是不会对学生和社会产生良好效应和积极影响的。然而,如果学生和社会无法接受和利用高校体育教学的功能,那么高校体育教学也就无法顺利发挥自身的功能,因而也无法产生预期的效果。体育教学之所以能够在漫长的历史上不断得到发展,而且发展成果越来越多,越来越受重视,正是因为人们认可并充分利用了学校体育的功能。

随着社会的进步和体育教学地位的不断提升,人们对体育教学功能的认识也越来越全面,越来越深入,这有利于体育教学功能在高校的进一步发挥,从而促进大学生的全面发展和社会主义物质文明和精神文明建设。

具体来说,高校体育教学的主要功能表现如下。

## 一、健身娱乐功能

高校体育教学的一个重要目标是教会学生合理、有效地利用身体,保护身体,从而提高身体健康水平,可以说学生的体育学习是一种利用身体同时完善身体的过程。"用进废退"的生物学规律在人体的发展中体现得非常明显,大学生只有科学合理地参加体育锻炼,才能使身体的极限效能得到充分发挥。在锻炼过程中,神经、肌肉会保持活动状态,这能够使人体运动系统和其他生理系统的功能得到有效的保障,并产生许多良好的反应。在体育教学中,学生是否可以快乐地参与其中,获得健康的身心,要看学生是否从内心深处喜欢运动,是否对此感兴趣,是否情绪高涨。

随着社会的进步和生活条件的改善,大学生的营养补充越来越全面,生活条件也得到了很好的改善,这就为其身体娱乐活动提供了良好的条件。运动与娱乐对大学生来说不可缺少,就像水和食物对原始人类来说必不可少一样。在体育教学中,学生的身体娱乐以身体活动为主要媒介,与其他娱乐方式相比,这种娱乐方式的功效更多,大学生在体育学习中进行适度的身体娱乐活动,能够达到健身与悦心的效果,从而提高身心健康水平。

## 二、培养竞争意识

人类生活与竞技比赛有高度的相似性,因为人类与自然、社会、对手等相关对象之间存在竞争关系,只有在不断的竞争中,人类才能更好地超越自己,完善自我,过上理想的生活。创造有利的条件来不断充实自我是竞争参与者必须重视的问题。这里的条件指的是竞争者受自己意识支配的合理竞争行为。不管是参加比赛,还是观看比赛,对人们来说都是生活中非常重要的竞争预演。我们可以客观地将运动场看作一个浓缩的现实社会,这个小社会比较特殊,但可以反映大社会的方方面面。

在运动场上,参与者可以养成良好的品质和行为习惯,依据迁移原则,这些积极的变化会有效地作用于参与者的日常行为,并产生被社会高度认可与接受的因素。运动场上有输有赢,社会生活的其他方面同样如此,只不过其他方面的输赢更多地体现在得意与失意上。胜者当然光荣,受人拥戴,但输家也不可耻,也需要人的认可与尊重。不仅是运动员,包括大学生在内的所有群体都应该养成胜不骄、败不馁,顽强拼搏,勇于进取的良好品质。

体育运动讲究公平竞争,从这一点来看,体育教学有助于大学生良好的竞争意识的培养。顾拜旦是现代奥林匹克运动的创始人和奠基人,他并不是竞技家,而是一位伟大的教育家,他曾积极地将英国的竞技体育制度宣传给法国人民。通过奥林匹克运动,他有机地融合了体育与文化教育。在《奥林匹克宪章》中有这样一段话:"奥林匹克主义是将身、心和精神方面的各种品质均衡地结合起来,并使之提高的一种人生哲学。奥林匹克主义所要开创的人生道路是以奋斗中所体验到的乐趣、优秀榜样的教育作用和对一般伦理基本原则的尊重为基础的。"[①]可见,奥林匹克运动的重要教育价值是其发展到今天并产生深远而广泛影响的关键。

竞技运动是高校体育教学的重要内容,通过相关内容的传授,可以教育大学生不断超越自我,不断完善自我,树立良好的竞争意识,这方面的教育意义远比让大学生在竞技比赛中夺冠重要。

## 三、发展适应能力

现代社会中,竞争越来越激烈,人们的生活压力越来越大,适者生存的观念已经深入人心,因此大学生必须具备良好的社会适应能力,从而更好地立足于社会。体育教学在对培养个体适应能力方面具有重要的作用。社会适应能力是个广泛的概念,对不同的人有不同的侧重,但大学生只有具备全面的个人适应能力,才能保证自己更好地适应社会环境的变化,这里的全面具体指身体、心理、情感、道德等方面,缺一不可。

体育教学贯彻"以人为本"的理念,对学生的兴趣爱好充分予以尊重,这样的教育活动有利于培养与提高大学生的适应能力。

## 四、改变行为

体育教学可以提高大学生的适应能力,由此可积极影响大学生的行为,使其行为产生有益的变化。体育教学中很多活动与行为都合乎社会要求,所以很容易被社会认可和接受,相反,那些与社会要求不符的行为就得不到社会的接受,而且会遭到阻止。合乎社会要求的体育活动对大学生来说非常有价值,能够使大学生不断调整自己的行为,不断向社会道德准则和行为规范靠近。

体育教学还有利于培养大学生的智力,发挥大学生的聪明才智,使大学生有想法、有干劲、有创新,并使大学生的行为更加机智、勇猛。

## 五、改造经验

经验对于每个人来说都非常重要,生活中处处可以积累经验,而且处处离不开经验.随着经验的积累,人们会获得更好的生活能力。人的经验是丰富多样的,对于参与体育学习的大学生来说,除了读、写、说、算方面的经验,还需要具备多方面的专门经验,具体表现在以下几个方面。

---

① 　国际奥林匹克委员会.奥林匹克宪章[M].奥林匹克出版社,2019.

（一）动作经验

坐、立、行、举手投足等都是最简单的动作经验，判断距离、判断速度、判断时间等是比较复杂的动作经验，这些都是大学生在体育教学中需要具备的经验。除此之外，大学生还需要具备应付突发事件的能力，而这些经验与能力可以在体育教学中获得，也就是说，体育教学活动可以培养大学生这些方面的能力，使大学生获得相关的动作经验，从而更好地参与体育锻炼。

（二）品格经验

品格经验在体育运动中至关重要，参与者只有公平竞争、信守诺言、服从法规制度、协调合作，才会受到社会群体的认可，如果不具备这些社会品质，常常会遭到排斥。

（三）情绪经验

现代社会是文明社会，社会个体不能用野蛮方式来发泄自己的不良情绪，否则会对社会的秩序与和谐造成影响。而体育教学有助于让大学生学会调节自己的情绪，保持良好的心理状态。

任何学生都必须具备上述品性和经验，这是必备素质。体育教学属于综合性教育，同时也是非常重要的生活教育手段，能够积极影响与改变大学生的情绪、心智、行为、品性等，使大学生获得更加全面的发展。

# 第三章

# 高校体育教学内容

# 第一节  高校体育教学内容的选择与开发

教学内容是体育教学最重要的构成要素之一,是连接教师与学生的重要载体。如果没有教学内容,教学活动就无法正常进行;如果教学内容的选择和使用不够科学,就会直接影响预期教学效果的实现,也就不能完成体育教学任务和体育教学目标。由此可见教学内容的重要性。本章围绕体育教学内容展开论述,对体育教学内容的基本知识、选择、加工及开发、教学内容体系构建以及现阶段体育教学内容的改革与发展进行系统研究,为科学构建现代体育教学内容体系,促进体育教学内容的发展完善提供理论指导。

## 一、体育教学内容概述

### (一)体育教学内容的概念

体育教学内容,是实现体育教学目标的重要物质载体,主要是指在体育教学过程中对体育知识和技能体系等方面的选择和运用。教学内容从书面知识变为学生的知识积累和运动技能提高,这一过程要以体育教学目标为指导,通过合理的教学方法和教学组织在一定的教学环境中进行转化,这一转化过程的所有内容就是教学内容。

可以通过以下几个方面深入理解体育教学内容:第一,体育教学内容是教学的材料和依据。在体育教学实践中,教师对体育教学内容的选择要以实现体育教学目标为指导,根据自己的教学经验和对体育教学的理解,从众多体育教学材料中选出最佳的、最能实现教学目标的内容,体育教学内容是教师从丰富的体育文化知识和技能理论当中精挑细选而来的;第二,体育教学内容在教师与学生中间扮演着中介和媒体的角色,是教师和学生之间的信息交流;第三,体育教学内容制约体育教学方法和教学手段的选用;第四,体育教学内容决定体育教学的效果和体育教学目标实现的程度。

### (二)体育教学内容的特点

第一,教育性。体育教学内容的教育性表现在通过体育教学内容的学习,能实现体育教学功能,促进学生的知识、技能、生理、心理、社会适应能力的发展,对学生的道德品质有正面引导作用,能使学生成为更健康、完善发展的人。在现代体育教学内容中,其教育性可以通过以下几个方面进行充分的阐明:促进受教育者身心发展、摒弃落后危害活动、活动冒险性和安全性的统一、广泛的适应性、避免过于功利性。

第二,实践性。体育教师将体育教学内容传授给学生,主要是通过学生的身体练习进行的。体育教学内容最大的特点其主要构成是体育运动项目以及相关的身体练习,所以其实质上是身体运动的一种实践,而其他教学内容都不具有这种特质。从本质来看,体育教学内容的学习并不单单是学生大脑思维的活动,不仅需要学生对教学内容进行理解,通过学生的思维活动解决其懂与不懂、知与不知的问题,还要通过学生实际从事运动学习和身体锻炼,使学生在身体运动中体会肌肉本体感觉的形成与动作记忆,解决其会与不会的问题。而后者的身体实践是体育学习的主要内容和形式。

第三，健身性。体育教学内容主要围绕体育展开，并通过学生的身体练习和实践实习，因此必然具有健身性，体育教学内容健身性具体是指学生学习体育教学内容，参与体育锻炼，在此过程中，通过身体承受一定量和强度的运动负荷，为学生提供了体能增强以及健康增进的可能性，使身体素质得到提高和改善。增强学生的体质是体育教学内容健身的具体表现。体育教学内容的健身性的科学实现必须建立在科学控制学生身体练习的运动负荷基础之上，对运动负荷的科学安排与控制要符合学生身心发展特点、符合教学内容的基本要求和范围，否则体育教学的健身性就不能实现，并且还会对学生身心产生不良影响。

第四，娱乐性。早期体育运动具有娱乐性，娱乐性是其起源和产生的根本原因。现代体育教学内容为各项体育运动，这些体育运动多源于运动游戏，故具有较强的娱乐性。在体育教学中，体育教学内容的学习方式往往是运动学习以及运动比赛，这是实现体育教学内容的重要和有效途径，这些运动之所以具备乐趣，就是源于运动学习和运动竞赛过程中存在的诸如竞争、合作、表现欲等一系列的心理过程，在这些心理过程中就能够在很大程度上体会到乐趣，从而有助于提高学生体育学习和参与的兴趣。

第五，人际交往的开放性。体育教学内容有很多，但大多数内容的主要形式都是集体性活动，与其他学科教学内容相比，体育教学内容的实现过程中师生之间的交流与交往更加频繁，师生之间的人际交流更加开放，这对于学生良好社会适应能力的提高具有重要的促进作用。具体来说，在体育教学实践中，学生参与体育教学活动主要是以集体为单位的活动形式来进行的，而以集体为单位的运动需要以团队间每个成员位置不断变动的方式进行，因此，体育教学中人员之间的沟通和交流会非常频繁，师生及学生之间的人际交流呈现出开放性特征。通过体育教学内容的学习能够帮助学生有效地提高社会适应能力。

第六，非逻辑性。和其他学科相比，体育教学内容复杂，各具体的内容之间并无必然的先后逻辑顺序，甚至彼此之间可以相互代替。如先进行田径教学与先进行球类运动教学并没有任何影响，而且不同的教学内容可以实现同样的教学效果，如提高学生的身体素质、培养学生的团队意识等。教师可以自由选择不同的教学内容，不必考虑各内容之间的逻辑顺序。体育教学内容的排列并不是直线递进式的，而是复合螺旋式的，它是由众多的相互平行的身体练习和竞技运动项目组成的，不同体育教学内容可以相互替代，如体育教学中对不同运动项目，以及身体练习的选择。体育教学内容的非逻辑性使体育教师在教学实践中有更多的选择，也正是因为这种选择自由性的提高，要求教师必须能准确判断哪部分教学内容最有利于促进学生发展、最能实现体育教学效果，因此这种选择的难度也增加了。

第七，规定性。所谓规定性，具体是指体育教学内容的实现具有体育教学条件的规定性，如一些教学活动需要借助一定工具、器械进行，需要在规定的场地、设施内进行。游泳、滑冰等对运动环境和气候也具有一定的要求。如果这些教学内容离开特定条件、空间、环境等，就会发生质的变化，教学内容也可能将不复存在。

## 二、体育教学内容的层次与分类

### （一）体育教学内容的层次划分

根据学校体育教学内容的产生，可以将体育教学内容的层次进行宏观和微观层次的划分。

#### 1.宏观层次

在我国教育系统中，学校基础教育课程模式将从单一的模式转向多元化的发展。以这一基本思想为依据，从宏观层次来看，体育教学内容主要包含了上位层次（国家课程和教学内容）、中位层次（地方课程和教学内容）和下位层次（学校课程和教学内容）三个层次。

首先，上位层次（国家课程和教学内容）。国家课程和教学内容是体育教学的上位层次，体育教学内容是由国家的教育行政部门统一规定的，各个地方学校必须服从，体现出一定的强制性。对我国基础教育教学质量的好坏有着决定性影响。国家课程和教学内容充分符合国家意志，能够使学生在接受基础教育之后达到我国的预期体育素质，在体育方面成为一个合格的公民。国家在体育课程和教学内容的开发上，依据的通常是不同教育阶段的性质与培养目标，通过这些因素对体育课程标准等方面进行制定，从而编写出符合实际的教学内容。这些因素在我国基础教育体育课程框架中是作为主体部分而存在的，它无论是涵盖的内容，还是占的课时比例，都比地方课程和学校课程的内容和课时占比多。

其次，中位层次（地方课程和教学内容）。地方课程和教学内容是体育教学内容的中位层次，具体来说，它是针对国家规定的各个教育阶段的体育课程内容来进行开发的。地方课程教学内容体现了与教学的具体实际情况（政治、经济、文化、民族等）的适应性，该部分教学内容的开发者大多为省一级的教育行政部门或授权的教育部门。地方课程和教学内容可以使地方体育教学资源得到充分的利用，与当地的教育发展情况紧密结合起来，体现出一定的地域性特点。

最后，下位层次（学校课程和教学内容）。学校课程和教学内容是教学内容的下位层次，是与体育教学最接近的一部分教学内容，决定了学校体育教学的最终实施。学校课程和教学内容具有多样性和选择性的特点，其主体是体育教师，它以国家课程和教学内容、地方课程与教学内容为前提进行具体实施，并将科学评估本校学生的特点和需求，对当地社区和学校的体育教学资源进行充分利用，以学校的办学思想为依据作为基础。在体育教学中，体育课程资源的开发要以国家教育方针、国家或地方体育课程和教学内容等为依据，教学内容的设计要充分体现出独特性和差异性，以实现学校体育教学目标、促进学生的身心全面健康发展、满足每一个在校学生的体育学习和体育发展需求。体育教学内容的上位层次、中位层次和下位层次三部分内容的建设是由国家、地方、学校共同完成的，这三个层次的职责不同，所以其所涵盖的范围和在教学当中所占的比重也有所不同。

#### 2.微观层次

任何一门学科课程的实现都是以教学内容为载体，根据教学内容论的观点，教学内容是包含多层意义的,体育教学内容也不例外。从微观层次来看,根据体育教学内容具体化的程度,体育教学内容的微观层次包含四个层次。

第一层次——体育课程标准所示的学习内容。体育课程标准对体育教学内容的选择具有重要的指导作用,教学内容是为实现体育课程目标服务的,教学内容应符合课程标准要求,如体育与健康课程标准下,教学内容应充分考虑学生运动参与、运动技能、身体健康、心理健康、社会适应的实现。这种分析实际上是活动领域的一种表述,并非常规意义上的体育教学内容。

第二层次——课程标准所示的水平目标。体育教学内容微观层次的第二层次是第一层次形式上的具体化,是对通过体育教学学生应达到的具体学习效果的一种要求。和第一层次教学内容相比,第二层次的教学内容更重要的是实现体育课程的能力标准,即通过具体教学内容的学习,学生应该达到一个什么样的能力标准和层次,掌握哪些知识和技能,达到什么样的水平是比较合格和合理的。

第三层次——体育教学的教学物质设施。在这一层次中指的是教学中需要具体运用到的硬件与软件等物质设施,也就是说属于普遍意义上的教学内容教具,比如足球、武术、游泳等运动项目,以及这些项目进行所需场地器材和设备。这一层面的体育教学内容是通常我们所说的教学内容。该部分教学内容依据不同功能和形态,按照大小练习循环及循环多少也可以分为四个层次,具体如图3—1所示。

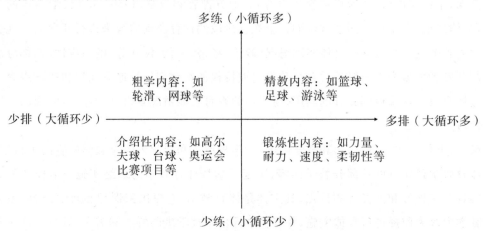

图3—1 体育教学的教学物质设施内容

第四层次——体育教学的教学方法与手段。某项教学内容下位的具体教学内容,在体育教学中,练习教学内容、游戏教学内容、认知教学内容等都属于这一层次。例如,一项运动的具体练习教学内容,游戏教学内容,以及认知教学内容等一系列拆分开来的教学内容。

(二)体育教学内容分类的基本要求和分类方法

1.体育教学内容分类的基本要求

(1)与教育价值取向相一致

随着社会和教学需要的发展,并没有哪一种体育教学内容的分类是一成不变的。不同时期学校体育教学的目的不同,教学内容也不同。不同体育价值观下的体育教学内容也不同。

（2）以体育课程目标为中心

一切教学活动都要围绕着体育教学目标进行。体育教学内容应为满足体育教学的目的和任务服务,它是实现体育课程目标的重要手段,因此,体育教学内容的分类必须考虑到能否有效帮助体育课程目标的实现。体育教学内容往往是多功能的,所以对体育教学内容进行分类必须充分考虑体育运动项目或身体练习的特点与功能,以便于为更好地实现教学目标选择与之相适应的教学内容。

（3）与学生发展规律相符合

体育教学内容要充分考虑学生的身心发展特点。学生正处于青春发育期,不同年龄阶段的学生,其生理特征和心理特征具有不同的表现,教师在选用具体的教学内容时,应考虑教学内容是否符合该年龄阶段学生的特点。针对学生此年龄阶段的生理和心理特点选择适当的体育教学内容,充分遵循了学生身心发展的基本规律。机体和心理在一定年龄阶段的可承受运动负荷与从事运动项目是对应的,教师应充分把握这一规律。以小学低年级的体育教学内容为例,在这一阶段体育教学的运动技能的目标主要是对学生的基本活动能力进行发展。因此与该阶段学生相符的教学内容比较适合采用以基本活动能力与游戏来进行分类,这样做对于发展小学生的基本活动能力,以及对小学生在体育兴趣方面的培养是非常有利的,从而充分调动学生学习体育的积极性与主动性。

（4）要有利于教学实践的开展

对体育教学内容的科学分类应始终坚持为体育教学实践服务的基本教学理念。对体育教学内容进行具体分类时,应便于体育教师在体育教学实践中对体育课程内容进行选择与安排。体育教学内容的分类不但要合理,而且必须符合科学规律,分类的正确与否将交由实践来进行验证。

（5）紧密联系其他教学要素

体育教学体系包括多个教学要素,教学内容是其中重要的一个,体育教学内容的分类应当做到与体育教学方法和评价方法相互联系,以形成一个完整的系统,从而成为一个整体,这样有利于体育教学评价的顺利进行,也就是说,进行体育教学内容分类时,必须要树立系统观念。

**2.体育教学内容常见分类方法**

现代体育教学内容丰富,涉及的体育运动项目种类繁多,因此进行体育教学内容分类时,必须充分考虑,按照逻辑进行分类。对体育教学内容进行合理的分类能够使教师和学生对于体育教学内容的认识更加深刻,同时有助于教学目标的实现。大多数体育教学内容之间的关系是平行的,并没有过多的纵向逻辑关系,加之体育教学内容往往是可替代的,因此在体育教学内容的分类上,争议还是比较多的。目前,体育教学内容的分类方法大致包含以下几大类。

（1）根据体育教学功能分类

根据我国体育课程相关的文件，以三维健康观、体育的本质特征、体育与健康课程等几个领域的目标为依据对体育课程的内容体系进行了重新构建，体育教学内容被划分为包括运动参与、运动技能、身体健康、心理健康和社会适应五个方面。

（2）根据体育教学目标分类

根据体育教学的目标进行分类，在体育教学分类方法中比较常见。这种方法是依据人们赋予的体育教学所要达到的目的进行分类的。比如在发展学生身体素质的练习、提高学生运动技能的练习、培养学生运动安全和运动损伤预防的练习等。根据体育教学目标对体育教学内容进行分类的方法，能够使根据多种目的的身体练习进行人为的规定得以实现，能够使教学内容具有一定的目的性，对于打破陈旧的、以竞赛为目的的教学内容编排体系也非常有利，从而保证学生能够学到比较多的体育教学内容。

（3）根据机体活动能力分类

以人体的基本活动能力为依据进行分类，就是根据人类具有的走、跑、跳、投、攀登、负重等基本活动能力，从而对所有的运动项目、身体练习按照这一标准进行分类。根据人体基本活动能力对体育教学内容进行分类的优点在于，有利于促进有目的、有针对性地对学生的基本活动能力进行培养，并且不会受到正规体育运动项目规则的限制，有利于在从组合教学内容的基础上来对学生的各种身体动作和发展基本活动能力进行发展，尤其适合对低年级学生的教学内容进行分类。该分类方法的缺点在于，通过不同教学内容的学习对于学生掌握体育运动技能、发展体能等方面具有一定的局限性，对于高年级学生来说其要求往往无法满足，容易使高年级学生失去体育学习兴趣。

（4）根据身体素质内容分类

身体素质主要是指人体的运动能力，主要包括力量、速度耐力、灵敏、柔韧等基本身体素质。体育教学的主要目标之一就是帮助学生增强身体素质。因此，根据身体素质对体育教学内容进行分类是一种非常重要和普遍的分类方法。具体来说，根据身体素质内容进行分类，可以根据速度、力量、耐力、灵敏、柔韧，或者根据与动作技能相关的体能分为速度、力量、灵敏、协调、平衡、反应等，也可以根据与健康相关的体能将身体素质分为心肺耐力、柔韧性、肌肉力量、肌肉耐力、身体成分等，可以将这样各个不同运动项目的身体练习进行完全不同的分类组合。该分类方法既有优点又有缺点，优点在于能够有利于学生正确认识各种体育运动项目与身体练习，并促进学生体能素质的全面发展，同时，还能够有目的、有针对性地使学生的体能获得非常大的进步。缺点在于，由于在体育运动项目当中，许多项目并不是以提高某一方面身体素质为前提的，因此对待这类项目时这种分类显得比较模糊，而且这种分类在学生对体育教学内容文化特性的认识上可能使学生产生误区，即体育学习主要是体能素质提高，容易忽视体育理论知识学习和体育专项技能学练。

（5）根据体育运动项目分类

根据运动项目对体育教学内容进行分类是一种非常普遍的分类方法，在体育教学中应用较为广泛,该分类方法具体是按照各个运动项目的名称和内容而进行具体的系统分类的,大致可以分为球类、体操、田径、武术、体育舞蹈、冰雪运动、水上运动等,对各式各样的运动项目根据特点加以详细地划分。根据运动项目对体育教学内容进行分类便于学生明确了解学习内容、对于学生了解和掌握体育运动文化具有非常大的帮助。但是应该充分认识到,该分类方法对一般学校体育常设体育项目教学并无不良影响,但是对并没有被列入正规体育比赛的项目当中的一些运动项目容易忽略,而且在正式比赛的项目当中,很有可能由于规则、技能等方面具有相当高的水平,使教学内容与学校体育教学不相符。因此,需要对竞技性过强的体育项目教学内容进行适当的加工、改造,使其与学生的生理发展和心智发展水平相符,这对体育教师对体育教学内容的加工、改造能力具有较高的要求,如果体育教师的能力有限而强行加工和改造教学内容,则很有可能导致原有体育教学内容性质发生变化。

(6)综合交叉分类

综合交叉分类是一种将基本部分与选用部分、理论与实践教学内容、各项运动的基本教学内容与提高身体素质练习教学内容等相互交叉的综合分类方法。从分类角度来讲,综合交叉分类与一般事物分类原则相违背,不是用同一标准对体育教学内容进行衡量的。但是,采用综合交叉分类对体育教学内容进行科学分类,能够准确地将不同学生的不同年龄阶段身心发展特点和对学生学习的基本要求反映出来,对达成体育教学目标有非常突出的作用,在有助于保持运动项目的固有特点和系统性的基础上,同时增强学生进行身体锻炼的实效性,从而在体育教学内容的运用上使运动项目的技术和学生身体素质的联系综合、全面协调发展。

## 三、现代体育的基本教学内容

当前,我国体育教学日益受到重视,学校体育教学内容丰富多彩。当前,在我国各级各类学校开设的体育教学基本内容包括以下几个方面。

第一,体育、保健原理与知识。学生学习体育、保健原理与知识有利于其更深刻地理解体育对人类社会、对国家、对自己未来发展的重要意义,有利于学生科学从事体育健身实践、自觉参与各项体育活动。体育、保健原理与知识教学内容是体育教学的基础内容,通过该部分教学内容的学习,学生应掌握基本的体育常识,了解体育保健的相关原理,并能在日常生活实践中科学运用体育保健知识来指导自己的体育锻炼活动,提高体育锻炼的科学性、安全性。该部分内容教学应密切联系生活实践,并注意教学内容的系统性。切忌教学内容的支离破碎、简单无逻辑的知识罗列。

第二,田径运动。田径运动是体育教学的基本教学内容。它与人的走、跑、跳、投等基本活动能力有内在关系,所以被誉为"运动之母"。田径运动是体育教学内容最基本的部分,对于学生基本身体素质的提高和为学生参与其他体育活动可以奠定良好的基础。田径教学内容包括走跑、跳跃、投掷等几类运动项目内容,通过田径运动教学,学生应了解田径运动文化、掌握田径运动原理、掌握田径运动各类运动项目的运动技术,并能在课外科学从事田径运动,为之后的田径专项学习和其他项目学习奠定知识和技能基础。

第三,球类运动。学校体育教学内容中的球类运动教学主要包括足球、篮球、排球、乒乓球、羽毛球、橄榄球、网球等球类运动项目的教学。球类运动教学的目的在于使学生了解球类运动概貌、认识球类运动的基本规律和特点、理解球类运动文化、掌握和提高球类运动技能。和其他教学内容相比,球类运动教学内容较为复杂,学生掌握球类运动技战术需要一个较长的时间并付出艰辛的练习。在进行球类运动的教学过程中,教师应根据具体教学内容的逻辑顺序合理安排学生学习,如先进行技术学习,再进行战术学习;先学习战术配合,再学习战术实施,再进行攻防转换。总之,球类运动教学内容的教学应建立在遵循球类运动特点、技能发展规律、学生认知规律和技能学习规律的基础之上。同时,教学过程中,应注意教学方法的科学选用,以促进学生全面、准确掌握教学内容。整个教学过程中,还应注意将球类运动基本理论知识、球类运动技术、球类运动战术、球类运动竞赛等的教学充分结合起来。

第四,体操运动。体操的历史较为悠久,自人类进入文明时代后,体操就一直伴随着人类的发展,它还与人克服各种外界物体的心理欲求有联系。因此是体育教学的重要内容。现代体操运动包括技巧、支撑跳跃、单杠和双杠等。它是一项有助于发展个体的力量、协调、灵活、平衡等能力的运动,通过体操运动教学,学生应掌握体操运动文化与基本常识,了解体操运动的基本原理与特点,掌握基础的体操技术动作,并能在课余体育活动中进行一些实用性较强的体操技能练习,以提高自己的体能素质水平和体操技能水平。在体操教学过程中,对具体教学内容的选择应充分考虑到它的竞技、心理、生理等方面,力求将这些方面在教学过程中充分体现并全面地呈现给学生,使学生能够通过体操内容的学习来增强体质、提高运动能力。教学中,注意动作难度、幅度,改变动作连接方式、运动负荷等的循序渐进。

第五,民族传统体育。民族传统体育是我国优秀体育文化的重要组成部分,是我国体育教学区别于西方体育教学的一个重要内容。我国民族传统体育传承发展五千年,内容丰富、种类繁多,民族传统体育纳入高校体育课程教学是传承我国民族传统体育文化的重要和有效途径,我国民族传统体育项目具有丰富的文化内涵,学生通过该部分教学内容的学习,能有效实现强身健体、调节心理、养生保健、技击防卫等目的,同时,对于学生增强民族自豪感和民族自尊心也具有重要的促进作用。具体来说,了解民族传统体育中的礼仪文化、道德内容,培养学生的爱国精神、民族自尊心,使学生能保持足够的学习热情,掌握几项技能以养成终身体育锻炼的习惯,并能为民族传统体育文化的传承培养更多的接班人。在体育教学中,学生学习我国民族传统体育内容需要付出比其他项目更多的耐心,这主要是因为我国民族传统体育对学生的身体素质要求较高,尤其是武术基本功的练习需要学生具有扎实的基本功基础,否则就不能完成一些具有难度的技术动作和套路练习。民族传统体育教学应分配较多课时。特别需要注意的是,我国民族传统体育项目内容来源于人们的日常生产生活,与生活习俗、民族风情等息息相关,因此,在教学中,体育教师应注意突出我国民族传统体育教学内容的文化性、范例性、实用性,特别重视民族传统体育教学内容的文化背景和意义的阐述,为我国民族传统体育的可持续发展营造良好的文化氛围,并培养一批优秀的文化传承人。

第六,韵律运动。韵律运动包括健美运动、民间舞蹈、健美操、体育舞蹈、韵律操、艺术体操等内容。教学目的在于改善学生的体态,培养学生的动作节奏感和肢体表现力。在体育教学实践中,安排韵律运动的教学,应注意从韵律运动的特点入手,通过学习使学生了解韵律运动的舞蹈、音乐理论基础和特点,提高学生的审美意识和审美能力,并通过技术动作练习提高学生肢体的艺术表达能力,并注意在韵律运动的练习过程中培养学生的自我创造意识和创造能力。

## 四、体育教学内容的选择

体育教学内容有宏观和微观之分,这为地方和学校具体体育教学内容的确定提供了必要的参考,同时给予了非常大的自由性。我国幅员辽阔、民族众多,形成了丰富多彩的地域体育文化、民族文化。不同地区的学校在选择体育教学内容时,应充分考虑本地区、本民族的特点,选择具有地方特色的民族传统体育内容,一方面,可以使学生产生亲切感,提高学生体育学习的兴趣;另一方面,有助于本地区体育文化的推广、普及和传承。在体育教学实践中,体育教师对任选体育教学内容的选用不是无章可循的,教师应在体育教学大纲的指导下、在充分分析学生身心发展特点的基础上,对本地区体育活动内容进行考察、筛选,选择具有代表性的、能促进学生身心发展的、有助于实现体育教学目的的体育运动项目,并在教学过程中注意充分体现出所选体育教学内容的文化性、地域性、民族性、可操作性和实用性。

体育教学内容选择是现代体育教学设计的核心问题,因此,选择应准确、科学、得当。

### (一)体育教学内容的选择依据

#### 1.体育课程目标

体育课程目标是体育教师在教学工作中必须始终牢记的一个内容,在选择体育教学内容时应对备选的教学内容进行筛查,或者直接根据体育课程目标去寻找合适的教学内容。课程目标是选择教学内容的重要依据。体育教学内容是实行体育课程目标的重要手段,要促进课程目标的实现,就必须选择与之对应的教学内容,这是毋庸置疑的。体育课程目标编制过程中,在每一个阶段内都作为教学内容的先导和方向,所以它经过了多方专家的合理思考推论,对各个方面的影响都进行了认真合理的验证。体育课程目标具有多元性的特征,体育运动项目和身体练习也具备可替代性的特征,体育教学内容丰富,应从中选择出最能实现体育教学目标的一部分教学内容来进行教学。

#### 2.客观教学规律

体育教学内容的选择应符合体育教学的客观规律,在不同教学阶段选择不同的体育教学内容。体育教学内容的选择应符合学生身心发展规律、学习认知规律、技能形成规律等。体育学习需要学生的主动参与,而主动参与就是说,学生自身积极和努力是必不可少的。通常学生如果面对感兴趣的事情,那么其参与的动力就会大大增加,学习的效率也将倍增。因此,对体育教学内容进行选择的一个必要的因素就是学生对于体育的需要和兴趣,以便于充分调动学生学习的积极性与主动性。教学初期应选择娱乐性较强的体育教学内容,教学过程中应注意多样化的体育教学内容的选择。体育教学活动的主体是学生,教学内容选择应符合学生的生长发育、技能发展的客观规律。具体来说,在选择体育教学内容时,学生的需要是必须考虑的。体育教学以促进学生身心发展为目的选择相应的体育教学内容。

### 3.学生发展需要

学生是体育教学的对象,体育教学内容必须使学生可以接受,并且产生兴趣。所以进行体育教学内容的选择时,学生的特点就决定着教学内容当中的各项要素。绝对不能忽略学生的实际情况。体育教学内容应能满足每一个学生的体育发展需要,通过体育学习,使每一个学生都能有不同程度的发展。

### 4.社会发展需要

学生的个体发展无法脱离社会的发展。因此,体育教学能够在健康方面为学生打下良好的基础,所以在进行体育教学的内容选择时,除了考虑学生本身的需求,社会现实发展的需求也必须被考虑进去。社会是学生实现自我价值的最终归宿,体育教学内容必须能够满足学生在社会上发展当中各方面的需要。除此之外,体育教学内容必须做到与社会生活和学生生活联系在一起,这样才能让学生体会到它的作用,其功能得以实现,因此,体育教学内容的选择与社会实际相符是非常重要的。

## (二)体育教学内容的选择原则

### 1.教育性原则

进行体育教学内容选择的时候,应始终坚持体育教学育人的根本目的和任务,充分体现体育教学内容的教育性。第一,体育教学内容选择应从教育的基本观点出发,分析其是否与教育的原则相符;第二,体育内容选择必须与体育课程的主要目标相匹配,确立"健康第一"的指导思想,并以此作为体育教学内容当中最基本的出发点;第三,体育教学内容选择应看重彰显文化内涵,在学生学习体育技能的同时更能深刻体会到体育文化修养带来的益处;第四,体育教学内容的选择应考虑对学生品德、智力、体质等方面的全面发展是否有利,对不同学段学生的发展特点和规律都要充分考虑到,其个体差异与不同需求将会在其中起到很大的作用,确保每一位学生受益;第五,体育教学内容选择应与社会的固有价值观同步,有利于满足现代社会对学生的发展要求。

### 2.科学性原则

科学性在体育教学内容的选择中具有十分重要的作用。体育教学内容选择是否科学直接关系到教学的效果与质量、教学目标的实现及学生的发展。第一,体育教学内容的选择必须有利于学生身心的协调共同发展。对虽然有利于学生身体健康,但对于学生的心理健康并不合适的教学内容应摒弃,反之亦然。教学内容的选择必须使学生身心均有所发展。第二,体育教学内容要使得学生能够从根本上对科学锻炼的原理和方法有一个深入的了解,增加学生从事体育锻炼时的自觉性和积极性。第三,体育教学内容本身的科学性。科学性不足的新型体育项目不应进入课堂;第四,体育教学内容的选择应与学校的具体实际相结合。

### 3.趣味性原则

兴趣是帮助一个人学习的最好老师,学生学习体育基本知识在很大程度上受其体育兴趣的影响,体育学习兴趣是决定学生体育学习的主导力量。因此体育教学内容的选择应注意突出趣味性。一方面,对竞技性强的教学内容应予以摒弃或进行健身性改造。大多数竞技运动项目的健身价值和教育价值是不可低估的,但是,教师过度关注竞技运动项目教学的系统性和完整性,用培养运动员的方法进行体育教学,会导致很多学生厌恶体育课。另一方面,要根据学生的各方面特征尽量选择他们感兴趣的、有趣味的内容。在选择体育教学内容时必须充分考虑学生的兴趣。

4.实效性原则

所有对学生健康有利的教学内容都是教学内容选择的良好范围。实效性,具体是指体育教学内容应具有实用性、简便易行、有助于学生身心健康的有效发展。国家相关文件在教学内容的改革中,强调要改变教学内容当中的"难、繁、偏、旧"以及教学过程过度的偏重书本知识的现状,体育教学内容应避免该方面内容。体育教学内容的选择一定要兼顾选择与学生自身的体育学习兴趣和经验相接近的以及大众喜欢的、社会上比较普及的内容,加强学生生活与现代社会和科技发展之间的联系,同时强调运动项目的健身娱乐效果,为学生的终身体育奠定基础。

5.适应性原则

体育教学内容的选择过程中,体育教师应充分考虑所在地区及学校所在地的气候、地理、经济、文化等条件,选择的体育教学内容具有付诸教学实践的可能。

6.民族与世界结合原则

体育教学内容应体现民族性、符合我国实际,同时要与世界体育发展接轨,建设体育强国。民族的就是世界的。不能对自己民族的东西盲目自信,但更不能有崇洋媚外的思想。体育教学内容的选择应该与时俱进,体现当今时代中国的特色。总之,体育课程内容的选择要在保留我国民族传统体育当中精华部分的同时,对国外好的课程内容有选择地加以借鉴吸收。将一切优秀的体育文化都能纳入体育教学中去。

## 五、体育教学内容的加工与开发

(一)体育教学内容的加工

1.体育教学内容的加工要求

首先,应当考虑学生基础。对体育教学内容的加工应充分考虑学生的基础,如认知能力、理解能力、身体条件、机体承受能力等,使体育教学内容的加工与学生情况相符合,使学生通过体育教学内容的学习能切实促进身体生长发育和心理健康发展。

其次,应当满足学生需要。满足学生需要是体育教学内容加工的一个重要要求,在体育教学过程中,学生是教学的主体,不能只考虑体育教学内容本身的难易程度,还应考虑体育教学内容的多少、逻辑性是否能满足学生学习和发展的需要。

最后,应当符合加工要求。对体育教学内容进行加工处理,目前主要采取两种方法,螺旋式排列和直线式排列,以整合出新的体育教学内容。不论是哪一种排列法,都需要注重不同的体育运动和身体练习的特征。螺旋式排列强调相同教学内容在不同年级或水平重复出现的阶段性提高,直线式排列指学习了一个运动项目或进行了某种身体练习后,不再重复出现。两种排列不可交叉,否则就会影响教学效果。

**2.体育教学内容的加工程序**

第一，审视教学观点。体育教学内容的选择应从社会的生产生活以及教育、科学等发展的实际出发，充分考虑社会发展对人类健康的要求，分析和评价现有的体育教学内容。观察教学内容对学生进行锻炼、增进健康、思想品质培养是否有利。将与教育要求不相符，也不利于学生身心健康的内容舍弃。

第二，整合教学内容。依据不同学段学生身心发展的特点进行选择，对体育教学内容的功能进行分析，并整理合并具体的体育运动项目和身体练习，进而作为形成体育教学内容的基本素材。

第三，确定课程内容。结合学校条件和学生情况确定体育项目，并对体育项目的具体练习内容进行加工处理，在体育教学中，可供体育教学内容作为素材的体育运动项目和身体练习是非常多的。然而，体育教学的时间有限，因此要对具体的内容进行整合、取舍，使最终的教学内容最有利于实现体育教学目标和促进学生发展。

第四，可行性分析。在选择体育教学内容时，要分析教学内容实施的可行性。这主要是因为，体育教学实践受地域、气候条件等诸多因素影响，某一教学内容在某一个地方适合，而在另一个地方却不适合，在选择时，一定要为各地、各校选择和实施体育教学内容留下足够的余地，保证在实际体育教学中的执行弹性。

## (二)体育教学内容的开发

体育教学内容的开发，旨在寻找更丰富、更适合体育教学实际和有利于促进体育教学目标的教学内容，一般应从以下几个方面着手进行。

第一，延续传统体育教学的内容。现代体育教学内容丰富，在长期的体育教学改革过程中，一些体育教学内容被保留和传承下来必然有其科学性，这一部分教学内容能切实促进学生身心发展、符合体育教学课程目标要求、具有良好的学生基础，因此对这部分体育教学内容应予以保留，只是在体育教学过程中，可以通过改变教学模式、教学方法、教学手段等进行体育教学创新，更进一步地体现该部分体育教学内容的教育性、趣味性、健身性、科学性、社会性。

第二，参考上级课程文本的建议。所谓上级课程文本，具体是指"国家教育行政部门规定的统一课程和教学内容，它体现国家的意志，是专门为未来公民接受基础教育之后应该达到的共同体育素质而开发的体育课程和教学内容"，上级课程文本具有导向性和政策性，它充分考虑到了各地的不同情况，给地方、学校、体育教师一些自由的空间以及自由发挥的余地，因此，在选择教学内容时，各地方学校要在上级课程文本的建议下，有针对性地对本校现有体育教学内容进行补充和丰富。

第三，修改上级课程文本的规定。我国体育教学课程文本对教学内容的规定是宏观的，这是充分考虑了各个地区以及学校的具体情况可能存在的不一致性，而实际上上级文本所涉及的教学内容也未必能考虑周全，在实际的体育教学过程中很有可能出现与本地、本校实际教学情况不符的情况，针对此类情况，应对上级课程文本规定的教学内容进行适当修改，前提是必须在领会和坚持上级文本精神和规定要求的基础上进行。

第四，改造传统体育教学的内容。对传统体育教学内容中不符合时代特点、学校和学生实际的内容进行有针对性的改造。随着时代的发展和体育教学的改革，一些传统体育教学内容已经无法适应学校体育教学的需要。因此，为了使传统体育教学内容更好地发挥其优势，以便为体育教学服务，需要对其进行适当的改造。具体来说，对某个具体的学校体育教学内容资源而言，从中提取一些要素，改变一些要素，增加一些要素或舍弃一些要素就可以形成一个新的体育教学内容。如降低难度、简化规则、游戏化、实用化、生活化等。

第五，引进新兴的体育教学内容。体育运动是不断向前发展的，体育教学也应是不断向前发展的，在发展过程中，必然会有新的体育运动项目和新的体育教学内容出现。近年来，为不断丰富体育教学内容，一些体育教师尝试将一些新兴的体育运动项目纳入学校体育教学中来，如街舞、瑜伽、拓展训练等，这些新兴的体育运动项目引起了广大学生的学习兴趣和好奇心，使体育教学收到了不错的效果。因此，吸引新兴的体育运动项目是切实可行的，能为体育教学注入新的活力，有助于激发学生体育学习的热情。社会进步令体育运动更加丰富多彩。学生更加追求新鲜的体育项目，所以体育教学内容也要注重推陈出新。我国多民族的特性决定了各个民族都有出色的民族特色体育项目，这些民族项目既各具特色，又有良好的健身价值，在体育教学内容的选定中应适当根据具体情况加以选用，以突出体育与健康课程内容的时代性。需要注意的是，体育教师引进现代的新兴运动项目，需要注意依据现有的原理、规则、方法、场地器材条件等，要考虑新的教学内容是否与本校条件和学生发展相适应。

# 第二节　高校体育教学内容体系的构建过程

## 一、体育教学内容体系的构建思路

《新课程标准》充分重视了各阶段内容的衔接和体育知识系统化问题，对学生在体育教学过程中学习的递进性和知识的系统性进行了充分考虑，在课程目标上进行了一些新的描述。例如，在球类与体操学习目标的表述中，水平四的目标为"基本掌握一两项球类运动中的技战术""完成一两套技巧项目动作或器械体操动作"；水平五的目标为"较为熟练地掌握一两项球类运动中的技战术""较为熟练地完成一两套技巧项目动作或器械体操动作"。从"基本掌握"和"完成"到"较为熟练地掌握"和"较为熟练地完成"。但是，如果水平四与水平五学习的球类项目不同，体操内容不是同一类器械体操内容，则无法保障从"掌握"到"熟练掌握"的递进式发展，各阶段教学水平就不能实现一致性，无法保证采用"大循环"排列方式实施体育教学内容，进而无法保证学生运动技能掌握的系统性。

为了使学生通过体育学习切实掌握一两项体育运动技能，就必须科学选择教学内容，实现体育教学内容的系统性，具体来说，就是从国家体育课程教学内容中选择适合本地区教学情况的各年级、水平阶段适中的体育教学内容，充分保障教学内容选择的灵活性与规定性；使学校体育教学内容形成一个严谨、灵活的体育教学内容知识系统，促进学生循序渐进地、系统地学习体育教学内容。

## 二、体育教学内容体系的框架构建

首先,体育教学内容体系构建应当具有逻辑性。体育教学目标与体育教学内容关系密切,体育教学内容的逻辑性应充分参考不同体育课程教学目标的阶段性要求,坚持"目标统领内容"的理念,课程目标的阶段性、逻辑性对体育教学内容不同阶段的选择具有重要的指导作用。在体育教学实践中,不同教学阶段的体育教学目标不同,高年级的体育课程教学目标与低年级的体育课程教学目标之间是递进的关系,因此不同教学阶段的教学内容选择也应是由少到多、由表及里、由简到繁的递进过程。各个阶段性课程目标引领着与之相适应的体育教学内容。体育课程目标指导下的体育教学内容要尊重机体适应规律、技能发展规律、学习认知规律、符合学生不同阶段的体能素质发展的敏感期,这是学校体育教学内容体系构建逻辑性的重要意义所在。

其次,和体育内容一样,体育教学内容丰富,看似庞杂无序,但是深入研究体育教学内容的多条逻辑线可以发现,通过对体育教学内容各要素的控制,可以实现不同阶段学生所学习的体育教学内容难易适度,进而在整个受教育时期,实现教学内容学习的递进性,促进各方面素质的系统性发展。蔺新茂和毛振明等学者结合学生学习体育教学内容的递进性和系统性,提出了一个相对完善的与学校体育课程的目标相匹配的体育教学内容体系,其基本框架具体如图 3-2 所示。

## 三、学校体育教学内容体系的构建说明

### (一)体育教学内容体系的逻辑说明

以体育教学目标为出发点,由基础到提高、由部分到完整,共有三条逻辑线,具体如表 3-1 所示。

基础类技术体育教学内容,提高类、拓展类体育教学内容,终身体育教学内容三类体育教学内容之间是基础与提高的关系。

从对上述三类体育教学内容的逻辑关系分析来看,在各类体育教学内容中,三类内容的每两个相邻的体育教学内容之间均具有技术基础性和技术提高性递进关系,而不同学段、级段在选择和排列体育教学内容时,应遵循这一逻辑关系,体现不同阶段体育教学内容的阶段递进性。

### (二)体育教学内容体系构建的基本要求

现阶段,要保证体育教学内容的系统性、完整性,促进学生对体育运动技术的有效性掌握,以为其参与终身体育奠定必要的技能基础,应在教学内容体系构建中明确以下三个方面的要求。

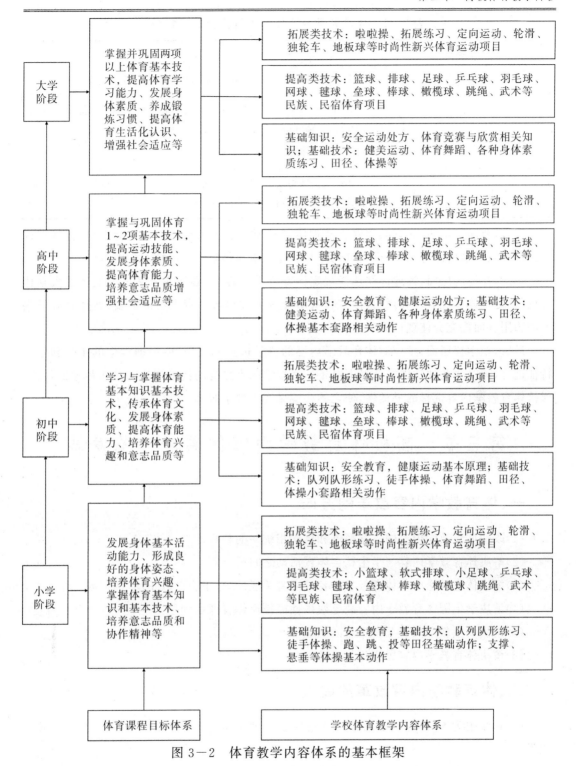

图 3—2　体育教学内容体系的基本框架

表 3-1 体育教学内容体系中各内容的逻辑线

| 逻辑线 | 内容关系阐述 |
| --- | --- |
| 体育教学目标的逻辑线 | 体育各阶段性目标是从基础到提高、从部分到全面逐渐提高的 |
| 基础类与提高、拓展类体育教学内容与终身学习能力的逻辑线 | 基础类技术的掌握为各项提高类、拓展类技术的学习提供了素质基础、心理基础;提高类技术的学习为学生提高终身学习的能力,养成终身体育习惯奠定了基础 |
| 体育教学内容之间的逻辑线 | 无论是基础类技术,还是提高类和拓展类技术,其自身均有从基础到提高、从部分到完善的逻辑关系 |

首先,在国家层面,体育教学课程管理体制必须制定出明确的课程目标,使学校体育课程目标切实为学校体育和体育课程服务,并以此为指导科学选择体育教学内容。

其次,在地区层面,各地区在选择规定体育教学内容时,必须充分考虑各地区的大众体育特色、传统体育优势,同时结合国家体育事业发展和地方体育发展的需要,在体育教学内容的选用方面能充分体现地方特色。

最后,在学校层面,学校对体育教学内容的科学选择和使用,应根据学生的年龄和学习特征进行,同时要在教学内容选择上尊重体育教学内容自身的技术逻辑和技术教学的规律,保持体育教学内容选择的灵活性,使之始终遵循客观教学规律。

# 第三节　高校体育教学内容体系的改革发展

## 一、体育教学内容改革的方向

(1)改变体育教学内容的体育锻炼和达标相统一的趋势。

(2)解决体育教学内容与学生社会体育活动之间的差距。

(3)解决体育教学中与体育教学内容难度有关联的"教不会""教不懂"的问题。

(4)解决学生因体育教学内容缺乏娱乐性而排斥体育课的问题。

(5)解决乡土教学内容开发不足的问题。

(6)解决体育教学内容民族化的问题。

## 二、体育教学内容改革的建议

(1)以学生为本,体育教学内容的选用应更多地从学生如何学以及他们感兴趣的角度出发。

(2)实现教学内容选择的自由化。改变体育教学内容规定过死的现象,扩大教学内容弹性,使地方学校和教师对体育教学内容的选择、设计更具灵活性。教学内容应范围广阔,让学生和教师选择体育教学内容的权限更宽广。

(3)逐渐淡化竞技运动的技术体系。

(4)重视女性教育,适当增加女生喜爱的韵律体操和舞蹈内容。

## 三、体育教学内容改革新体系

体育要做到与学生的日常生活相结合,与社会发展相结合,在新的体育教学改革方针指导下,体育教学内容改革强调内容的丰富性与实效性,一般认为,体育教学内容新体系应当包括身体教育、保健教育、娱乐教育、竞技教育和生活教育等五个方面。具体分析如下。

第一,身体教育。身体教育是指以健身为目的的体育教学。身体教育的目标是要提高人的各项基本活动能力。学校体育的本质决定了学校体育必须为提高学生的体质健康水平服务。"健康第一"是当前体育教学的重要教学指导思想和理念,因此,体育教学要重视学生健康素质水平的提高,重视学生身体成分、肌肉力量、有氧耐力及柔韧性等与健康相关的运动素质的发展。

第二,保健教育。保健教育与学生的健康生活息息相关,具体是指在学习相关体育知识的过程中确保学生的安全和健康,这其中生理和保健知识也是必不可少的。在体育教学内容中必须重视运动处方的理论和实践,从而将保健教育和体育教学结合起来。为学生成为一个健康的人奠定重要的理论知识基础。

第三,娱乐教育。娱乐教育是新时期提高学生体育学习和参与积极性及主动性的必然要求,是体育教学内容发展的一个重要内容,应该得到重视。体育教学内容中的娱乐教育可以非常灵活地结合在社会的每个角落。每个人每个民族的娱乐体育活动都是丰富多彩的,因此促使它成为体育教学内容,是一种有益的选择。因此,应在学校大力推广我国民族传统体育。现阶段,开设民族民间体育,如武术、踢毽子、荡秋千、爬竹竿等,扩大学校体育资源与体育课程资源,丰富学校体育的内容,促进我国传统体育文化传承与发展具有重要意义。

第四,竞技体育。竞技体育主要是以专项运动项目为主要内容的教学内容,在过去政治因素影响下,竞技体育一直是学校体育发展的重点,之后随着国家对体育教学"健康第一""以人为本""终身体育"的强调,竞技体育在学校的地位有所降低,但仍是学校体育的重要教学内容。竞技体育是社会体育文化的重要组成部分。在增进学生健康,培养学生的运动兴趣,提高学生的运动技能,培养学生积极进取的人生态度,增强竞争与协作精神、团队意识、心理调节能力、责任感等方面具有重要作用。但在教学过程中切忌照搬对运动员的要求而进行体育教学,应针对在校学生进行加工、改造、处理,适应学生实际情况和需求。

第五,生活教育。生活教育在这里指防卫训练、拓展练习、冒险教育及健康生活教育。社会发展影响着每一个人,城市化发展的加快使人们渴望接触自然,包括学生,因此很多学生希望亲近大自然。而这种追求,在体育教学内容方面又可以有新的选择。

## 四、体育教学内容的未来发展趋势

### (一)以学生为主

体育教学内容的选择与确定将受到各个方面的制约。在过去的体育教学大纲中,体育教学内容的选择与确定往往更重视教育工作者对于教学内容的价值取向,因此重视的仅仅是教师的教。随着体育教学改革的不断进行,目前,体育教学逐渐摆脱了传统的以实现体育教师的教学去选择体育教学内容的做法,而逐步转变为教学内容的选择服务于学生的学习,从学生的实际情况出发,以实现学生对体育教学内容的价值取向。

### (二)多样化发展

以往传统体育教学中,教师对体育教学内容的选择往往是简单地依据体育教学目标进行,或者是将体育运动中的运动项目直接地移植到体育教学内容中。这样的体育教学内容的选择过程是不利于体育教学发展的。在体育教学理念和创新理念指导下,未来的体育与健康教学大纲中,有关体育教学内容的选择,更加注重寻找体育学科内在的一些规律,体育课程中挑选的内容往往都是学生喜欢的,有利于促进学生发展的,富有时代性的。

### (三)加强综合素质

在传统体育教学理念和模式下,以往的体育课程大都是以提高学生跑、跳、投等身体素质为目的的一种体能达标课,重视基础性,但发展性不足。新时期,社会需要全方面发展的人才,新的体育教学改革强调素质教育,因此对于学生素质的全面发展(身体、心理、智能、社会适应能力等)肩负着无比重大的责任。在体育教学内容方面,这项内容的选择与确定,同样要符合素质教育的要求,使学生的生理健康、心理健康以及社会适应性等均有所发展,为学生在社会中实现自我价值奠定了良好的发展基础。

### (四)重视终身体育

我国传统体育教学内容更多的是体育竞技内容,重视学生竞技能力的发展,目的在于培养运动员,忽视学生的身心健康发展,过度强调竞技性。现阶段,学校体育为终身体育打基础,使学生树立终身体育意识,实现终身体育目标已成为体育教学的一个重要的发展趋势。而终身体育目标的达成则取决于学生参加体育所需的技能、知识和态度。体育教学内容的选择应处理好健身性、运动文化传递性和娱乐性之间的关系,将生活中常见的具有健身价值和终身运动性质的运动作为体育教学内容。学校体育教学中,通过教师对学生日常生活、学习息息相关的体育活动的参与引导,使学生养成参与体育锻炼的习惯,将体育运动纳入自己的生活,并坚持终身参与。终身体育是人类自身和社会发展的必然。

在不同体育内容对学生素质培养的研究中,野外生存与拓展训练集挑战性、冒险性、趣味性和实用性等特点于一体,对于学生的综合素质培养具有重要的意义和作用,因此,这两方面内容在学校体育教学中比例的增加将是我国体育教学的一个重要发展趋势,在未来学校体育教学发展中必将进一步受到重视。

# 第四章

# 高校体育教学方法

作为实现体育教学目标、开展体育教学活动的主要途径和手段,体育教学方法的体系建设与体育教学目标实现的程度有着直接的关系,体育教学方法的科学性与创新性对体育教学的质量也有着决定性的影响。鉴于体育教学方法的重要作用,本章特对现代体育教学方法体系的建设与发展进行了探讨与研究,重点探讨的内容有体育教学方法的基本知识、常见体育教学方法及科学选用、体育教学方法体系的构建及其创新发展。

# 第一节 高校体育教学方法的内容与选择

## 一、体育教学方法的基本内容

（一）体育教学方法的时代发展

体育教学方法是在体育教学现象出现以后才产生的,但这并不意味着其产生于课堂体育教学之后。在民间传统体育的传授过程中,一些教学方法就已经得到了普遍的应用,只是当时人们对教学方法还未形成一个科学和系统的认知,因而没有对其进行深入的研究。所以,现代意义上的体育教学方法是在现代体育教学产生以后才出现的,其时代性特点较为突出。我们可以将体育教学方法的发展历程分三个阶段来研究,具体如下。

1. 体操和兵操时代

在传统社会中,体育运动发展的一个重要助推力就是军事战争。在封建社会和资本主义社会的早期,为使士兵的作战能力不断提高,会要求士兵进行体育运动方面的训练。这时体育教学方法以训练式和注入式为主,相对而言比较单调。训练式和注入式的传统教学方法对大运动量的不断重复作了特别强调,主要就是通过苦练来增加士兵的运动记忆,并促进其体能的不断增强。

2. 竞技运动时代

近代以来,竞技运动随着资本主义社会的不断发展而得到了快速的进步与发展,竞技运动项目在近代的大量增加是其快速发展的集中体现。这一时期竞技运动以公正、平等为指导思想,并且将众多的文化因素融入其中,表现出了勃勃的生机和充沛的活力。竞技运动的发展对运动员的运动技能提出了较高的要求,而如果只是一味地苦练并不能与这一要求相适应,因而改进体育教学方法势在必行。这一阶段,体育教学效率有了明显的提高,一些新的体育教学方法如演示法、观察法以及小团体教学法等开始逐步出现。

3. 体育教学时代

随着体育运动在现代社会的不断发展,其日益成为学校教育的重要组成部分。作为一种文化现象,体育的内容也得到了极大的拓展,健康教育、心理训练、安全教育、体育咨询、体育培训等方面的知识在体育运动中都有涉及,体育的知识和技能都得到了快速且全面的发展。体育教学内容的丰富与拓展直接推动了人们对体育教学方法研究的不断深入。体育教学方法的深入研究要求学生对相应的体育知识和技能加以掌握,要求学生全面发展,即身体素质、心理健康、运动欣赏能力等都得到提高与发展。现代社会,科学技术的发展也取得了大量的成果,因而直接促进了一些新的体育教学方法的产生。计算机、录像、电影等多媒体技术的发展,使得运动表象和感知等方法得到了快速的深化发展。至此,现代体育教学方法的发展向着科学、规范、更高层次的方向迈进。

需要强调的是,新的体育教学方法的产生与发展并不意味着传统体育教学方法的消失。在不同的时代背景下,都会有与这一阶段生产力和科学文化水平相适应的体育教学方法出现。这些新的顺应时代发展潮流的体育教学方法与传统体育教学方法相互结合,相互借鉴,共同推动体育教学的改革与发展。体育教学方法是随着时代的变革而不断发展的,而且随着教学环境、教学对象和教学内容等教学各要素的发展,体育教学方法也逐渐呈现出不同的阶段性发展特点。

### (二)体育教学方法的概念

教学方法是师生为实现课堂教学目标和完成教学任务而采用的教学活动的总称,它是一种行为或操作体系,包含着教师的教和学生的学两个层面的具体方法。体育教学方法就是实施体育活动所有的手段和方式的总和,我们可以从以下几个方面来理解体育教学方法的概念。

#### 1."教"与"学"的统一

体育教学方法体现了教与学的统一,只有通过师生间的双边互动,才可以将体育教学方法的价值与作用更好地发挥出来。我们可以将体育教学活动简单地理解为两个方面的内容,即"教师的教"和"学生的学",体育教学活动中,教师和学生都是以主体的角色发挥作用的。教师在体育教学中选用具体的教学方法和手段都是以学生为主要对象的,教师和学生之间的关系极为密切。只有在师生的双边互动中,体育教学任务和目标才能得以顺利实现。因此,教和学两方面的内容贯穿于体育教学方法实施的整个过程中。

#### 2.师生动作和行为的总和

体育教学方法的贯彻与实施是在师生互动中实现的,体育教学方法也是师生行为动作总和的体系。体育教学方法与其他科目教学方法的主要不同之处在于,体育教学方法不仅对教学语言要素较为重视,而且对动作要素有突出强调。在体育教学过程中,学生掌握各种动作都离不开教师的讲解、示范以及纠正,只有在此基础上,让学生重复进行练习,才能对相应的技术动作进行准确且熟练的掌握。所以说,体育教学方法是教师和学生双方动作和行为的总和。

#### 3.教学方法和教学目标密不可分

所有的体育教学方法都具目标性,如果没有明确的目标,那么体育教学方法的存在就毫无意义,因而其作用也就无法发挥。体育教学方法与体育教学目标之间具有密切的联系,教学方法的选择与实施主要就是为实现体育教学目标和任务而服务的。体育教学方法和体育教学目标之间具有不可分割性,如果强行将两者割裂,那么体育教学方法则失去了明确的方向,在具体的运用中就会表现出一定的盲目性。反过来,如果体育教学目标与任务没有体育教学方法的贯彻实施,也将无法顺利实现与完成。

### 4.功能具有多样性

现代体育教学不仅注重学生动作和技术的掌握,以及各方面身体素质的增强,它更加注重学生的全面发展。因此,体育教学方法的功能也具有了多样性的特点,多功能的体育教学方法不仅能够在一定程度上促进学生运动能力的增强,还能够促进学生思想道德品质、心理素质等方面的发展,这对于学生的全面发展具有积极的意义。

## (三)体育教学方法的构成

构成体育教学方式与方法的要素有很多,主要可以归纳为以下几个方面。

首先,目标要素。体育教学方法必须有一个指向的教育目标,目标作为体育教学的基础,没有它也就没有方法可言,教学方法主要是为教学目标而服务的。

其次,语言要素。语言要素包括多种形式的语言,如口头语言、肢体语言等。

再次,动作要素。动作要素包括身体各种运动动作。在体育教学的本质中提到过,体育是以人的身体训练为手段的活动,所以身体训练是必不可少的。这是体育区别于德育、智育的主要特点。

最后,环境要素。环境要素包括学校的地理位置以及气候、风土等自然现象,此外,还包括配合教学活动而采用的体育器材与场地设施。

## (四)体育教学方法的特点

### 1.互动性

任何一种体育教学方法都是教师指导学生学习这一双边活动的方法。它是由教师教和学生学组合而成的。具体来说,在体育教学方法的实施过程中,教师教的方法会对学生学的方法具有一定的制约性影响,学生学的方法也会对教师教的方法产生影响。所以,师生在体育教学活动中相互联系、相互作用和相互统一的特点在体育教学方法中有着充分的体现,我们不能错误地将体育教学方法理解为教师教的方法与学生学的方法的简单相加。

### 2.参与性

在体育教学过程中,所有参与者都必须将自身的各种感觉器官充分调动起来。在教学活动中,教师和学生不仅要通过视觉与听觉来对信息进行接收,还要在中枢神经系统的指挥下,运用身体的触觉、位觉、动觉等来进行动作的示范和练习,通过本体感觉来对机体在做正确动作时动作的用力大小、运动方向、动作幅度等进行感知,以对正确的动作定式进行体会,从而对机体完成动作进行更加有效的控制。这些也都充分体现出了体育教学方法的多感官参与性特点。

### 3.组合性

体育教学活动中,学生需要动员多种感官来接收教师发出的信息,这是由体育教学目标和教学程序共同决定的。学生利用大脑皮层对教学信息进行接收,并经过大脑的分析、加工和处理后以指令的形式对机体进行指挥,从而使机体顺利完成相应的动作。在这个过程中,学生需要充分运用感知、思维,并进行不断练习,感知是学习的基础,思维是学习的核心,练习是学习的结果。体育教学方法将感知、思维和练习三个环节紧密结合在一起,将体育教学过程的认识与实践、心理与身体有机结合的特点充分体现出来。

### 4.交替性

在体育教学活动中,个体的身体活动和心理活动之间有着非常紧密的联系。学生通过感知动作及思考、记忆、分析等心理活动对动作技术和运动技能进行掌握。在教学过程中,学生生理和心理难免会承受一定的负荷,当这种负荷持续不断地作用于学生的机体后,学生必然会产生运动性疲劳。疲劳现象会使学生的学习兴趣和学习效率降低。所以,教师要对体育教学方法进行合理的采用,对运动锻炼的间歇时间做出合理的安排,要做好运动与休息的科学调配,唯有劳逸结合才能提高教学效率。

### 5.继承性

体育教学方法具有历史继承性。在长期的体育教学实践中,人们为了促进教学实效性的提高,对教学方法的探讨与研究非常重视,并且积累了较为丰富且宝贵的实践经验。有些教学方法是体育教学客观规律在一定程度上的反映,至今仍具有广泛的影响力,值得我们对其进行认真的总结与整理,并对其合理的部分进行借鉴。任何新的体育教学方法要绝对地从零开始都是不可能的,它必然是借鉴多方面传统教学方法的结果,并在新的历史条件下将新的内容赋予其中,使其具有更新的意义与更显著的价值。

### (五)体育教学方法的分类

当前,学校体育理论界针对体育教学方法提出的分类方法越来越多,而且越分越细。划分依据不同,体育教学方法的类别自然也就不同。

### (六)体育教学方法的层次

体育教学方法具有一定的层次性,它主要包括体育教学策略、体育教学方法和体育教学手段三个层次。

第一,教学策略。教学策略在体育教学方法层次中,居于"上位"层次,它是体育教学方法在广义范围上的概念,是传统定义中教学方法的组合,是教师通过组合多种方法和手段进行教学的行为方式。通常也可以将体育教学策略称为体育教学模式或方式,单元和课程的设计与变化是体育教学策略的集中体现。例如,发现式教学法作为一种广义的教学方法,由模型演示、提问法、总结归纳法、组织讨论法等多种传统定义的教学手段组合而成。

第二,教学方法。教学方法在体育教学方法的层次系统中,居于"中位"层次,它是体育教学方法在狭义范围上的概念,基本与传统意义上的教学方法等同,是体育教师通过一种主要手法的运用来进行教学的行为方式。例如,提问法这一具体的教学方法就是为了实现某个教学方式而采用的,是通过对提问和解答这两种具体方法的运用来实现一个教学方式。体育教学方法也可称为"体育教学技术",通常是在体育课的某一教学步骤上体现出来的,并由于体育教师条件的不同而在选用和变化上也会出现一定的差异。

第三,教学手段。教学手段在体育教学方法层次中,居于"下位"层次,它是传统定义上教学方法的组成部分,也是教师运用一种主要的手段来开展教学活动的行为方式。体育教学手段也可称为"教学工具",体育课具体的教学环节上一般会采用各种教学手段。

### (七)体育教学方法的意义

体育教学方法在体育教学活动的构成系统中居于非常重要的地位。体育教学方法不仅在教学活动的开展过程中发挥着重要的作用,而且即使教学活动结束之后,教学方法的影响依然不会在短时间内完全消失,这是体育教学内容、环境等其他构成要素所无法比拟的。具体来说,体育教学方法具有如下几方面的意义。

第一,促进教学任务的完成。体育教学方法在体育教学活动中是体育教师与学生双方互动的主要连接点。科学有效的体育教学方法有利于将体育教学活动中的两个重要主体(教师与学生)紧密连接起来,这一连接有利于促进体育教学目标与任务的顺利完成。倘若缺乏科学有效的体育教学方法,将难以使预期的体育教学目标顺利实现,也无法使教学任务高效地完成。

第二,促进良好体育教学氛围的营造。科学合理的体育教学方法可以促使学生参与体育学习的积极性不断提高,使学生学习兴趣不断高涨,同时也有利于营造良好的教学氛围。良好的教学氛围反过来又感染与激发学生,引导学生主动参与学习,从而促进一种良性循环的形成。体育教学方法的科学运用对于促进学生对体育教师的信任度的提高非常有效,教师一旦赢得了学生的信任,就很容易引导学生来学习体育课程,因而和谐的体育教学气氛就会形成。

第三,促进学生身心素质的全面发展。体育教师选用教学方法容易受科学思想的感染与熏陶,因而所采用的方法必然具有一定的科学性,而采用科学恰当的教学方法进行体育教学,对于促进学生的身心全面发展非常有益。相反,倘若教师在教学过程中选用的是不具备科学性且不恰当的教学方法,就会对学生身心的健康发展造成影响。我们可以将体育教学活动中体育教学方法的实施过程看作是学生对体育运动技术进行体验与锻炼的过程。所以,教师不仅要向学生传授体育方法论的相关知识,同时也要对学生的训练实践进行引导,促进学生身心的全面健康发展。此外,科学的体育教学方法对于培养学生的丰富情感、锻炼学生的意志品质也是非常有益的。总之,体育教学方法对学生的全面发展有着深刻的影响。

第四,促进体育教学质量的提高。科学的体育教学方法能够通过充分调动各种有利的因素来促进学生学习兴趣与热情的不断提高,引导学生将其主观能动充分发挥出来,从而促进学生学习效率的不断提高,最终促进体育教学质量的提升。

## 二、体育教学方法的科学选择

### (一)常见体育教学方法分析

#### 1.语言教学法

语言教学法又可以分为讲解法、口令法、指示法和口头评价四种。

第一,讲解法。作为一种基础的语言教学方法,讲解法在体育教学过程中的运用最多。几乎整个体育教学过程中都会运用到语言讲解的教学方法。体育教学中,教师通过语言描述的方式向学生说明教学的任务、内容、要求、动作名称、动作要领等,以达到预期教学效果的方法就是所谓的讲解法。这种教学方法一般在体育教学的初期具有非常重要的作用。在初步学习技术动作时,体育教师需要先通过讲解法向学生描述这一技术的基本动作和难点要点,使学生对该动作技术形成一个初步的认识和了解,从而为进一步的学习与练习奠定一定的基础。教师运用讲解法时,要对该方法的科学性和艺术性予以重视,以促进整个教学效果的提升。教师应在教学过程中不断进行经验的总结,在语言表达上要做到精益求精。体育教师在运用讲解法进行教学的过程中,应注意以下几个方面的要点:首先,要有目的地讲解,在对讲解内容、方式进行选择,对讲解语气、速度进行调整时,应依据学生的特点、教学的目标和教学内容来进行,抓住讲解的重点和难点。其次,注意所讲解的理论知识要准确、权威,所讲解的技术内容要与技术原理相符,并充分考虑学生的接受能力。最后,讲解的方式和广度要以学生的实际情况为依据来调整。

第二,口令法。有确定的内容和一定的顺序与形式,并以命令的方式对学生活动进行指导的一种语言教学方式即为口令法。在体育教学活动中,对口令法的运用一般出现在队列练习、队形练习、基本体操、队伍调动等活动中。在具体运用中,教师应准确、清晰、洪亮、及时地发出口令,并注意从人数、形式、内容、对象等特点出发对自己的语调语速进行控制。

第三,指示法。体育教师通过简明的语言来指导学生进行活动的语言教学方法即为指示法。教师运用指示法时,应注意做到准确、简洁、及时等方面的要求,且尽量用正面词。指示法主要有以下两种运用形式:形式一,在学生练习时未能意识到的或者关键的动作中运用;形式二,在组织教学中运用,如场地布置、器材收拾等。

### 2.直观教学法

在体育教学中,教师通过实际的演示或外力帮助,借助学生的视觉、听觉、触觉、肌肉本体感觉等器官来对动作进行直接感知的教学方法即直观教学法。一般将体育教学中常用的直观教学法细分为以下几种具体方法。

第一,动作示范法。体育教学中,教师为帮助学生对技术动作进行认识和了解,经常使用动作示范法。具体就是教师以具体动作为范例,帮助学生对动作规范、结构、要领和方法进行直观掌握。学生通过观看教师正确优美的动作示范,可以建立正确的动作表象,学习的兴趣也会因此而提高。教师在运用直观教学法进行教学的过程中,应着重注意以下几个方面。首先,教师在示范时,不要一味展示自己的技术水平,要明确示范是要达到什么目标,要使学生从中获取什么信息,要考虑如何示范才更容易使学生更清楚动作要点。其次,注意对动作示范位置与方向的选择。教师要先让学生按照一定的队形排列,然后根据该队形的特点来选择示范的位置与方向,教师进行这一选择的关键就是要让全体学生都能观察到自己的动作示范。再次,教师的示范动作要准确、熟练、轻快、优美,从而激发学生的学习兴趣。最后,教师示范的过程中,配合语言讲解。因为如果单纯示范,学生不容易把握其中的要点,这时就需要教师通过语言讲解来提醒学生哪些是重点,哪些是容易出错的地方。

第二,多媒体教学法。随着现代化技术的不断进步与发展,越来越多的现代化技术逐渐被运用到了体育教学中来。多媒体教学法就是在此环境中被广泛运用的,它是教师通过给学生播放幻灯、投影、电影、电视、录像等进行教学的方法,这种教学方法的主要特点与优势就是生动、形象、真实。在运用多媒体教学法的过程中,教师应注意在综合考虑教学目标及学生特点的基础上选择适宜的电视、电影、录像等内容来播放。如果将电视、电影、录像等的播放与讲解示范有机结合,将会收到更好的教学效果。边播放边讲解,或适当停顿讲解,学生可以获得直接的思维感受。

第三,条件诱导法。以某种条件为诱因,同时与体会动作相联系,达到直观作用的方法就是所谓的条件诱导法。例如,长跑项目教学中安排一名领跑员,不仅有利于形成长跑中的一种带领性的速度感,而且对队友间的相互保护也有利。其中,牵引性的助力和对抗以及限制性的阻力能较快地使学生建立完成动作的时间感与空间感。此外,为了使某些动作能够更加富有节奏感,就可以通过采用音乐伴奏或借助节拍器的音响来达成这个目的。

第四,直观教具与模型演示法。教师在体育教学中难免会用到一些教具和模型来进行辅助性的教学,这些教具与模型都是具有直观性特征的,如挂图、图表、照片等。通过这些用具来对教学内容进行讲解,有利于帮助学生建立正确、完整的动作表象。教师不仅可以采用教具让学生进行长时间的观摩,还可根据情况对某个细微的环节进行特别强调,因此教师应将图表、模型和照片等直观教具充分利用起来。采用教具与模型演示方法对于帮助学生直观了解技术动作的全过程非常有效。此外,教具、模型的演示还可以吸引学生的兴趣与注意力,从而提高教学效率。

第五,助力与阻力教学法。在体育教学过程中,体育教师借助外力使学生通过触觉和肌肉的本体感觉对正确的动作用力时机、用力大小、用力方向、动作时空特征等进行体验的教学方法就是助力与阻力教学法。体育动作的技术教学环节一般会比较多地采用助力与阻力教学法,这是一种能够帮助学生对正确技术动作进行有效掌握的直观教学方法。

第六,领先与定向教学法。领先教学法指的是教师通过对具体的动态视觉信号加以利用,给学生提供相关指示的教学方法即为领先教学法。例如,在体育教学过程中,教师可以对动态的、超前的视觉信号进行利用,给学生施加相应的刺激与激励,帮助学生将技术动作顺利完成。定向教学法指的是教师通过具体的静态视觉标准的利用来给学生提供相关指示的教学方法。例如,在体育教学中,教师为了向学生指示动作的具体方向、轨迹、幅度等,对标志物、标志线、标志点等进行合理运用。

### 3. 分解教学法

体育教师在教学中,将完整的动作技术合理地分解成几个部分与段落,将动作的各部分逐个教授给学生,在学生对各部分动作都熟悉后,再完整地向学生教授整个动作技术的教学方法即为分解教学法。这种教学方法的优点在于把动作技术的难度相对降低,不仅便于学生掌握教学重难点,而且便于突出教学重难点,从而提高学生的学习自信。这种教学方法的不足之处在于学生难以对完整动作进行领会,有可能只是单独掌握一些局部和分解动作。

运用分解教学法时,应注意以下几个方面:首先,体育教师要采取相对合理的分解方式分解动作,具体应根据动作技术的特点进行。其次,体育教师对动作技术的段落与部分进行划分时,还要对各部分之间以及各段落之间的有机联系进行考虑,尽可能保持动作结构的完整性。最后,对于完整动作中各部分与各段落的地位与作用,体育教师应有所明确,并为最后的动作组合做好准备。

### 4. 完整教学法

完整教学法是体育教师在教学过程中从开始到结束不分解动作,完整地对动作进行传授的教学方法。它主要可用于以下几个方面的教学中：首先，动作结构较为简单，对于协调性没有过高要求，方向线路变化较少的技术教学中。其次，动作虽较为复杂，但各部分间密切联系，不宜对其进行分解的技术教学中。最后，虽然动作较为复杂，但学生储备了足够的运动能力，拥有较强的运动学习能力。用于应该分解而又不宜分解的动作时，容易给教学造成不良影响，这是完整教学法的不足之处。

具体的体育教学实践中，完整教学法的运用主要有以下几个方面的注意事项。首先，直接运用。在对一些较为简单、容易掌握的动作进行教授时，教师进行讲解与示范后，指导学生直接练习完整动作。其次，从教学重点进行突破。例如，体操或跳水运动中有一些空中翻腾动作，教师虽然不能对其进行分解，但对于其中的动力、动作时机和动作要领等要素，教师还是可以进行一一分析的，教师或用辅助的方法使学生体会动作感觉，并进行重点的练习。最后，降低难度。在完整练习时，减轻投掷器械的重量，跳高横杆的高度，跑的距离与速度或徒手完成一些本来持器械的完整动作等。

### 5. 程序教学法

程序教学法也称为"学导式教学法"或"小步子教学法"。它是以认知规律和技能形成规律为依据，将体育教学内容分解成为若干小步子（相互联系），使之组成方便学生学习的逻辑序列，并且对相应的评价信息反馈系统进行建立的教学方法。在教学过程中，学生按照分解后的小步子逐步学习，在学习后进行及时的评价，并依据评价的结果对学习效果进行及时的反馈。如果评价后发现达到了预定的标准，则按顺序进行下一步的学习；如果没有达到预期标准，则重新学习该小步子，并予以校正。

体育教学中运用预防和纠正错误教学法主要有以下几种常见的形式。

第一，降低难度。在体育教学过程中，学生体能素质较低、心理紧张、认识不足等原因都会导致动作的错误。对此，教师可通过降低动作难度来避免这一现象的发生。具体来说，教师可采用改变练习条件，分解完成动作等方式来对技术动作的难度进行调整。降低难度可以使学生将技术动作轻松地完成，从而促进其自信心的增强。

第二，外力帮助。学生感受正确动作的方法即为外力帮助法。在体育教学课上，如果学生在学习动作时对用力的部位、大小、方向以及幅度等不清楚，就很容易做出错误的动作，这时教师可通过对推、拉、托、顶、送、挡等外力的运用来帮助学生对正确动作的本体感觉加以体会，最终达到纠正错误的效果。

第三，强化概念。在学习过程中，学生正确理解概念可以有效促进其在大脑中形成正确的动作形象。教师在体育教学实践过程中，应注意通过采用讲解、示范、对比等方法来促进学生正确动作概念的不断强化，促使学生正确动作表象的顺利形成，使学生对正确与错误动作的差异和区别有所明确，使学生主动避免错误或及时纠正错误。

第四，转移练习。在体育学习中，学生的恐惧、焦虑心理或受旧运动技能的影响也会使其出现错误动作。针对这种情况，教师应及时转移学生的练习，通过采取变换练习内容的方法，利用一些诱导性和辅助性的练习，促使学生摆脱已经形成的错误动作定式，进而促进正确的动作定式的形成。

第五，信号提示。信号提示指的是，学生在学习与训练技术动作的过程中，由于用力时间或用力方向不当而表现出错误的动作时，教师及时给予信号指示，帮助学生改正错误动作。听觉信号、口头信号、视觉信号等都是教师具体采用的信号提示方法。此外，标志线、标志点、标志物等也有利于帮助学生对错误动作的预防与纠正。

### （二）体育教学方法选择的参考依据

第一，依据体育教学目标进行选择。体育教学目标具有多层次性的特征，具体体现在身体发展目标、知识发展目标、技能发展目标、社会发展目标以及情感发展目标等方面。为了促进这些不同层次教学目标的实现，教师应采用不同的教学方法。在体育教学中教学目标并不是孤立的，它是多种目标的综合，而每一单元、每一堂课目标的侧重点是不同的。所以，在教学过程中，教师应以具体的课堂教学目标为依据，对重点发展某一方面的教学方法进行合理选择。体育教学总目标是通过一个个课时教学目标的逐步实现而最终实现的。课时教学目标具有一定的指导性，而且其包含着丰富的内容，既有运动技能和运动理论方面的内容，也有心理和品质品格方面的内容，针对这些不同内容的教学目标，教师应选择与之相适应的科学教学方法来进行具体的教学。

第二，依据体育教材内容进行选择。体育教学内容与教学方法之间密切联系，针对不同的教学内容，应采用不同的教学方法，如对于理论方面的内容，适合采用语言教学法，对于实践方面的内容，适合采用直观示范教学方法。可见对教学方法的选择受不同性质的体育教学内容的影响。同一种教学方法运用于不同教学内容上会产生不同的效果。所以，在体育教学过程中，教师应注意对教学方法的灵活选择。

第三，依据教师的自身条件进行选择。作为体育教学方法的实施者，体育教师自身的素质对于教学效果与质量具有直接的且非常重要的影响。倘若体育教师自身的能力和素质水平较低，则其难以将体育教学方法应有的作用很好地发挥出来，从而制约教学活动的顺利进行。因此，教师在选择相应的教学活动时，应对自身的专业素养、能力水平以及教法特点有着客观的理解。一般而言，体育教师需要对众多的教学方法进行熟练掌握，这样其才可以从自身以及学生的实际情况出发对最佳的教学方法进行选择。不同教师根据学生实际状况采取同样的教学方法，也会得到不同的教学效果，可见教师自身条件极大地影响着体育教学活动。所以，教师要有意识地提高自身的素质，优化自己的教学风格，对更多的教学方法加以尝试与熟练运用。

第四，依据学生的实际情况进行选择。在体育教学过程中，教学方法的实施主要是以学生为对象的，促进学生更好学习是运用各种不同教学方法的最终目的，因此，在选择相应的体育教学方法时，应与学生特点及其实际情况（年龄特点、性别特征、身心发育状况以及相应的知识储备和学习能力等）相符合。

第五，依据体育教学物质条件进行选择。在体育教学活动中，体育教学物质条件对教学方法的选用有很大程度的影响。学校的体育教学器材、场地以及设施等都属于教学条件的范畴。倘若学校拥有全面且先进的教学条件，那么体育教学方法的功能与作用就可以得到良好的发挥。相反，倘若教学条件落后且不全面，则会直接影响体育教学方法的作用与价值的充分发挥。例如,在背越式跳高的教学中,采用海绵块练习的效果要优于采用沙坑练习,主要是因为海绵块相对较为干净,比较安全,学生在海绵上练习不会有很大的心理负担,而且神经系统兴奋性会处于较高的水平。在体育馆内进行体育教学,能够避免受到周围环境的影响,能够促进体育教学方法使用效果的提高。对现代化体育教学手段的充分运用,能够使教师动作示范中的某些缺陷得到有效的弥补,从而促进体育教学质量的提高。所以,体育教师在对教学方法做出选择时,要对体育教学物质条件进行充分的考虑。

第六,依据不同体育教学方法的功能与适用条件进行选择。不同的体育教学方法拥有不同的特点、功能、适用条件与范围,而且不同的教学方法都具有自身的优点与不足。在体育教学活动中,各要素组合的合理性对体育教学方法的作用与价值的充分发挥具有非常重要的影响。有时,一种教学方法可能适合在某个体育项目的教学中采用,而且效果良好,但不适宜在其他项目的教学中采用,而会产生制约教学活动顺利开展的影响。同样的道理,对于某一教学内容的教学,有些教学方法是合理且能够产生正效应的,而有些就会产生相反的作用。例如,谈话法是对新知识进行传授的主要方法,这一方法使用的前提与基础是教学对象已有知识与心理方面的准备,倘若没有做好准备,采用这一方法所预期的理想的效果就不会出现。讲授法能够将大量的系统知识在短期内传授给学生,有利于体育教师主导性的发挥。然而,学生的主动性与创新性在这一方法的运用中是难以得到充分发挥的。所以,体育教师在对教学方法进行选择时,对于不同教学方法的功能、应用范围和条件等,一定要进行认真的考虑与分析。

(三)体育教学方法选择的注意事项

第一,加强师生之间的协调配合。在体育教学过程中,为了实现预期的教学目标,教师和学生必须进行默契的配合。体育教学活动中,没有"教"的"学"和没有"学"的"教"都是不存在的。因此,无论采用何种教学方法,都应考虑"如何教"和"如何学"。在传统体育教学中,一味以教师为中心,选用教学方法也只对教师"如何教"的问题比较重视,而直接忽略了学生在教学过程中的作用。例如,教师在示范动作时,只对动作的优美和协调性比较重视,而没有对学生的感受进行考虑,从而使得学生的学习效果不佳,影响教学质量。因此,体育教学方法的选择应注意考虑师生双方的默契配合,避免两者脱节。

第二,加强不同学习阶段的前后配合。学生在体育教学过程中,不同的学习阶段会有不同的学习特点产生。教师选择体育教学方法应对学生学习知识的不同阶段的前后配合予以考虑。例如,在学生的动作学习过程中,教师应注重指导学生从"模仿型"向"创造型"过渡,并实现二者的有机结合。学生的学习过程也是对学习内容不断了解与掌握的过程。在初步学习阶段,往往以模仿(模仿教师或他人)学习为主,之后,学生就会形成动作定式而完全摆脱模仿,从"模仿型"过渡到了"创造型"。这两个阶段之间具有一定的联系,又相互区别。因此,在对教学方法进行选用时,应有意识地使二者之间的互相代替、割裂得到有效避免。

第三,加强学生内部与外部活动的配合。学生的学习过程是内部活动和外部活动的统一。学生的心理活动以及相应的生理生化反应等属于内部活动;学生的动作质量、情绪、注意力等属于外部活动表现。教师在选择相应的体育教学方法时,应注重学生内部活动与外部活动之间的配合。教师应善于分析学生的内外活动变化,有机结合指导学生外部活动的方法与激发学生内部活动的教学方法,以使学生能够自觉地进行体育学习。在体育教学方法的选择过程中,教师还应对多种教学方法进行对比与分析,从而将最佳的教学方法确定下来。此外,对于不同的教学方法适用于哪些教学内容,可以解决什么教学问题,能够对什么教学对象起到积极作用等,都是体育教师需要考虑的问题。

## 三、体育教学方法的科学运用

### (一)体育教学方法的优化组合运用

#### 1.优化组合运用的原则

首先,启发性原则。不管是采用哪一种形式的教学方法,都应该考虑其是否有利于调动学生的学习积极性和主动性,是否可以促进学生进行积极的思考与自主的探索,是否可以促进学生各方面素质的全面提高。在体育教学活动中,对教学方法的优化组合还要注重对学生学习兴趣和动机的培养,从而使学生的自主思维得到充分地发挥。

其次,最优性原则。教学方法不同,其自然就具有不同的特点、功能和应用范围,而且各自的优势与不足也有差异。因此,在对教学方法进行组合运用时,不同体系的综合教学方法会因此而形成,每一套教学方法的特点也各不相同。对此,教师在进行体育教学方法的优化组合时,应以实际需要为依据,对最符合实际情况的一套教学方法进行选择。教师在教学方法的选择中,应从整体入手,将各种适应相关教学内容的教学方法进行有机地结合,从而将教学方法体系的整体功能充分发挥出来。

最后,统一性原则。统一性原则要求教师在对相应的教学方法进行选择时,应注重"教"与"学"双边活动的统一,并强调二者的密切结合与相互促进。如果只重视其中的一项活动,则难以使教学活动达到预期的开展目标。另外,贯彻统一性原则还要求体育教师在教学过程中尽可能地将教学方法的多种功能充分发挥出来,从而全面促进学生各方面素质的提高。

#### 2.优化组合的程序

(1)进一步明确体育教学的任务。

(2)根据实际情况将总体设想提出来。

(3)对多种体育教学方法加以优化组合。

(4)对优化组合的教学方法加以实施与评价。

### (二)体育教学方法运用的注意事项

第一,全面考虑影响体育教学方法运用效果的因素。体育教师在对体育教学方法进行科学运用时,为了促进教学效果的加强,应全面分析对教学方法运用效果产生影响的各方面因素。具体涉及的因素有教师自身、学生以及教学条件与环境。在体育教学过程中,体育教师自身的知识储备、人格魅力以及教学技艺等会对教学方法的运用效果产生不同程度的影响。所以,全面提高教师的素养对于教学方法使用效果的提高非常有益。体育教学是教师与学生共同参与的活动,学生因素对于教学方法运用的效果同样也会产生举足轻重的影响。因此,教师应注重鼓励学生主观能动性的发挥。除教师和学生两方面的影响因素外,体育教学的物质条件和环境也会对体育教学方法的运用效果产生一定程度的影响。因此,体育教学中在强调教学主体因素的同时,要重视对良好教学条件的提供与教学环境的优化。

第二,注意体育教学方法有关理论的运用。体育教学的理论源于实践,但又高于实践。因此,在运用体育教学方法的过程中,教师不仅要注重实践方面的问题,还要重视在理论方面的积极探索。如果对相关理论的研究具片面性,那么体育教学的方法也会相应表现出片面的缺陷。因此,在体育教学实践中,对体育教学方法的相关理论基础进行探索,应综合考虑辩证唯物主义与唯物辩证法的基本观点,系统论原理,教育学、心理学有关学科理论知识,普通教学论和体育教学论等所有相关的内容。

总而言之,在体育教学过程中,教师应树立新的观念,运用新的理论来对体育教学工作进行指导,不断促进体育教学方法的改革与发展,将各种教学方法的效用充分发挥出来。

## 第二节  高校体育教学方法体系的构建过程

"目标统领教材"是体育课程改革的突出特点,即以不同的教学目标为依据来对不同的体育教学内容进行选择。学校向学生传授的各种思想、知识、技巧、技能、言语、观点、信念、行为、习惯等的总和就是教学内容。本质上来说,学生的学习过程就是将这些丰富的教学内容内化为自我发展成果的过程,这一过程体现了由外到内的转变,其不会自动完成,必须通过对教学方法的运用才能实现这一转变。

选择体育教学方法要因地、因时、因人而异,即以不同地区的实际情况、学生的身心发展特点等为依据来对体育教学方法进行确定,这是体育新课程标准的基本要求。以往的体育教学大纲虽然对教学目标、各年级教学内容比重及考核标准作出了明确的规定,但却忽视了地区间、城乡间、学校间的差异,而且也没有将学生的体育基础、兴趣、爱好等因素考虑在内,从而在具体的教学过程中只重视采用教师的讲解与示范等单一的教学方法,学生"看体育"的负面效果因此而形成。

体育课程标准对课程目标、领域目标、内容标准作出了相应的规定,但没有限制具体内容、比重、成绩评定等。新课标以学习内容性质的不同为依据对 5 个学习领域进行了划分,不同领域都有相应的教学任务和教学内容。虽然有些领域中的内容并不具体,但能够在其他领域中对相关内容进行渗透和贯穿,形成"目标——内容",即目标指导内容选择,内容选择达成目标的关系。与此同时,新课标还对 6 级学习水平进行了划分,并对相应的水平目标进行了设置,而且主要是以学生的身心发展特征为依据来划分的,从而将体育教学特殊的规律充分体现了出来。

此外,新课标不对具体的学习内容进行规定,而是提出了达到目标的内容或活动建议,为学校提供了较大的选择的余地。学校可以本校实际为依据来对教学内容进行合理选择,从而促进学习目标更好地实现。由此可见,新课程标准的 5 个领域,不仅是学校选择体育教学内容的主要依据,同时也是体育教学自身规律的体现,也可以有效地指导体育教学方法的选择,促进"目标—内容—方法"教学范畴体系的形成。这样,不同地区、学校就拥有了选择符合本地区特点或本校特点的教学内容与方法的广阔空间。

　　学生学习方式的转变是体育新课程改革的基本特色,具体就是改变学生单纯接受式的学习方式,对发挥学生主体的学习方式进行建立,并对研究性学习进行积极的提倡。这一转变对于教师来说,要对不同学生的情况进行了解,从而向学生提供不同的学习空间,同时还要对不同年龄学生的教学方法进行考虑。新的课程标准必须要有新的方法体系与之相配套。体育教学需要以体育教学自身的规律为依据,并结合具体的教学内容去开展教学活动,以促进学习目标的顺利实现,因此应以体育教学规律及为实现目标而选用的教学内容为依据,按课程标准划分的五个学习领域来对新的体育学习方法体系进行构建。

　　体育课程改革对五个学习领域目标作了重点强调,并在此基础上以学生不同的身心发展阶段为依据对六个不同的水平目标作了划分。在体育教学实践中,每节课都要以不同的目标要求为依据来对教学内容进行选择,而每节课教学内容都要能够使五个领域的不同目标顺利实现。所以,各个领域目标都有不同的水平目标与之相对应,教师应当以不同的水平目标为依据来对所需要的教学方法进行合理选择与科学运用。

# 第三节　高校体育教学方法的发展创新

## 一、促进体育教学方法创新发展的因素

　　第一,科技进步促进了体育教学方法的创新。随着科学技术的迅速发展,人们的生活水平不断提高,生活质量得到了很大程度的优化。而且,科技的进步在体育教学领域也发挥了积极的影响,具体表现在其对体育教学方法产生的深远影响上。随着计算机技术的快速发展,其在体育教学中的普及性也在逐步提高,这就促进了体育教学中动作示范标准程度与科学程度的提高。而且,科技的进步使得资料的搜集、整合更加便捷,学生在学习空间和时间方面受到的限制逐渐降低,实时的信息沟通逐步实现。通过运用计算机进行动作示范,可以从不同的侧面,以不同的速度,对不同部位的动作进行细致的分析和研究,使传统的讲解示范等方法更好地发挥自身的作用。

　　第二,体育教学内容的变革促进了教学方法的变革。为了与时代的发展相适应,满足学生不断增长的体育需求,体育教学的内容也在不断改革与发展,这也直接促进了体育教学方法的变革。例如,随着定向运动和野外生存运动被引入到体育教学之中,使得体育教学活动的野外组织和教学方法得到了更加深入的开发。

　　第三,体育教学理论的发展促进了教学方法的改善。体育教学理论的发展对于体育教学方法的创新与进步具有积极的影响。在新的体育教学理论的科学指导下,体育教学方法的发展和创新速度逐步提高。传统体育教学过程中,对于体育运动技能的分析还不是很深入,并且针对同一运动项目的教学所采用的教学方法较为固定,甚至不同运动项目的教学中都采用同样的教学方法。可以说,不管面对什么样的教学内容和教学目标,都是以"以不变应万变"的态度来选用教学方法。然而随着有关专家对体育运动项目研究的不断深入,适合

不同运动项目的体育教学方法也创造性地应运而生。

## 二、新型体育教学的方法分析

### (一)探究教学法

在体育教学过程中,引导学生发现问题、分析问题、最终解决问题,使学生在探索、研究的过程中对知识和技能进行掌握的教学方法就是所谓的探究教学法。探究教学法与现代教学教育理论对学生的要求更相符,也是新体育课程强调学生主体性理念的重要表现,因此在体育教学中日益受到教师与学生的高度重视。

运用探究教学法应注意以下几点。

首先,目的明确。教师在教学时应预先对研究计划进行确立,以便促进体育教学目标的顺利实现。目的不明确、与教学实际不符的探究活动不仅会造成时间的浪费,还会对课程目标的实现造成妨碍。

其次,与学生的知识水平相符。教师的教学必须以学生实际的知识能力水平为前提,教学内容太简单对于学生学习兴趣的激发是无益的;教学内容太难会使学生失去学习兴趣与信心。因此体育教师在教学前很有必要对学生基础知识的掌握能力以及技能水平进行了解,引导学生进行力所能及的探究。

最后,在教学过程中,针对学生通过努力仍然有一定解决难度的探究性问题,教师应加强对学生的引导、启发与鼓励,但不能代替学生进行探究活动。

### (二)游戏教学法

教师以游戏的方式,组织学生进行体育学习的方法就是游戏教学法。游戏教学法要在规则允许的范围内实施,目的是将学生的主动性和创造性充分调动起来,达到体育教材内容所规定的目标。游戏教学法可以使个人的主动性和创造性得到充分发挥,这种方法实施起来也较为简单,且非常容易被学生接受,也是最受学生欢迎的教学方法之一。

教师可以在学生个体之间展开游戏教学,也可以在学生学习小组之间展开游戏教学,通过创建游戏情境,可以使学生感受紧张的气氛,并从中学会如何进行合理竞争,如何与同伴相互协作。游戏教学法有助于促进学生学习兴趣与身体活动能力的提高,有利于促进学生身体素质的全面发展,使学生在愉悦的运动体验中对相应技术的运用方法进行掌握。

以下几点是体育教学中采用游戏教学法时需要注意的几个要点:

第一,教师在明确体育教学目标后,要以此为依据来设置游戏的形式,对不同形式的游戏都应事先确定游戏的规则,从而使学生在参与游戏的过程中知道自己该做什么,不该做什么。

第二,教师应在要求全体学生遵守规则的同时,对学生个体主动性和创造性地发挥进行积极鼓励。

第三,在体育教学中,教师运用游戏教学法时,学生个人的选择性与独立性较大。因此,教师在安排运动负荷与动作控制方面会受到很大的限制,对此应进行妥善地处理与解决,避免形成师生矛盾。

（三）竞赛教学法

在体育教学中，检验教学效果和促进学生技能运用能力不断提高的教学方法即竞赛教学法。竞赛教学法也是一种对教学效果进行检查的一种有效手段。这种教学方法不仅能促进学生将自身机体功能最大限度地发挥出来，而且还能促进学生的比赛应变能力和比赛中心理调控能力的不断提高，更能对学生勇敢、灵活、团结、谦虚等意志品质进行有效的培养。学生在学习运动技术之初，教师不适宜采用竞赛的方法进行教学，只有经过一段时间的学习，学生能够将动作技术较为连贯且熟练地完成后，才能采用该方法。一般在竞赛活动后，教师要及时对学生的表现作出评价。

教师在运用竞赛教学法时，应着重注意以下几个方面：

第一，对竞赛教学法的目的加以明确。在运用竞赛教学法时，不论是对教学内容进行确定，对竞赛方式进行选择，还是对竞赛结果进行证实等，都要树立"服务于教学目标"的观念。

第二，竞赛教学法的运用要注意对学生进行合理的配对和分组。无论是个人与个人的比赛，还是小组与小组的比赛，都要注意双方实力的均衡，教师还应尽可能地对均衡的比赛条件进行创造。

第三，运用竞赛教学法时，教师一般在竞赛结束后需要对学生完成动作的质量予以客观评价，并向学生指出哪些地方应该改进，应如何改进。

（四）自主学习法

在体育教师的指导下，学生以自身的实际需要和现实条件为依据来对目标进行制定、对内容进行选择，将学习目标完成的体育学习模式就是自主学习法。教师应多为学生提供自主学习的机会，这有利于使学生的学习热情得到无限的激发，使学生的学习主动性得到最大限度的发挥，并使学生产生满足感与成就感，增加其学习的自信心。

体育教学中要按照以下程序来采用自主学习法：

第一，学生先制定自己的学习目标，学习目标要明确，不能空而大，要在自己的能力范围内可以实现。

第二，学生根据目标来选择学习方法。需要注意的是，学生对学习方法的选择并不是盲目的，而是在对自己已有的经验和知识进行充分考虑的基础上进行选择的。

第三，学生完成一个阶段的学习之后，对照之前制定的目标，看自己是否完成了目标，完成质量如何，也就是自己对自己在这一阶段的学习状况做出评价。

第四，学生在进行自我评价后，清楚自己在学习中存在哪些不足，并为下一阶段的学习制定新的目标。

（五）合作学习法

体育教学中，学生在小组或者团队中，为促进共同学习目标的实现，有明确责任分工的互助性学习形式就是所谓的合作学习法。教师在指导学生进行合作学习时，要使学生意识到自己在小组或团队中的重要性，要明确自己的角色定位，这样才能激发其责任感。

体育教学中一般按照如下程序来实施合作学习法：教师对学生进行合理的分组；小组成员集体讨论并确定本组所要达到的学习目标；确定学习目标后，小组内再进行具体的分工，这一步需要教师的指导与帮助;小组各个成员明确自己的职责与任务,由小组长领导,相互协同合作来完成任务;结束小组学习活动后,每个小组派代表发言,谈谈自己的感受与心得,各个小组之间展开交流,共同进步。

## 三、体育教学方法的创新发展趋势

现代体育教学方法经过多年的改革与发展,已经形成了具有自身特色的教法体系。随着经济社会的不断发展,其仍处于不断地创新与发展中,并呈现出以下几方面的趋势。

### (一)现代化趋势

现代教学方法的现代化发展过程中,体育教学的现代化十分明显。体育教学现代化的重要表现之一是教学设备的现代化,通过对先进技术手段的运用,使体育教师能够更好地对教学活动进行开展,使学生可以更好地参与体育学习。而且,通过运用先进的现代化设备,教师可以对学生的身体素质有一个更加全面的了解,从而有针对性地对运动训练的负荷量进行安排。在教学管理方面,现代科技的运用可以为学生的学习和生活提供更加便捷的服务。随着现代社会的不断发展,体育教学的各项技术将得到一定程度的创新与发展,其教学方法也必然呈现出现代化的创新性发展趋势。

### (二)心理学化趋势

在心理学中,学习是一个较为复杂的心理过程。在体育教学中,学生学习是一项既涉及知识记忆,同时还涉及动作技术记忆的复杂形式。随着心理学研究的不断深入,学习过程的各个要素与阶段开始被人们逐步认识,并且在具体的教学实践过程中,心理学的相关理论得到了一定的运用,并发挥了积极的作用。在体育教学方法的发展过程中,很多心理学的研究成果都得到了不同程度的应用,这对于促进体育教学质量的提高具有积极的影响。另外,体育教学方法的运用还肩负着提高学生的意志品质,发展学生的健康心理等培养目标,通过对相应的心理学知识进行采用,能够使体育教学方法在这些方面的目标得到顺利实现。

### (三)个性化与民主化趋势

现代体育教学方法正在逐渐向个性化、民主化的趋势发展。在传统体育教学过程中,强调教师的主体地位,在教学过程中只重视教师的教,教师组织教学活动也没有对学生个体之间的差异性进行充分考虑。随着体育教学的深入改革与发展,社会越来越重视学生个性的发展,因此,体育教学方法的发展也必然呈现个性化的创新趋势。个性化的教学方法改革和创新不仅有利于学生的全面发展,而且有利于社会的进步。

体育教学方法的民主化发展也是大势所趋。随着体育教学过程中民主意识的崛起,民主化体育教学方法将得到进一步的重视与更加广泛的采用。

# 第五章

# 高校体育教学设计

高校体育的科学化教学过程是一个智慧的过程,需要体育教育者在每一个教学过程的环节和细节中投入教学智慧,通过科学化教学设计来促进各项体育教学活动的顺利开展,并能很好地帮助教师完成教学任务、帮助学生完成学习任务,实现教学相长、优化教学效果、提高教学质量。

# 第一节　体育教学设计概述

## 一、体育教学设计的概念与特点

### (一)体育教学设计的概念

体育教学设计是一种体育教育教学准备工作,是教学执行者和参与者为提高教学质量在教学活动中采取的具体的教学活动方案。体育教学设计者必须根据体育教学自身的特点充分考虑学生特点与情况,结合体育教学的环境和条件,对未来体育教学过程中可能出现的一系列问题进行预测,合理规划师生的教学活动,并制订出相应的计划方案。

在高校体育教学中,科学的体育教学设计有利于促使体育教学理论与教学实践的有机结合,能为教师提供科学合理的体育教学方案指导。

### (二)体育教学设计的特点

#### 1.超前性

体育教学设计是一种教学准备工作,要在真正的体育教学活动开始前进行。因此,整个体育教学设计方案的内容、问题预测、问题解决方案等均具有超前性。

从本质上讲,体育教学设计只是体育教学活动的一种设想和预测,它是对即将进行的体育教学中可能产生的问题进行分析。在进行体育教学之前,体育教师必须设计出这堂课的教学方案,并根据体育教育、教学理论和学生的学习需求,针对教学活动中可能发生的问题提出解决方法。体育教学设计方案是对即将开始的体育教学实践活动的一种预先策划,是为了更好地应对和解决体育教学中可能出现的各种问题,因此来说,往往体育教师的教学设计会尽可能地要求考虑到各种教学问题,但是,体育教学设计不可能将体育教学实践中的所有问题都考虑周全。

#### 2.差异性

正是因为体育教学设计是一种教学提前行为,是一种教学预测与提前规划,可能存在"考虑不周"的情况,再加上体育教学是一种开放性的活动,可能会受到各种因素的影响,因此体育教学设计方案与体育教学实践活动之间可能存在差异。

体育教学设计的差异性特点,使得体育教师在教学过程中要时刻根据具体的教学情况调整教学方案,以适应不断变化的教学要求。

首先,体育教学设计应以体育与健康课程理念为基础,以学生的体育学习需要为基础,应实现对体育教学实践活动的宏观指导,确保体育教学实践活动的整体方向和格调是正确的。

其次,体育教学过程是复杂、多变的,体育教学设计者设计出的教学方案不可能全面概括教学实践,不能完全解决教学实际中存在的各种问题,体育教学设计者所设计的体育教学方案应能提纲挈领,能抓住主要矛盾,在教学问题处理上要有多个备选方案并能在教学问题解决预案中留有空间,以便根据实际教学情况不断对教学计划进行调整和弥补。

### 3.创造性

体育教学设计的过程是一个解决教学问题的过程,是一个创造性过程。

任何学科的教学过程都涉及各种教学要素,包括主观教学要素和客观教学要素,在教学体系构成中各子要素及其相互之间的关系也会时常发生变化,体育教学也不例外,而且体育教学的教学环境与条件更具开放性,这就使得体育教学过程是一个更具创造性的过程。

体育教学的教学开放性与多变性并非体育学科教学的一个教学缺点,相反这更加促进了体育教师在体育教学中可拥有更多的教学发挥空间,为教师的体育教学设计提供了一个更开放的创造空间。通过体育教学设计,能提高教师的教学创新能力,同时也能通过体育教学活动组织与实施培养和提高学生的创造力、创新能力。

首先,对于体育教师来说,在体育教学中要具备一定的创新性和创造能力,能创造性地解决体育教学活动中出现的问题。概括来讲,体育教师必须具备一定的文化基础知识和较扎实的专业知识,具备主动适应基础教育的意识与能力,具备创造性的想象力和创造性的思维,如此才能设计出科学有效的体育教学方案。

其次,对于学生来讲,体育教学活动中的体育教学参与过程是不断尝试、探索、发现、解决问题或达成一个新的目标的过程。在整个教学活动参与过程中,学生在教师的体育教学设计方案下进行体育活动知识、技能的学习,并通过个人的努力去完成学习目标,实现对所要求掌握的知识点、技能的理解与掌握,学习目标的达成非常重要,整个学习过程中的学习体验也很重要,这就需要学生在教师的指导下进行有限制性或者无限制性的探索与创新(例如在运动规则要求下进行技战术的创新发挥),以促进学习目标的实现。

## 二、体育教学设计的背景分析

### (一)体育学习需要分析

进行体育教学设计,首先应明确体育学习需要,以便于在体育教学设计过程中做到有的放矢,更有教学针对性。对体育学习需要的教学设计分析的方法与步骤具体如下。

#### 1.分析方法

目前,针对体育学习需要的分析方法主要有内部参照分析法和外部参照分析法两种方法,教学设计实践中这两种方法通常结合使用。内部参照分析法:比较分析体育教学目标与学生体育学习现状,找出差距。外部参照分析法:以社会对学生的期望值为标准来衡量学生的学习现状,找出差距。

#### 2.分析步骤

第一,确定体育教学期望(教学目标),根据体育教学大纲和体育教学类型明确本次教学课的具体教学期望(目标)。

第二,确定体育学习现状。通过观察、测量、评价等方法来确定体育学习者(即学生)的知识、技能、学习态度、技术水平等。

### (二)体育学习任务分析

#### 1.分析方法

针对学习者(学生)的体育学习任务进行分析,常用分析方法如下。

(1)归类分析法

结合体育教学目标对教学内容进行分类,形成有意义的指数结构,提示体育教师在教学中分类、有序、依次指导学生完成学习任务、达成教学目标。

(2)层级分析法

针对不同层次的从属体育知识和技能进行分析,帮助教师明确体育学习的内容,使之与实际教学活动安排相符,依次完成教学目标,该方法适用于体育运动项目技能学习。以篮球的行进间运球三步上篮教学为例,先明确行进间运球三步上篮动作技能的从属能力,再分析该从属能力应具备的下一级能力,层层递进,直到追溯到学生的起点能力,再从起点能力开始展开教学。

(3)信息加工分析法

根据体育教学目的所要求的行为表现,利用流程图来描述目标行为所含有的基本心理过程的分析方法。该分析法对教师的综合教学能力要求较高,适用于技能和态度类学习任务的分析。以篮球长传快攻战术教学为例,分析学生完成战术的各种心理活动与心理能力,将心理过程与能力要求与战术的完成之间的关系用结构图来表示,指导学生的战术技能学习与行为实施。

#### 2.分析步骤

第一,确定学生起点能力,全面掌握学生学习基础,以此为教学起点,有序安排教学活动,帮助学生稳步、扎实学习与掌握各教学目标。

第二,分析使能目标。学生从起点能力到终点能力(完成学习任务),需要学生的多项知识和技能(子技能)参与,每一个基础教学目标(使能目标)的完成都是为了完成更高一层目标打基础的,以蛙泳教学为例,明确使能目标,有助于教师更好地组织教学活动帮助学生奠定扎实的学习基础。

第三,分析学习任务完成的条件。对学生的学习任务完成的条件进行分析,以便在体育教学中为学生的学习创造良好的教学环境与条件基础,帮助学生更好地完成学习任务。

### (三)体育教学内容分析

#### 1.文化背景分析

体育教学通常被误认为是运动技能的教学,而事实上,体育教学包含了所有跟体育有关的体育文化、精神、素养、能力、品质、规律,技能等的教学,学生对体育运动技能的掌握只是体育教学的一个重要的教学目标之一,但体育教学的目标不仅限于此。通过体育教学应促进学生的身心健康发展,促进学生养成科学的体育观与体育运动锻炼习惯,并养成终身体育的意识与能力。在体育教学开始前,不仅要明确教学知识点(往往以技术掌握为主),也要针对运动技术背后的运动项目的运动文化背景进行分析。

### 2.优缺点分析

在正式的体育教学活动开展之前,教师必须对体育教学过程中所使用的体育教材内容进行认真分析,并明确教材内容的优缺点,这里的"体育教学教材内容的优缺点"具体是根据学生对体育教学内容的认可程度,学习难度以及教学内容对促进学生发展的价值等来进行评价的。应放大体育教学内容有利于学生的体能、技能、智能发展的"点",并展开教学组织,同时,找出教材的缺点和不足,进一步改进教材、丰富教学内容,优化教学过程。总之,体育教师只有全面了解和掌握教材才能设计出有效的体育教学方案。

### 3.功能性分析

在高校体育教学设计中,全面分析体育教材的潜在功能,以及这些功能的运行环境和条件,有助于体育教师更好地把握教学过程。具体来说,教师应注意对体育教材内容的运动参与、运动技能、身体健康、心理健康、社会适应等功能的分析。

### 4.适应性分析

教学内容的传授和实施需要一定的教学环境和条件支持,在体育教学设计中,教师应充分考虑教学内容实施的教学环境与条件要求,并提前做好场地、器材的教学准备,以及结合本地区的气候特点,地域特点开展相应的特色体育教学。

### 5.时代性分析

高校体育教学的目标是培养适应现代社会发展的高素质优秀人才,在体育教学中,体育教学内容应与当前的时代发展特点、社会对人才的要求特点相适应。通过体育教学提高学生的体质、体能水平,心理水平与社会能力,切实培养出符合社会要求的高素质全面发展人才。

### (四)体育学习者(学生)的分析

#### 1.一般特征分析

(1)生理特点分析

体育教学的身体实践性非常强,不同体育教学内容的学习对学生的身体素质要求不同,在体育教学设计中应关注学生的生理特点,不安排超出学生生理承受范围的教学训练活动。

(2)心理特点分析

体育活动参与是伴随着一定心理活动的身体活动过程,分析与把握体育学习者的心理特点,有助于体育教师组织教学过程,提高教学的质量。具体来说,教师应关注学生在体育教学活动参与中的个性特征,情感、情绪特征,注意力和意志的发展等。

(3)社会特点分析

体育环境为运动者提供了一个良好的社会环境,学习者在体育活动参与中可以体会到不同的社会角色,也正因此,体育学习有助于促进学生的社会化。要实现体育教学对学生的社会发展促进价值,就必须重视学生的社会特点分析,应从人际交往特点、社会行为特点、社会角色意识、团队精神和竞争意识等多方面分析学生的社会特点,以科学设计教学过程,更好地促进学生的社会化。

2.学习风格分析

(1)信息加工风格

信息加工风格主要分析学生喜欢的教学方法、教学媒体技术应用、教学模式组织、教学节奏等。

(2)感知感官运用

感知感官运用主要分析学生体育学习中习惯用哪种感官接受知识,如更善于听讲解,还是看示范,或是喜欢通过本体感觉(阻力、助力)学习。

(3)感情需求

感情需求主要分析学生在体育学习中关注的情感点,如更希望获得教师的鼓励与肯定,希望受到同学的认可等。

(4)社会性需求

社会性需求分析学生参与体育活动的社会性动机,是渴望交际还是获得运动成绩,或是受感于体育精神的感染、受体育健康观影响注重终身体育知识与能力的培养。

3.起点能力分析

(1)学生的身体机能、身体素质、健康状况等。

(2)学生的基础知识及技能。

(3)学生的体育目标知识和技能。

(4)学生的体育学习态度。

# 第二节　体育教学目标的设计

## 一、体育教学目标概述

### (一)体育教学目标

体育教学目标是由高校体育目标、体育教学总目标、体育教学单元目标、体育教学课时目标组成的,各项教学目标具有递进关系。

体育教学目标对体育教学过程的设计具有导向性作用,根据教育目标分类的对象和应遵循的原则,可以将教学目标分成认知、情感和动作技能三大领域。

### (二)体育教学目标设计

基于对教学目标的认知,教学目标是教学活动主体的活动预期结果,教学目标设计是为了实现教学目标这一结果而对教学活动主体的活动的具体安排。

体育教学目标设计包括以下几方面内容。

第一,教学活动包括教师、学生两个主体,体育教学目标设计包括对达成教师"教的目标"的"教的活动"的设计,也包括对学生达成"学的目标"的"学的活动"设计。

第二,教学目标设计是对一节课、一单元或者一门课程教学活动的结果的设计。

第三,教学目标设计是对可预期、能切实达成的目标的活动设计,设计应具体、明确,具有可操作性。

## 二、体育教学目标的科学设计

### (一)体育教学目标设计原则

#### 1.科学性原则

体育教学应遵循体育教学规律,体育教学目标设计也应遵循体育规律、教学规律、体育教学特点等,应建立在科学学科理论基础上进行教学设计。

#### 2.系统性原则

系统论是教学设计的核心理论基础,体育教学设计过程中,必须重视体育教学系统各子系统的有机结合,以保证体育教学系统的完整性和不断发展完善。体育教学目标是由若干个具体目标组成的完整系统,具体目标之间纵横有序,层次分明,教学设计中应注意正确处理各教学目标之间的关系,为实现教学总目标服务。

#### 3.准确性原则

体育教学目标的描述应是准确的,应能正确表述目标内容,以免教学设计过程中对教学目标理解有误,导致教学目标实现过程中产生偏差。

#### 4.灵活性原则

体育教学目标的设计只是一种构想,而体育教学实际情况是复杂多变的,体育教学目标具有多元化特点,教学设计者应根据高校体育教学实际情况灵活编制,可以由师生根据体育教学实际情况灵活编制,其内容和水平可以有一定的弹性,留有调控余地。

#### 5.发展性原则

体育教学目标的设计既要着眼于现有教学实际,又要放眼未来,能为学生进入下一阶段的体育学习奠定基础,有利于促进学生的可持续发展。

### (二)体育教学目标设计程序

#### 1.分析教学对象

具体应分析体育学习者的学习需要、一般特点、起始能力和学习风格等。找出体育教学中出现的问题以及解决办法,确定学习者现状和目标之间的差距,在教学目标设计中,重视发现和分析的学习差距的弥补。

#### 2.分析教材内容

分析并确定体育教学内容的范围、深度、特点、功能,并明确各体育教学内容之间的关系,使教材内容更好地为实现教学目标服务。

#### 3.编写教学目标

一个完整的、明确的体育教学目标应包括教学对象、学生的体育行为、确定行为的条件及程度四个部分。

### 4.明确表述教学目标

教学目标设计者对体育教学目标的表述要尽可能用明确的语言,单元教学目标的陈述要尽可能的详细、具体,通过体育教学目标的设计,使学生明确要学习的内容和应该达到的水平,便于学习者互评和自评。

# 第三节  体育教学策略的设计

## 一、体育教学策略概述

### (一)教学策略

教学策略有广义和狭义之分。广义的教学策略包括体育教学活动中的所有计划和措施,不仅包括"教"的策略,还包括"学"的策略。狭义的教学策略仅仅是从教师的教学角度出发,是教师的"教"的策略的综合。

在体育教学中,教学策略是体育教师主观教学意图与想当然的教学对策,是从教学理念到教学实践的关键环节。教学策略在教学系统中的地位比较特殊,它不同于教学活动开始前的教学设计或教学方案,而是教学过程中的措施;也不同于教学手段、教学方法,后者更加具体化,教学策略的层级更高。

### (二)教学策略设计

教学策略的设计是体育教学设计的一个重要内容,通过教学策略设计,能为教师创造有特点的教学环境,以更好地促进体育教学活动的开展,有助于帮助教师顺利完成教学任务,达到良好的教学效果。

在高校体育教学中,体育教师对体育教学活动的整体协调对于各项体育教学活动的顺利开展具有非常重要的促进作用,便于教师对体育教学过程进行整体把控,能令体育教学的各个环节都最大限度地发挥教育作用。

## 二、体育教学策略的科学化设计

### (一)体育教学策略设计原则

#### 1.差异性原则

体育教学策略设计的差异性表现在两个方面。

首先,体育教学策略设计应充分考虑不同学生的个性差异所导致的学习特点对教学策略的不同适应。体育教学策略的设计是面向全体学生的,但是不可否认和忽视的一个问题是,不同的学生之间存在着个性差异。对于学生来说,其在学习过程中所表现出来的身心特点、社会性特点不同,因此,教学过程中,并非每一个学生都适合教师所设计的教学策略,这就使得教师提前设计的体育教学策略与教学实际活动的开展所产生的效果,教学适应性、学生预期反应等会出现一定的偏差。

其次,体育教学策略的差异性还表现在师生思维的差异上。在体育教学实践中经常有这样的教学情况出现,即学生无法严格按照教师的教学安排来进行体育锻炼,学生会疑惑为什么教师要这样安排教学,这实际上就是教师思维与学生感知的差异性。在体育教学策略设计中,如果教师应关注到师生之间的思维差异,就有助于师生更好地理解彼此,有助于师生的教学配合,进而实现良好的教学效果。

现代体育教育提倡"以人为本",这就要求教学策略的设计要"以人为本",重视学生的身心健康发展,在体育教学策略设计过程中应充分考虑不同学生的差异性,通过科学的教学策略设计,灵活多变地组织教学活动,以促进每一个学生在各自的原有基础上均能有所进步与发展。

2.兴趣性原则

高校体育教学中,体育教师对教学策略的设计应为教学目标的实现服务。要促进体育教学目标的实现,就必须设计能有效激发学生的学习兴趣和积极性的教学策略,使学生产生学习的欲望,增进其体育学习内驱力。

3.科学性原则

体育教学过程是一个科学的教学过程,体育教学策略的设计必须遵循体育教学规律,体现科学性,具体要求如下。

首先,在体育教学策略设计过程中,应注意体育教学内容的合理组织。教学策略设计的内容应逻辑清晰、层次分明,使高校体育教学内容的层次与学生的学习程序有机结合起来。

其次,体育教学是一个实践性较强的教学过程,在体育教学策略设计过程中,教师应注意学生的身体实践练习,在教学安排上,应能保证学生重复练习,同时,关注不断或定期地练习新学的知识和技能能够促进记忆和迁移,不断提高学生的运动能力。

4.启发性原则

体育教学策略的设计应明确阐述教学目标,并尽量展示出学生在学习结束后所应产生或完成的行为表现(事例),使学生对需要掌握的知识技能有学习的方向性。

体育教学不仅是运动技能的学习、巩固、迁移、发展,也是体育精神和素养的培育过程,整个体育教学是一个教师引导学生不断超越自我、认知自我、认识他人的过程。为了实现良好的启发性教学效果,真正促进学生的发展,教师就必须从课堂环境、价值认同及行为约束对体育教学进行设计,这是基于运动项目教学又超越运动技能传授的过程。

5.指导性原则

体育教学策略的设计应具有一定的指导作用,在学生尝试做出所要学习的行为表现时给予指导和提示。但需要特别提出的是,学生具备一定的学习基础后应适当减少这种指导性,避免学生过分依赖教师。

6.创造性原则

体育教学策略的设计应能为学生的进一步学习创造条件。重视体育教学设计的创新,不仅能有效地挖掘教学资源和提高教学效率,从而实现体育教学的低耗高效,还可以为学生创新意识和创造能力的发展营造氛围、设计空间。

对于学生来说,在体育学习过程中,新知识的学习需要旧知识作基础,新的学习任务的完成必须建立在掌握和必备一定的知识技能的基础上,教学策略要能使学生在学习中获得成功,从而为学生进一步的学习创造条件。

(二)体育教学策略设计程序

1.设计体育教学组织形式

体育教学组织形式是教师与学生为实现体育教学目标所采用的各种方式,是实施体育教学活动的关键所在,对体育教学效果有重要的影响。

体育教学组织形式主要包括班级教学组织形式(或称全班教学)、分组教学组织形式、个别教学和复式教学四种。结合教学需要选择其中一种,并就具体组织形式进行教学准备。

2.设计体育教学手段

体育教学手段设计程序如下。

第一,结合教学实际分析通过哪些教学手段可以达成教学目标。

第二,分析体育教学内容借助于什么体育教学手段,才能完成体育教学任务。

第三,根据教学对象(年龄、心理、体能基础、认知能力等)合理选择和设计教学手段。

第四,还要考虑学生的兴趣、习惯及发展、需要等因素。

第五,针对高校体育教学实际选择和创造教学手段。

第六,教学中设计和选用教学手段时,不能脱离教学实际,应符合体育教学设计的基本原则。

3.设计体育教学方法

体育教学方法设计程序如下。

第一,了解相关的体育教育教学规律。

第二,充分考虑具体的教学目标和任务,教材内容的性质和特点,学生情况,教师条件,教学条件等。

第三,分析教材内容及教学媒介。

第四,按照一定程序设计科学、合理、有效的体育教学方法。

# 第四节　体育教学媒体的设计

## 一、体育教学媒体概述

### (一)教学媒体

教学媒体,也称教育媒体,是教学的辅助性物质基础设施,教学过程中,教学媒体是师生交换信息时承载和传递信息的工具。它主要包含语言、文字、动作示范等视觉要素和记录、储存、再现符号的实体要素,如图片、模型、电视、电影、录像、电脑模拟等都属于教学媒体的范畴。

教学媒体在现代教学中具有非常重要的作用,影响广泛。

第一，影响课程与教学内容及其表现形式。

第二，影响着教师在教学过程中的作用、影响师生关系。

第三，影响着教学方法和教学策略的选用。

第四，影响着教学组织形式。

第五，影响教学的发展，先进、科学的教学媒体可以扩大教学规模、提升教学质量、增进教学效率。

### (二)体育教学媒体设计

体育教学容易让人产生体育教学就等于体育运动训练的认识误区。实际上，真正的体育教学必须以科学理论为指导，体育教学包括体育基础理论知识、体育文化知识的教学，这些内容的教学是体育教学中不可缺少的一部分，这些教学内容的教学开展需要和其他学科一样使用教学媒体。

与其他学科的教学一样，体育教学活动中，离开了教学媒体，教师与学生之间的信息交换就会中断，也就无法构成体育教学活动。

现代教学媒体为解决传统教学所存在的一些问题创造了良好的条件，推动了教学理论与实践的发展，增强了现代体育教学的教育功能，但同时也为当前教学实践，尤其是教学物质基础提出了更高的要求，这是在体育教学设计中需要重点考虑的问题。

当前，以信息技术为基础的现代教学媒体，以其前所未有的特点影响着教学实践和教学理论的广度和深度发展。信息技术在体育教学中的应用也极大地促进了现代体育的高效化。

现阶段，随着现代技术的不断发展，在现代体育教学中，技术对教学内容和方法的影响较大，进而会影响到教学设计的最终形成。当前，科技已经在体育教学中大量应用，通过利用多媒体、交互性和对刺激呈现的控制而丰富任务环境，进而对认知能力的很大范围进行研究变得更加切实可行。技术提供的新能力包括直接跟踪和支撑问题解决技能、把学生解决难题的行动过程可视化、建模和模拟复杂推理任务等。技术也使得对概念组织和学生知识结构等方面进行数据收集，使得学生参与讨论和小组项目表征成为可能。

针对上述这些明显的变化，体育教学已经从传统的课堂教学模式中走出来，信息技术促进了视频课程、网络课程的发展，针对这些新的变化，如果没有一定程度的教学设计，技术就不会在本质上自动改进教育。一些最有魅力的技术应用拓展了可以呈现的问题本质和可以被评估的知识和认知进程。

在未来，科学技术在教学中的应用将会更加明显地显现出来，这有助于教学理念在教学实践中更加准确地体现。

## 二、体育教学媒体的科学化设计

### (一)分析教材内容与学生特点

在进行体育教学之前，教师要认真研究教学大纲(课程标准)，根据体育教学目标、教学基本要求、教材体系范围与深度，明确体育教材的重点与难点及其前后的联系。此外，教师要全面了解学生的知识基础、身体健康状况、认知能力、运动能力水平等情况。对体育教材内容和学生特点进行分析,有助于教师明确教材内容的最佳展示方式,明确学生的认知特点,可以据此有针对性地选择相应的教学媒体来更好地展示教学内容、激发学生的不同感官理解与吸收教学内容。

### (二)分析教学媒体的类型与特点

不同的教学媒体具有不同的特点,适用于不同的教学内容展示与教学环境创设,在选用设计教学媒体时,应首先分析教学媒体的类型与特点,这样才能使教学媒体设计的更具针对性。

#### 1.视听教学媒体

视听教学媒体包括视觉教学媒体和听觉教学媒体两大类,二者充分利用教学活动过程中的师生不同的感官传递教学信息,在教学中各有优势。

#### 2.多媒体(CAI)教学技术

可演示各类多媒体教学课件,开展计算机辅助教学,播放教学视频,具有可嵌入度以及良好的交互性能,能使教师的教学更加形象和生动,故相比于传统的教学形式而言,教学效果更好。

#### 3.计算机网络教学

网络技术的产生促进了体育教学的虚拟化和多媒体教育网络和课程与教学网络的出现,它集文字、图形、声音、影像等为一体,能将各种不同的媒体信息有机地集成在一起,形成多媒体演播系统,具有良好的交互性能,为学生的虚拟模拟技能练习提供了便利,同时,还有助于教育资源的整合,使全校、全国、全球的教学资源实现共享,方便学生学习。此类教学有校园网互动教学、网络公开课、慕课、在线教学等。

#### 4.移动通信教学

基于移动通信技术而开展的教学,有微信公开课,基于小程序的教学等。目前,此类教学媒体在教学实践中还处于尝试阶段,其教学可行性与效果还需要进一步实验论证。

### (三)灵活应用各种教学媒体

现代教学媒体种类多样、内容丰富,在体育教学中,教师应在分析与把握不同教学媒体技术的基础上,结合教学实际,灵活运用各种教学媒体和教学媒体组合,以最大限度地发挥各教学媒体的教学信息传播作用,促进师生教学活动的顺利开展,创设良好的教学环境。

### (四)教学媒体与教学的整合

体育教学活动是开放性的活动,教学过程受多种内在和外在因素的影响,情境创设是教学设计的最重要内容之一。

不同的教学媒体在教学过程应用中具有不同的特点与优点,在创设学习情境方面具有自己的优势,但如果教学情境的设计过于牵强、泛滥,会令学生感到无趣、无效、虚假、烦琐。因此,教学媒体与体育学科教学的整合,应保证情境创设的真实性或生活性,不能单纯为了追求教学创新而应用不合适的教学媒体。

此外,在体育教学中要充分发挥不同教学媒体的教育功能与作用,必须做到教学媒体与体育教学中的"教"与"学"的活动的有机结合。一方面,教学媒体选用应支持"教"的内容的完全展示,促进教师的讲解、示范和帮助学生理解,另一方面,教学媒体的选择应用应支持"学"的特征,利用 CAL、CSCL、在线讨论、在线答疑等,利用必要的学习资源,促进师生、生生交流,通过各种教学工具和学习工具完成知识建构。

# 第五节　体育教学过程的设计

## 一、体育教学过程概述

### (一)体育教学过程

教学过程,具体来说是教师根据一定社会要求和学生特点,指导学生有目的、有计划地掌握学科知识和技能,实现身心全面发展的过程。

体育教学过程含义如下。

第一,体育教学过程是体育教师的"教"和学生的"学"组成的双边活动过程。

第二,体育教学过程是一个动态过程,体育教学过程会受到各种内在与外在、主观与客观因素的影响。

第三,体育教学过程是师生以身体练习为重要媒介的交往实践过程。

### (二)体育教学过程设计

体育教学过程设计就是按照现代系统论的观点,把体育教学各环节的设计进行优化组合,它为最佳体育教学完整方案提供了思路。

在现代体育教学中,一般来说,体育教学设计对教学过程的表述是采用类似于计算机流程图的形式进行的。这种方式能直观展示整个体育课堂活动中各个要素之间的关系、比重;教师可以根据学习者的不同反应做出相应的教学处理,灵活性大,目的性强。

## 二、体育教学过程的科学化设计

### (一)体育教学过程的设计原则

#### 1.主导性原则

整个体育教学过程中,体育教师起着主导作用。传统的体育教学过程中,体育教师的主要任务是通过讲解传授知识。随着现代科学技术在课堂教学中的应用以及课堂教学改革的不断深入,教师的作用除了进行信息编码、讲解内容之外,最关键的是要在课堂教学中起主导作用,教师在体育教学过程中不是单纯灌输知识,而是重视对学生的正确、合理引导,引导学生掌握知识内容。

#### 2.主体性原则

学生是体育教学的教学主体,在体育教中发挥着十分重要的作用。对于体育教学来说,在教学中应充分尊重学生,结合学生的特点来安排具体的教学内容、教学方法、教学媒体,整个教学过程安排应符合学生的认知规律和学习特征。

在体育教学过程中,教师应注重学生的学习兴趣的激发,通过合理的教学安排充分发挥学生的学习积极性,让他们有更多的课堂参与机会,促进师生有效沟通交流,使他们不仅"学会",更重要的是"会学"。

### 3. 规律性原则

体育教学过程设计的规律性原则,简单来说,就是体育教学过程设计应符合体育教学的一般规律。

体育教学,应遵循体育规律、教学规律、学生认知规律等,在这些规律科学指导的基础上合理安排教学过程。体育教学中学生是教学的主体,教学过程应尊重学生的学习认知规律,以此为例,学习理论是心理学家探讨学习规律、特征的理论,对教育者了解教学过程中学习者的特点与过程发展具有重要的指导作用。在设计体育教学过程中,只有符合学生特有的认知要求,才能获得有效的教学效果。

### 4. 方法性原则

体育教学过程设计的方法性原则要求体育教学过程设计应重视体育教学方法的科学安排,关注不同的体育教学方法的选用所产生的不同的教学效果。因此在教学过程的设计过程中应有选择地对体育教学方法进行取舍,选取最适合教学内容表达、更容易被学生接受和激发学生兴趣的教学方法,如此才能充分发挥相应的体育教学方法的教学促进作用,也才能促进各个体育教学活动环节的顺利开展,实现良好的体育教学效果。

此外,设计体育教学过程,应考虑整个教学系统构成,应该结合体育学科特点和学习内容、教学目标、学生的特点及选用媒体的特点选择相应体育教学方法。

### 5. 媒体优化原则

体育教学媒体合理、科学应用对体育教学过程的顺利开展和良好体育教学效果的实现具有非常重要的作用,是体育教学中非常明确的一点,体育教师在设计教学的过程中,应注意体育教学媒体的使用及其优化。

在现代化体育教学实践中,任何一种体育教学媒体都不足以支撑整个体育教学过程,体育教学媒体的运用要考虑各种媒体的优化组合。不同的体育教学媒体在体育教学中发挥着不同的作用,彼此之间可实现功能互补,就像人体各部分器官虽然分工明确,各司其职,同时又是为一个整体(身体——教学)服务,教学媒体系统功能的充分发挥也是通过多种媒体组合后形成的优化结构来实现的。在体育教学过程设计中,应灵活运用各教学媒体,使各教学媒体各施所长,互为补充,相辅相成,共同促进整个体育教学过程的优化,促使教师和学生都能顺利完成"教"的任务和"学"的任务。

### (二)体育教学过程设计的表现形式

目前在体育教学中,对体育教学过程的设计主要有以下三种表现形式。

### 1. 练习型

整个体育教学过程以学生的身体练习为主。教学中,运用教师示范和教学媒体的内容展示,为学生提供运动动作的路线、结构、动作要领等,帮助学生理解具体的技术动作,并通过真实的学生身体练习,发现问题——纠正——再练习,最后对学生的动作技术掌握进行评价并指出改进意见和建议。

### 2.示范型

示范教学法同样是以身体活动为主要形式的教学过程设计与组织,在运动类的体育教材内容中,示范是体育教学过程设计的必要手段和重要途径。

与重在"练习"的教学过程不同的是,示范型体育教学过程设计在"示范"上花费的时间和精力是非常多的,这种教学过程设计通常用于复杂的体育运动技能的学习的前一次课中。

### 3.探究型

探究发现型主要适用于在体育教学中组织学生观察、思考,探究原因,寻找规律等,如某次体育教学课的主要教学任务是某一动作技能的结构或原理的认知、理解、掌握,通过对教学过程中的"探究"设计,可有效激发学生学习的主动性,培养学生发现问题、探究问题、解决问题的能力。

# 第六章

# 高校体育课堂教学技能训练探究

# 第一节　教学内容编制技能训练探究

教学内容编制技能是指为实现体育教学目标,在体育教学理论知识的指导下,通过不断练习而形成的熟练编排和制定体育教学内容的行为方式。随着课程改革的不断推进和新课标的实施,教学内容编制技能显得尤为重要。为了更好地实现体育教学目标,完成体育教学任务,必须掌握体育教学内容编制技能。教学内容编制技能包括教学内容选择技能、教学内容改编技能、教学内容安排技能等。

## 一、教学内容编制技能概述

体育与健康课程的改革,为学校体育带来了新的理念,给体育教学内容编制提出了新的要求。三级课程管理体制的改革中,教师在某种程度上成为教学内容的设计者和决定者。体育教学内容在很大程度上需要体育教师自己做出决定,对体育课教学内容的设计则成了每个体育教师必须思考的一项基本工作。

（一）教学内容编制技能的作用

1. 有利于熟知体育教学内容

体育教学内容是以体育教育为目的,以身体练习、运动技能学习和教学比赛等为形式,经过组织加工后可以在教学环境下进行的内容的总称。体育教学内容的种类多、素材广,不同教学内容之间存在较大差异,在选择和安排上存在一定难度。为解决这些问题,只有在熟悉体育教学内容的基础上才能进行,了解体育教学内容是编制体育教学内容的前提。掌握教学内容编制技能也是对体育教学内容再认识的过程,只教不编,对教学内容很难深入理解掌握,更谈不上灵活恰当运用。

2. 有利于了解体育教学内容的作用

熟练掌握教学内容编制技能,有利于深入了解不同教学内容的功用和效能,明晰体育教学内容的作用,从而做出价值性选择。虽说教学内容具有一项多用的特征,但不同教学内容的主要作用、特征还是有所区别,有的甚至大相径庭,在体育教学内容编制时必须加以甄别。

3. 有利于合理选择体育教学内容

体育教学内容的种类繁多,演变来源各异,奥运会项目就有 100 多项。这些项目大都可以作为体育教学内容,从民族传统体育来看,上千个扎根于民间的体育项目大都可以成为体育教学内容,还有近几年涌现的新兴体育项目。如何在众多的体育教学内容中,选择恰当的教学内容进行授课是对当代体育教师的一大挑战,也是教学内容编制技能中的一项重要教学技能。

4. 有利于熟练进行教学设计

体育教学设计是应用系统科学方法分析和研究体育教学问题,解决体育教学问题的方法和步骤,并对体育教学结果做出评价的一种计划过程与操作程序。掌握教学内容编制技能对于熟练分析体育教学内容,恰当编排体育教学的顺序,制定合理的体育教学计划,科学系统的对体育教学进行设计具有十分重要的意义。从某种角度来讲,教学内容编制技能越强,教学设计技艺越高超。

5.有利于体育教学内容资源的开发

在体育实践教学中,由于体育教学过程中的环境以及学生等不确定因素繁多,体育教师要因时、因地、因学生情况及时变换内容,采用改造、整合、拓展等改编方法开发体育教学内容,以适用教学需要。因此教学内容编制技能的形成,尤其是教学内容改编技能的掌握能够更好地开发教学内容资源。

(二)教学内容编制技能的特征

1.逻辑性

教学内容编制技能不同于其他4项体育教学技能,一般是在课前进行的,是备课的重要环节。虽然运动项目有时可以"一项多能",有时可以"多能一项",加之其本身的学科交叉较多,但是其内在的逻辑性较强。从体育学科角度看,大都强调由动作结构、动作方法到动作要领、动作关键;从认知角度来看,主要强调的是从基本知识、基本技术到形成技能的逻辑;从学习过程角度来看,主要重视由易到难,由低到高、由简到繁的逻辑;从心理过程角度来看,常常关注感觉、表象、思维、分析和运用这样的逻辑。从不同的角度出发编制体育教学内容,其内在逻辑不同,但不能说体育教学内容编制无逻辑而言。在教学内容编制时应选择一个主要逻辑,然后再考虑其他次要逻辑。

2.时代性

教学内容不是一成不变的,它随时代的变迁而变化,教育理念也在不断更新,学生对于体育教学的需求也在增加。体育教师只有紧跟时代的步伐,不断更新自己的知识水平,才能满足现代学生、社会的需要。众多新兴体育教学内容及运动项目的出现,为现代体育增添了不少光彩,但同时向体育教师提出了严峻的挑战。编制既符合教育教学指导思想要求,又要兼顾学生身心特征和兴趣爱好的教学内容,是体育教师教学内容编制技能时代性的体现。

3.知识性

教学内容编制技能不同于其他技能,对于理论知识的掌握及教学内容的表达水平要求相对较高。在进行教学内容的编制时,无论是教育学和心理学的理论知识,还是体育学中的技能发展规律等知识,都为体育教学内容编制技能提供了理论指导。编制体育教学内容,不仅要注意教学内容知识的表达用语,还要注意知识表达的层次性和逻辑性。那种词不达意、混乱拼凑、照抄照搬的教学内容,离编制要求甚远,难以体现知识体系的科学性。

4.艺术性

教学内容编制是一门艺术,内容新颖多样、结构完整严谨是教学内容编制技能艺术性的体现。编制合理的教学内容可以使教学产生事半功倍的效果,让学生轻松、愉快地掌握知识、技术,成为运动技能,增强体质,培养适应社会发展的新人。熟练掌握教学内容编制技能可以使教学构思更为巧妙,教学设计更为精细,教学过程更具艺术性。

5.系统性

教学内容既不是支离破碎,也不是漫无边际的,而是相互密切联系的系统性内容。选择和改编体育教学内容都有目的性,其内容范畴和相互关系具有确定性和层次性,教学内容的连贯衔接就是其具体体现。教学内容编制的技能本身也有系统性要求,其选择、改编、安排三个子类技能之间有着相互联系、相互制约的关系。

### 6.前置性

体育教学内容编制是教学实施的前提和基础。体育教学工作应在教学工作计划设计后开展,而教学内容编制是教学工作计划制定中的工作内容。无论是学年、水平,还是学期、单元、课时教学计划,教学内容都是重要内容。只有将教学计划中的教学内容编制好,才能为活动组织、学习指导、保护帮助、负荷调控的顺利进行奠定基础。可以说,掌握体育教学内容编制技能是实现教学目标的前提基础,只有在掌握了体育教学内容编制技能的前提下,其他教学技能才能更好地展现。

### 7.针对性

体育教学内容的编制是在既定教学目标的要求下确定的内容,而不是按照教师的意愿随意确定教学内容。无论是编制内容还是编制对象,都是相互对应的,针对性较强。目标成摆设,内容成常规,就违背了教学内容编制的要求。掌握了教学内容编制技能,应编制出有利于完成教学目标,有利于提高教学效果的教学内容。

## (三)教学内容编制技能的内容

教学内容编制技能由教学内容选择技能、教学内容改编技能和教学内容安排技能组成。选择恰当的内容,改编适用于学生和学校情况的内容,有步骤、有计划地安排教学内容,将会有效提高教学质量。三种技能相辅相成,缺一不可。

### 1.教学内容选择技能

教学内容选择技能是教师为实现体育教学目标,在熟悉教学内容的基础上,对教学内容进行有目的筛选的行为方式。形成教学内容选择技能之前,熟知体育教学内容的分类和选择依据非常重要。

体育教学内容的分类有很多,依据不同的分类标准,有不同的分类方法。依据体育教学内容的属性可以分为知识性分类、动作性分类和运动项目分类三种。

(1)教学内容的分类

体育教学中根据运动项群来分类可以清楚地表明教师对教学的具体要求。

体育教学内容素材广、种类多。灵活熟练地运用教学内容选择技能,掌握教学内容的分类,才会不断提高教学效果。掌握教学内容的分类有利于学习与理解教学内容,形成更为科学的教学体系,理清教学内容间的逻辑关系;掌握教学内容有利于教师使用教学内容,科学选择教学内容;有利于教学内容的创新,丰富教学内容。

(2)教学内容选择的依据

教学内容的选择并不是随心所欲的,而是要在明确层次的基础上,有依据地选择。一般而言,选择依据包括课程标准教学目标、教师与学生、教学环境、社会与生活等。

### 2.教学内容改编技能

教学内容改编技能是教师为实现体育教学目标,对已选择的教学内容进行改制的一种行为方式。教学内容改编技能包括改编的内容、方式和注意事项。根据实际情况,在选择了教学内容后,对教学内容进行改编就需要具备一定的教学内容改编技能。教学内容改编技能要求充分发挥教师的主动性和创造力,在分析场地、器材、学情等对教学内容进行改制的基础上,丰富教学内容,活跃教学气氛,更有效地实现教学目标。

(1)改编的内容

第一,民族、民间传统体育项目的改编。民族、民间传统体育项目是我国的特色文化,对于弘扬民族文化,振奋民族精神,促进民族体育文化的发展和加强民族团结,促进交流等方面具有重要作用。有学者将这些传统体育项目引入学校,按身体锻炼价值和功能特征归纳为三大类:嬉戏娱乐类、竞赛表演类、节庆习俗类。嬉戏娱乐类教学内容是以娱乐消遣为主,使学生在玩乐中体验运动快乐,达到身心愉悦、调节情绪的目的。这些内容在学校体育中主要是以游戏的形式出现,例如,苗族的走竹竿,壮族的投绣球,布朗族传布朗球等,民间传统体育项目有跳皮筋、斗鸡、呼啦圈等。将走竹竿中的器械简单变换,就可以成为一种新的体育项目,还有投绣球可以改编成丢沙包,布朗族的传布朗球可以改编成传手帕等。竞赛表演类教学内容是用丈量、计时、计分等方法分出胜负,有一定的规则要求,对抗性和观赏性较强,其中一些也有游戏的成分。如藏族的抱石头,蒙古族的搏克,维吾尔族的叼羊等,民间项目有骑马打仗、打垒球等。节庆习俗类教学内容与生活息息相关,文化底蕴深厚,活动形式多样,例如,瑶族"游泳节"游泳,东乡族"花儿会"、摔跤、拔河,壮族喜庆节日跳灯,藏族"插箭节"登高,藏历年射箭、拔河等。有些运动项目不适合在体育课堂教学中应用,如果对其进行适当的、因地制宜的改编,可成为既富有民俗特色,又适合体育教学的项目。

第二,现有运动项目的改造。对现有运动项目改造的方法无外乎降难、升易、改变规则或器械等。例如,竞技体育要融入学校体育当中,就需要降难,将竞技性强、规则要求复杂、难度大的竞技运动项目改编成学生乐学的教学内容。教师根据学生特征以及场地等情况灵活改编竞技运动项目,或者更改规则与运动条件,让学生易于接受。休闲娱乐类运动项目的改造同样如此,教师可以改变规则,增加难度。

第三,新兴时尚运动项目的开发。新兴时尚运动的开发丰富了体育教学内容,而且深受学生喜欢。例如,登山、野营、攀岩、速降等,必须注意安全教育和实操性。也可以利用网络资源等开发新兴的体育运动项目。"撕名牌"这个娱乐节目不仅在网络上收视率高,在现实生活中也同样深受青少年的喜爱。可以将这个项目引用到体育教学中,结合体能训练或者中长跑教学等,将原本枯燥乏味的体能训练和中长跑改造成学生乐于接受的"撕名牌"游戏,使教学变得更轻松有趣,也可以充分调动学生的积极性。通过对这些项目的开发,将学生追求的时尚项目改编为健康积极、参与性强、具有教育意义的教学内容,是体育教师应该具备的一项基本技能。

(2)改编的方式

改造法是改编的主要方式,在运用改造法对现有运动项目进行改造时,运用的条件和方式不同。

由于时间的限制或者动作技术结构的重复性,可以适当简化动作,通过删减动作数量来改造原有的技术,这种改编方式易于学生接受,也比较简单;通过降低难度或者增加难度来改编的方法,将使用器械的练习改为徒手练习,或者徒手练习改为使用器械练习,是运用增减负荷的形式来改编;修改游戏或者比赛规则来改编教学内容,增加了教学的灵活性,便于学生接受;将陆地项目移植到水中,如水中瑜伽或者水球等项目,增强了项目的趣味性;改变人员的组成或者练习的路线等,有利于学生掌握动作技术,如"三向五米折返跑"不仅锻炼了学生的反应速度,同时增强了他们的灵敏性;利用限制的方式,如将单人跑改为"两人三足",双脚跳改为"袋鼠跳"等,限制运动的方式,增强团队合作能力;利用夸张的方式处理道具,使学生便于理解。

(3)改编的注意事项

第一,根据体育教学目标、学生需求和运动项目特征而改编。改造运动项目必须依据体育教学目标、学生需求和项目的特征。首先,在学校实际条件允许的情况下,在体育教学目标的指导下,尽可能兼顾学生的需求,对运动项目进行改编;其次,对于现在一些枯燥、乏味、难度较大的运动项目,也要根据项目特征对运动项目进行改造,不能脱离实际、胡编乱造。

第二,尊重民族特色,因地制宜改编民俗传统运动项目。首先,民族、民间传统体育项目具有浓厚的民族特色,在沿用这种传统体育项目时特别需要注意的就是尊重民族风俗习惯,不能有歧视或者打击民族风俗习惯的行为;其次,根据地域特征,开展适宜的传统体育运动项目,对不合适的民俗传统运动项目进行改编,以适应学生身心健康发展的需要;最后,在进行设计传统体育项目时一定要考虑安全教育问题,结合场地、天气等因素合理改编传统体育运动项目。

第三,关注体育时事动态,开发新兴时尚运动项目。在进行新兴时尚运动项目的开发时,也要有选择性。首先,大多数学生喜欢的新兴体育运动项目,参与程度高,也易引起学生的兴趣;其次,紧跟时代的步伐,大部分的学生自主性较弱,从众心理较强,教师应多关注时事,了解体育运动项目的最新动态,了解学生讨论的热点。

3.教学内容安排技能

教学内容安排技能是为实现体育教学目标,根据教学内容编制依据,对教学内容进行排列的一种行为方式。内容包括教学内容安排的原则和教学内容的安排层次与方式。教学内容安排技能是在选择了教学内容,并对已选择的教学内容进行改编的基础上对教学内容进行安排的,教学内容安排是否合理,直接影响每阶段教学内容间衔接的连贯性,了解教学内容安排原则是极其重要的。

(1)教学内容安排的原则

第一,可接受原则。教学内容是根据课程标准和学生身心发展规律以及技能形成规律等制定的。在安排相关体育教学内容时,要结合学生的身心发展规律,在他们的能力范围内,布置可接受的体育教学内容。例如,将难度较大的教学内容分解,以逐级增加难度的方式排列,使学生在逐步提高技能水平的前提下,逐渐掌握更高难度的运动项目。

第二,巩固提高原则。巩固之前所学内容是对前面知识的复习与检验,让学生更牢固地记住前面所学知识;在巩固的基础上增加所学内容的难度,提高学生能力,才是教学的目的。

在安排教学内容时,要根据教学的连贯性,使学生按照一定的客观规律,先巩固后提高,而不能只巩固前面所学内容,停滞不前,也不能一味地增加难度,拔苗助长,只有将巩固与提高相结合,才能使学生技能学习效果最大化。

第三,健康发展原则。以学生健康发展为中心,科学有效地安排教学时间,避免出现运动损伤等事故,是体育教学安排要遵循的重要原则之一,也是学校体育的首要准则。为了增强学生身体素质,培养学生的道德和意志品质,促进学生的身心健康,体育教学内容的安排必须以此为原则。

第四,因地制宜原则。体育教学内容绝不是随意安排的,需要综合考虑多方面因素。要根据学校所处地区特征及学校特色等多因素安排教学内容,让学生在有限的条件下,尽可能多地获取更多知识。这就要求根据当时情境,配合以场地的布置和器材的摆放,因地、因时制宜,有效合理地安排教学内容。

(2)体育教学内容的安排

第一,体育教学内容安排类型。按照教学内容不同类别与等级的层次,可以分为教材与参考书、教学计划、课堂学习内容;按照教学内容组织者及其制定者,可以分为国家与学校、专家与研究院、体育教师与学生;按照教学内容在不同层面的作用类型,可以分为宏观指导、具体指导、实践操作;按照教学内容的要求类别,可以分为必学内容、选学内容、介绍内容;按照技术与技能的发展,可以分为接触与感受、体会与认知,掌握、熟练、发展。

根据课程标准和不同教学内容的安排类型,能使教学更清晰。通过熟练运用教学内容安排技能,使体育教师更了解教学内容的出发点,更明确重、难点,从而提高教学效率。虽然教学内容类型很多,本书主要是针对教学计划中教学内容的编制。

第二,体育教学内容排列方式。体育教学内容排列方式主要有直线式排列、螺旋式排列和"混合型排列"。直线式排列是指已教授过的教材基本上不再重复排列;螺旋式排列是指同类教材在各年级反复出现,但逐年提高要求的排列。

体育教学内容排列的问题离不开体育教学内容层次。据此,有学者提出了"循环周期"的观点,并就"循环周期"将除体育知识外的体育教学内容分为"精教类"教学内容,归为充实螺旋式;"简教类"教学内容,归为充实直线式;"介绍类"教学内容,归为单薄直线式;"锻炼类"教学内容,归为单薄螺旋式。例如,田径项目在不同的学段,教学内容和教学要求均不同。

## 二、教学内容编制技能训练的过程与要求

体育教学内容题材丰富,影响因素较多,编制体育教学内容存在一定的难度。既有来自教学目标、教学内容选编方面的影响因素,又有来自学生特征和客观条件方面的影响因素。在诸多因素影响下,如何对教学内容进行选择、改编与安排显得尤为重要。本节主要介绍了体育教学内容编制技能训练的过程和要求,这对于掌握和运用教学编制技能具有极其重要的意义。

## (一)教学内容编制技能训练的过程

教学内容编制技能训练的过程包括确定教学目标、编制教学内容、教学内容编制的评价与反馈。教学目标确定内容编制的方向;教学内容的编制由选择、改编和安排相辅相成;教学内容编制的评价与反馈可以检验所编制的教学内容是否合理有效。

### 1.确定教学目标

确定教学目标是教学内容编制技能训练的起点,只有学会如何确定教学目标,才能准确把握教学内容的方向和细则,初步形成教学内容编制技能。体育教学目标是总目标,由水平教学目标、学年教学目标、学期教学目标、单元教学目标和课时教学目标构成,是体育教学预期达到的最终结果,起着引领内容的作用。不同水平段、学年、学期、单元或者课时,教学目标也不同,应该掌握教育学、心理学和生理学等方面的知识,根据学生身心发展规律,依据新课标要求,科学合理地确定教学目标。

### 2.编制教学内容

编制教学内容的训练包括教学内容的选择、改编和安排。教学内容选择技能的训练要尽可能多地涉猎不同运动项目,翔实了解运动项目的特征、规律和技术规格等详细信息,结合学生的身心特征,有针对性、有目的性地进行筛选;教学内容改编技能的训练要在选择技能的基础上,运用多学科、跨学科的知识,将不同运动项目的规则、器材、场地等混合搭配,富有创新意识的同时,也必须合情合理;教学内容安排技能的训练要与教学实际相结合,把握全局的同时兼顾细节,既要统筹水平、年级、学期的长期教学内容,又要考虑单元、课时的短期教学内容的统整与搭配,符合学生身心成长和认知规律。

### 3.教学内容编制的评价与反馈

评价编制的教学内容分为两部分,一部分是通过专家、同行进行评价。有关体育教学方面的专家一般都是经过多年研究体育教学,有了一定的知识积累,在某个领域有自己独到的见解,他们的意见可以为教学内容编制增添光彩。同行指教学一线的体育教师,他们直接接触学生,通过课堂教学能够获得直接教学经验,对于教学内容编制提供实践经验;另一部分是通过学生评价,经过学习实践评价教学内容。学生是体育教学内容的体验者,他们对于体育教学内容的适应程度直接反映了教学内容的合理程度。

体育教学内容编制训练必须经过几轮的反馈调节,根据专家、同行的意见以及学生的反应做出恰当的判断,然后再进行教学内容的调整,如此循环反复才能不断提高编制教学内容的效果,形成体育教学内容编制技能。

## (二)教学内容编制技能训练的要求

### 1.紧扣教学目标,合理编制教学内容

新的《体育与健康课程标准》提出了课程的总目标和具体目标,构建了本门课程学习的目标体系,而对完成课程目标所必需的教学内容只是给出了一个大致范围,为教学内容和方法的选择留出足够的空间。在进行教学内容编制训练时,要把握"目标统领内容"的要义。时刻紧扣教学目标,不能偏离。

合理编制教学内容必须重视其内在的逻辑性。教学内容内部不是毫无章法的,这种内

在的逻辑联系要求在进行教学内容编制训练时,考虑方方面面的关系。教学内容的编制训练离不开对教学目标的理解和把握。无论是从整体到部分、一般到个别都需要结合教学目标实现教学内容的编制;选择教学内容时要依据课程标准与教材、各阶段目标、教师与学生、教学环境、社会与生活;再根据现有的资源进行改编,最后遵循由低到高、由易到难、由简到繁等规律安排教学内容。在进行教学内容编制技能训练时要遵循教学内容的逻辑性,合理编制教学内容。

### 2.结合学生身心特征,科学选择教学内容

体育教学内容的选择是为了更好地将前人的经验技能传授给学生,让学生掌握锻炼身体的方法,提高生活情趣,学会思考,培养艰苦奋斗的意志品质。教学内容的筛选不仅要结合学生的心理特征,也要兼顾教学技能的形成规律。体育学科不同于其他学科,它的基本手段是身体练习,更加注重人体的感知技能和操作技能。在感知技能的形成过程中经历了选择适应阶段、理解加工阶段和巩固成长阶段;在操作技能的形成过程中经历了定向阶段、模仿阶段、联合阶段和自动化阶段,在编制教学内容时结合学生身心特征,能使教学内容发挥促进感知技能和操作技能最大限度的发展。

### 3.利用已有经验,改编现有教学内容

经过多年的体育教学理论学习及实践,大多数教育者都具备了一定的教学经验和理念,对于体育教学实践具有宝贵的借鉴价值。随着时代的发展,许多教学内容不再适合当地的教学环境,应将现有的教学内容进行改编和整合,使教学内容生活化和现代化。许多新运动项目和游戏的出现,正是体育教学内容改编技能的运用。例如,将传统的中长跑教学改成八卦阵跑,增加学生学习兴趣,增强教学趣味性,让学生乐于锻炼,提高了教学效果。

不仅如此,还有利用环境、器械、规则等的变动来改编教学内容,从而使教学内容更符合教学和时代的要求。没有足球场的学校将篮球场利用起来,改编成迷你足球;跳高项目,将横杆换成橡皮筋,减少了学生的恐惧心理,同时降低了学习难度;篮球比赛中以每队的投篮命中率、传球率和配合程度等来判定输赢等。这些都是体育教师利用已有经验,改变现有教学内容的典型事例。在日常的学习生活和教学实践中,总结经验教训、反思过程效果,是形成教学内容改变技能的重要手段。

### 4.灵活运用编制方法,有效安排教学内容

教学内容编制技能训练必须灵活运用编制方法,在选择和改编的基础上合理安排,使教学内容"活"起来。灵活运用编制方法体现在不拘泥形式、破旧立新,大胆选用民俗、民族和新兴运动项目,敢于尝试改造固有的教学内容,在安排教学内容时混合搭配、不拘一格。

合理有效地安排教学内容,能起到事半功倍的效果。教学内容安排技能训练要求,将具有新旧、难易、繁简等不同特色的教学内容科学搭配,既重视教学内容之间的相互协同,又注重其内部规律和逻辑性;既重视整体布局,又注重细节设计。例如,在安排学期计划时,既要考虑新课标、教材和水平的全局目标及教学内容编排,又要细化到单元、课时的教学内容分配,使整体的教学内容合理地分派到单元和课时中,有的放矢地完成课时教学内容,达成学期教学目标。

5.注重反馈与调节,整体评价编制的教学内容

教学内容编制是一个反复修改的过程,仅根据以往经验或者参照他人个案而完成的教学内容编制具有片面性。将编制完成的教学内容通过集体备课或者微格教学等教学手段,让其他体育教师或者专家进行品评,然后反馈意见,提出建议,调整教学内容,再次对教学内容进行编制,才会收到较好的效果。通过试教的形式,即经过教学技能大赛观看学生的反应,考察教学效果,也是对于教学内容编制的一种评价和反馈,只有不断地修改编制教学内容,效果才会越来越好。

对于教学内容的评价是多方面的,不仅要看目标达成程度,还要看是否符合学生的身心发展规律,是否具有教学意义和锻炼价值,是否结合生活与时代的发展等。只有对教学内容编制进行整体评价,才更有利于教学内容编制技能的提高。

# 第二节　学习指导技能训练探究

学习指导技能是依据体育课教学活动分类所要求的体育教学技能之一,主要是指体育教师根据体育教学的目标与要求,有针对性地进行系统、合理指导学生的教学行为,目的是提高学习效率,激发学习动机。在体育教学中,学习指导是体育教师完成教学指导任务的重要手段与技巧,同时是教学活动的重要组成部分,是体育教师必备技能之一。

通过本节学习,将了解学习指导技能在体育教学中的优势作用与特征,懂得体育教学学习指导技能的应用范围,明确学习指导技能在体育教学中的重要地位,掌握内容讲解、问题引导、活动提示、身体示范、媒介展示和效果评价等学习指导技能在教学实践中的运用。

## 一、学习指导技能概述

体育教学的学习指导技能是教师根据体育教学内容特征和学生学习需要,在一定的教学规则下,有计划、有技巧、有步骤地顺利完成对学生学习指导的行为方式。学习指导技能主要包括:内容讲解、活动提示、问题导引、身体示范、媒体展示和效果评价等多种技能。体育教学学习指导技能的合理运用,能有效促进学生学习动机的激发与培养、主导课程的进程、发现与解决学习中存在的问题、促进师生的互动、提高课堂的教学效率。

(一)学习指导技能作用

1.有利于培养和激发学习动机

学习动机的培养和激发是多种因素共同作用的结果,其中教师的学习指导技能是重要因素之一。教师根据教学内容的特征以及学生的身心特征,选择合适的指导方法,往往可以有效提高学生的积极性,使学生在学习过程中保持高度自觉的能动状态。学习指导技能对于学习动机的激发主要表现在两个方面:首先,有利于原有学习动机的迁移,如根据教学内容的特征,采用合理的导入方式,可以提高学生的学习积极性,从而产生深层次学习的需要。其次,有利于学习自觉性的形成,建立深入学习的动机。教师可以因人而异地安排体育教学内容的学习指导方向,根据学生的特征引导教学活动的开展,进一步激发学生的学习兴趣与

热情。

### 2.有利于主导课程进程

课程进度需要多种因素共同推进,课堂教学是主要因素之一,而课堂教学的推进离不开学习指导技能的合理运用。在课堂教学中,通过合理的内容讲解、问题引导、活动提示、身体示范等多种学习指导技能,传授知识与技术,使学生快速掌握所要学习的内容,这样不仅可以提高课堂的教学质量,还能按照既有课程进度计划,不断推进体育教学。体育教学的学习指导技能会直接影响到课程的进程,强化体育教学所需要的各项基本技能的学习有利于主导课程的进程。

### 3.有利于发现和解决学习中存在的问题

体育是一种身体实践的过程,教学过程必然有其特殊性,不同的教学内容的特征又有所差异,这就对教师发现和解决学习中存在的问题的能力提出了更高的要求。教师在教学过程中会遇到各种各样的问题,如学生不能掌握所教授内容等,良好的学习指导技能可以使教师迅速发现这些问题,并从学习指导的角度找到解决方法。体育教师应在掌握运动生理学、运动训练学、人体解剖学、运动心理学和学校体育学等专业学科扎实理论与实践基础上,总结、提炼出适合当前学校体育教学所需要的学习教学技能,以便更快、更准确地发现并帮助学生解决学习中碰到的问题。

### 4.有利于促进师生互动,提高课堂教学效率

教学是一个师生双方思想、情感和知识的交流互动过程,而且这种良好的师生互动可以有效提高课堂的教学效率。体育技术动作学习与其他知识相比有其独特性,在掌握的过程中学生除了受到身体素质等因素的影响外,心理因素也会对技能的学习产生深刻的影响,通过选择科学合理的学习指导方法,增加师生之间互动,可以在一定程度上消弭这些因素,从而激发学生的学习动机,提高课堂教学效率。

### 5.有利于课堂效果的及时评价反馈

课堂效果的评价反馈既是提高课堂时效的有效途径,也是推动教师及时修正教学方式、提高教学效率的有效手段。对于课堂中学生学习的动机、态度、效果,需要教师利用不同的指导技能去测试对比,从而选择出最能提升课堂效果的指导方法。教师在运用不同的学习指导技能时就是一个课堂信息的反馈过程,同时是教学课堂效果的反馈过程。在评价反馈中,科学的学习指导技能对反馈时机、评价方式等都会产生积极的影响。

## (二)体育教学学习指导技能特征

### 1.目的性

体育教学技能的运用是有目的的,体育课程的教学与学习也是一个有明确教学目标指导的过程,在达成教学目标的过程中,体育教师需要根据课堂教学目标、教学内容、学生身心特征等,科学合理地运用学习指导技能,明确不同教学环节与整个教学计划之间的联系,有目的地选择使用利于教学计划完成的学习指导技能。

### 2.针对性

学习指导技能包含内容讲解、问题引导、活动提示、身体示范等多种技能,每一种技能在

课堂教学中都会表现出不同的效用。教师在进行学习指导时,应根据自身经验,针对学生的课堂表现,有针对性地进行指导。此外,体育教学一般是依托体育项目开展的,而不同项目之间有着不同的项目特征和学习规律。在运用教学技能时,必须根据不同教学内容的特征和学习规律,针对不同的教学目标、重点、难点有针对性地选择合适的学习指导技能,从而最大限度地提高课堂教学效率。

3. 差异性

学习指导技能的差异性主要来源于两个方面:一方面是教学内容的差异性以及学生个体的差异性会促使体育教师选择不同的学习指导方法;另一方面,教师知识结构的不同又会导致对体育教学内容、教学过程等的理解有所差异,这种差异是被允许的而且是教学创新的起点。从这两个方面讲,差异性是学习指导技能的基本特征之一。

4. 经验性

经验是指在实践中获得的知识或技能,体育教学学习指导技能是教师通过初期学习后,在长期的教学实践中得到锤炼和提升的技能。在实际的教学中,同样的技术动作在经验丰富的老教师与年轻教师的课程中可以产生完全不同的教学效果,造成这种差异的原因之一就是学习指导技能的不同。体育教师需要经过长期的教学积累与总结,把握好所涉及的教学项目的技术要点、技术细节等,从而运用合理的学习指导技能指导学生学习。

5. 直观性

体育学理论与技能的学习都必须以人体完成运动技术动作为基础,教与学都具有很强的直观性,在体育教育过程中,单个运动技术的完成,技术与技术之间的连贯、流畅都需要直观的体现。在体育教学过程中教师要善于利用直观的教学手段引导学生感知的形成,如示范讲解法、多媒体的运用等,都体现了学习指导技能的直观性。

6. 有效性

让学生掌握所学内容,完成教学目标是学习指导技能运用的最终目的,也是选择学习指导技能的基本要求。针对不同的教学内容,教师可以选择运用不同的学习指导技能,也就是说能够完成教学目标,取得良好的课堂效果。学习指导技能必须是有效的,这是作为技能的内在要求。

(三)体育教学学习指导技能内容

学习指导是针对学生整个学习过程的,在体育教学过程中,针对每个部分教学内容、性质和特征的不同需要运用不同的学习指导技能,主要包括以下内容。

1. 内容讲解技能

体育教学活动中最重要、最常用的工具之一就是内容的讲解,教师利用语言这一工具,不但可以正确有效地把知识(信息)传递给学生,初步帮助学生建立动作表象,让学生知道要学习什么,该怎么学,最大限度地调动学生学习的主动性,而且还可以充分发挥教师个人的创造性。体育教师运用讲解分析描绘出来的动作图像将会在学生的脑中形成初步的印象,这种印象将会在学生后续的技术学习中引导学生完成技术联系,从而为整个技术动作的掌握奠定基础,这也是内容讲解技能的重点和所要达到的目的。内容讲解技能不但要求教师对教学内容进行深刻的理解与认识,更是展现教师教学能力的关键技能,内容讲解一定要注意要点准确、清晰,语言生动、简明扼要。

### 2. 活动提示技能

学生的学习过程是一个需要教师科学引导的过程,在体育教学过程中活动提示是引导的重要方法之一。技术动作的形成规律决定了学生在技术动作学习初期会表现出技术要点不清晰、技术动作不稳定等现象,这就要求教师在学生练习过程中做好活动提示,让学生根据任务结合提示进行思考,促进学生开展自我动作思考,强化技术动作概念。活动提示技能注重学习前和学生练习中的提示而非学习后的纠正。体育教师应该多次重复、及时经常地安排教学活动提示,提示重点要放在技术动作的要点上,切忌使用"注意用力""动作要协调"等没有明确提示意义的语言。常用的提示方法有:语言提示、标志物提示、限制物提示、动作提示和音乐提示等。

### 3. 身体示范技能

身体示范技能是教师或学生在教学实践中熟练示范自己运动技能水平的行为方式,是体育教师职业技能之一。在进行运动技术教学时,身体示范技能可帮助学生建立起技术表象。对于结构简单的技术动作可以采用完整示范的方式,而对于结构复杂的技术动作,可以采取分解动作示范的方式,帮助学生从简到难逐步掌握技术动作,扎实技术学习的基础,增强学生对技术分层的了解。在进行身体示范时还要注意示范队形、示范面、示范线路、示范位置、示范速度和示范类型的选择。

### 4. 媒介演示技能

随着多媒体等技术的发展,将计算机、互联网等媒介应用到体育教学中已成为必然,因此教师媒介演示技能在一定程度上也会影响课堂效果。主要的技能包括教学硬件设施的使用技能、教学软件的使用技能以及利用网络搜集、处理信息的技能。常见的多媒体硬件设备主要包括投影机、大屏幕、视频展示台、多媒体计算机、DVD、录像机和音响等;常见的软件主要包括 PowerPoint、Flash 等,在传统的体育教学中使用较少,但是现代体育教师应该注重利用这些软件向学生展示、分析技术动作完成的过程,使学生可以利用自己的各种感官直接感知技术动作。搜集、处理与应用信息的技能是 2004 年教育部颁布的《中小学教师教育技术能力标准》中提出的必须具备的基本技能,在技能训练过程中不可忽略。

### 5. 效果评价技能

学习效果检验是对教学效果的有效检验,也是对教学内容的强化。在课堂教学中,教师必须对学生的学习情况进行评价,从而提升学生的主观能动性。评价内容、评价的标准、评价方式是效果评价技能形成的关键。就评价的内容来讲,主要是依托教学内容对学生技术动作的掌握情况、学习的态度、课堂效果等内容进行评价;就评价的标准来讲,主要以鼓励学生、激发学生学习兴趣为主,可以根据整体学生的学习效果制定评价的标准;就评价的方式来讲,可以采取定量评价与定性评价相结合的方式,同时要注重评价主体的多元化,如采取学生自评、学生互评、师生互评等形式。

## 二、学习指导技能的训练过程与要求

学习指导技能主要体现了新课改中以"教师为主导""学生为主体"原则。教什么、怎么教、如何教是学习指导技能要解决的核心。本节主要内容为体育教学学习指导技能的训练过程及要求，明确训练过程的内容及完成训练过程需注意的基本原则与要求，并通过实际的案例分析如何开展学习指导技能的训练。

### （一）学习指导技能训练的过程

学习指导技能的提高必须明确教材内容与目标，采用恰当的教学方法、手段及教具，有效教学评价等。明确教材内容与目标是该项技能训练的前提与核心，根据教学对象采用恰当的教学方法、手段和器材是该技能训练的重要内容，有效教学评价则是检验教学效果与教师学习指导技能掌握程度的必要手段。根据教学目标、内容、对象采用的不同教学方法的搭配组合是学习指导技能训练的主要内容。

#### 1.明确教学目标、内容

体育课程的教学目标分为总目标与分目标，分目标可以按教学的时间分成课目标、周目标、学期目标、学年目标；也可以按教学的内容分为技术实践课程目标、技术实践课程不同水平段目标、体育理论课程目标、体育理论课程不同水平目标等。不同的教学目标涵盖了多项与之相关的教学内容。教学目标与教学内容是完成学习指导技能训练的前提，明确教学目标、教学内容才能有序地开展学习指导技能的训练。

#### 2.了解学生的身心特征

学习指导的对象是学生，学习指导技能的运用必须以学生的身心特征为基础，在训练过程中要做好学情分析。学情分析是教学准备中的重要部分，教学对象的身体素质特征和心理特征是完成学习技能训练一项重要的内容。只有对学生的身心特征了如指掌，才能有针对性地运用学习指导技能。在此环节，应该掌握多种身体素质与心理特征的分析方法与方式，例如：目测法、简易体能摸底测试法等，以此作为教学方法选择、学习指导技能运用的依据。

#### 3.灵活运用不同的教学方法

体育教学经过多年的发展，已经确定了一些普遍适用的教学方法与原则，例如，常见的教学方法有分解法、完整法、循序渐进法等；常见的教学原则有因人而异原则、整体与统一原则、适宜负荷原则等。但每一位体育教师都应根据教学目标、内容、对象的情况，在教学基本原则的基础上，结合自身对教学过程的理解尝试、创新更多的教学手段与方法。这些创新的教学方法的尝试与诞生是"教学有法、教无定法"的表现，也是学习指导技能训练过程中需要重点分析、完成的重要内容。根据不同项目、不同技术水平、不同教学目的变换不同教学方法是必要的训练过程之一。

#### 4.重视教学评价环节

教学方法、教具的不同组合与教学对象、教学评价之间是循环促进、相互影响的关系。其中教学评价会对方法使用的效果等进行评价，在训练过程中应根据评价的结果调整教学方法、教具的组织,体现了学习指导技能需要及时调整、及时更新的特征。

此外,教学评价不但为学习指导技能训练过程中的教师自我调整提供了外部促动更新的必要手段,更为教学技能的运用与创新提供了第三方的客观评价。教学手段的创新需要及时性,同时需要系统性。任何手段的创新的目的都是为了完成教学目标,而不是为了创新而创新。技能训练过程中不能忽视教学评价环节。

### 5.记录、总结自我训练过程

记录和总结是反思训练过程、反馈训练效果的必要手段。在训练过程中,针对每一环节进行自我记录或由他人记录,对出现的问题、有待提高的部分进行重点标记,在训练结束后进行深入总结。根据总结的情况,有针对性地进行训练,可以有效提高技能训练的效率,提升训练效果。学习指导技能训练的自我记录与总结是训练过程不可或缺的环节之一。

### (二)学习指导技能训练要求

学习指导技能涵盖内容讲解、问题引导、活动提示、身体示范、媒介演示和效果评价等多种技能,在训练时除要使用合理的训练方法外,还要满足一些基本的训练要求,有效提升训练效果。

#### 1.理解通透,表达清晰

良好的语言表达能力是保障课程效果的首要因素,也是体育教师需要不断提高的教学指导技能。在体育教学过程中,教师应对所授内容理解通透并能用语言清晰地进行表述,这是对体育教师教学能力的基本要求。特别在体育教学中,要熟悉课程标准对课程的要求与内容,结合学生的实际情况制定详细的讲解教案。采用通俗易懂、精练到位的语言在教学中进行讲解。在学习指导技能的训练中,要注意理解能力和语言表达能力的训练,如传授性、正误示范性、激励性等相关用语的使用。

#### 2.标准示范,准确美观

体育教学不同于其他学科的教学,在体育教学过程中,要求体育教师不但又拥有丰富的体育科学知识,更需要体育教师示范出符合各个运动项目的标准动作,并在标准的基础上力求准确及美观。良好的身体素质与运动技能基础是标准示范的基础与前提,在技能训练过程中要不断夯实运动技能基础,并能根据标准示范的要求,将技术能力转化为示范的能力。

#### 3.尊重个体,区别对待

鲜明的个性是新时代学生的显著特征,个性的差异又产生了不同的学习需求,这就要求在课堂教学中运用学习指导技能时要从学生个体出发,做好区别对待。体育教学是一项特殊的教学活动,学生个体在心理、智力、身体素质上的差异会直接影响学生的学习体会。在教学技能训练过程中,应加强分析个体的能力,做好区别对待,从深入观察分析出发,根据学生的不同特征,学会运用科学合理的学习指导技能激发学生的学习动机,这是完成学习指导技能训练的基本训练,也是实现学生自主学习目标的起点。

#### 4.熟操媒介,多元创新

当今互联网技术的发展和运用,已经渗透到教育领域,熟练地多媒体操作技术已成为新时代教师的基本要求。多媒体教学技能不仅要求教师具备传统环境下运用系统方法分析教学问题、确定教学目标、建立解决教学问题的策略方案,更要求教师具备设计多媒体教学的教学活动技能,合理利用计算机等多媒体设备和技术进行多元创新。在教学技能训练过程中,应注重加强多媒体技术的训练,包括对常见多媒体教学硬件、软件的使用以及利用网络搜集、处理和应用信息的能力。

5.注重反馈,及时纠错

反馈对于技能的习得很重要,学习指导每一种技能既有联系又有区别,在掌握过程中难免会出现各部分交叉混乱的现象,容易导致在教学过程中降低学生学习的效率。在技能训练过程中,要注重技能训练效果的反馈,在此基础上结合评价,及时纠错。

# 第三节　活动组织技能训练探究

活动组织技能是指根据教学内容、学生特征和环境条件等要素,组织与引导学生开展教学活动,从而高效实现体育教学目标的一种行为方式。活动组织技能是教师安排协调、组织实施、调动利用的能力,具有操作性、安全性、灵活性、规范性、有效性和严谨性等特征。活动组织技能包括课堂常规贯彻技能、活动分组实施技能、队列队形调动技能、场地器材使用技能等。通过本节学习,有助于了解到体育教学中活动组织技能训练的作用和特征,掌握活动组织技能训练的基本原则和要求,学会活动组织技能训练的方法,并能在体育教学实践中灵活运用。

## 一、活动组织技能概述

体育教学是在一定的时间和空间范围内进行的动态活动过程,时空范围是相对固定和有限的,因而体育教学活动组织工作要确保高效、顺利进行,就必须经过精心的准备和设计,还要具备随机应变、灵活掌控的能力。活动组织工作比较复杂,贯穿课堂教学的始终,因此活动组织技能是兼具严谨思考和实践操作的技能。

(一)活动组织技能的作用

1.激发学习兴趣形成学习动机

采用多种活动组织形式是激发学生兴趣,形成学习动机的必要条件之一。在体育教学中,教师根据活动场地器械,教学内容和学生情况,采用不同的活动安排、分组形式、器材使用等,可以调动学生学习的积极性,使他们兴致盎然地参与到体育教学活动中来。例如,通过发挥体育骨干的作用,让他们参与管理,示范练习,帮助后进的学生纠正错误动作等方法,使每个学生各尽所能,从而激发学习动机,真正体会到体育给他们的学习生活所带来的身心愉悦。

2.创造良好的课堂氛围

课堂氛围是整个班级在课堂上情绪和情感状态的表现,只有积极的课堂氛围才符合学生求知的心理特征,只有师生之间、同学之间的关系融洽和谐,才能促进学生的学习和思维的发展。生动活泼的课堂氛围,会使学生的大脑皮质处于亢奋状态,易于全身心地投入体育活动中,减少突发性状况的伤害。活动组织技能可以通过教学活动转换、组织分组变换等方法,创造良好的课堂氛围,以调节学生的学习情绪,减轻心理负荷,激发学生最大的学习热情,营造更加轻松和谐的教学氛围,从而提高教学质量。例如,在篮球教学中,最初可采用随机分组进行教学比赛,观察学生们的技战术水平,然后利用异质分组,使高水平和低水平的同学配合组队,互帮互助,让每位同学都能最大限度地参与其中,再采用同质分组的形式,强强对抗,提高比赛的激烈程度,从而创造紧张、活泼、有序、奋进的课堂氛围。

### 3. 唤醒和维持学生的注意力

为了有效地组织学生活动,教师必须重视随时唤起学生的注意力,并尽量使其长时间保持较高水平的集中程度。从场地器材的布置、学生活动的队形、活动内容的转换以及组织手段的形式等方面,为学生创设一种富有激情、新颖的外界条件,使学生快速明确教学内容与要求,在较短的时间内将身心投入良好的学习状态中。恰当的活动组织技能有利于学生无意注意向有意注意过渡以及有意注意习惯的养成,也有助于意志较为薄弱或精神容易涣散的学生借助外因的作用集中注意力。可通过口令提醒、调整分组、规范课堂常规等方法,维系活而不乱的课堂秩序,起到唤醒和维持学生注意力的作用。

### 4. 提升体育课堂教学效率

所谓教学效率是指学生的学习收获与教师、学生的教学活动量在时间尺度上的度量,也是课堂上有效教学时间与实际教学时间的比率,必须以教学目标为依据。提高体育课堂教学的效率就是充分利用规定的有效时间,使尽可能多的学生较大限度地掌握和接受所教知识、技术和技能,达到较高的教学目标和良好的教学效果。规划编排组织形式、课堂前后的场地器械布置、课堂常规的严格管理,尽量延长学生练习等有效时间,缩短课堂分组、交替对接等过渡时间,是保证体育课堂教学活动顺利进行的基本措施,也是教师必须熟练掌握的活动组织技能,同时决定了一堂体育课的教学效率。

### 5. 加强教学的应变能力

体育教学的场地比较开放,教学环境相对复杂,干扰因素较多;学生人数较多,且大部分时间处于运动状态中;有些体操或需要持械的运动项目,存在较大的危险性等。综合以上原因,教师在组织教学中,除通过精心设计安排,尽可能避免运动伤害事故发生外,还必须能够通过活动组织技能的运用,如课堂常规的贯彻、调整分组、队形调动、场地器材利用等,及时纠正学生活动的不良倾向,有效处置安全隐患,处理突发事件,加强教学的应变能力,保证教学活动的顺利进行。

### (二)活动组织技能的特征

### 1. 操作性

活动组织技能是教师组织教学活动能力的体现,只有在体育课堂活动组织实践中应用,才能体现其价值,而且活动组织技能中队列队形调动的口令、步骤以及课堂常规、分组练习、场地器材利用等环节,只有通过不断反复的实际操作练习,才能内化形成技能,在教学实践中应用自如。

### 2.安全性

学生的体育学习主要是以身体运动为主,有些在强烈的身心负荷刺激中进行,有些则需要借助器械,具有一定的危险性。活动组织技能的安全性主要是教师在组织户外体育教学活动时,通过合理设计组织形式、及时调整活动安排、布置场地器材等方式,排减隐藏的不安全因素,避免伤害事故发生。

### 3.灵活性

体育活动组织技能的灵活性是由体育教学活动的复杂性决定的,同时它又为体育教师创造性地开展体育活动组织提供了机会。组织形式灵活多样,活动安排也可以有一定的弹性,相同的教学内容以不同的组织形式施行,可能得到意想不到的效果;有时基本按照课前的预设进行,有时会出现各种突发事件,使教学计划不得不根据具体情况作灵活的调整,在这一过程中需要教师根据当时的情况,临时调整心态、修正策略,以便获得最佳效果。

### 4.规范性

体育活动组织技能的规范性是教师通过不断练习,逐渐合理地安排教学结构和时间之间的关系,协调好分组与调动之间的接点,组织好课堂的活泼与混乱之间的矛盾,营造出一个轻松活跃的学习氛围。体育活动组织技能存在自身的规范和要领,必须严格遵守其实施规律、原则和程序,尤其是课堂常规贯彻、队列队形调动,切勿随心所欲、随意变更。

### 5.有效性

体育教学目标多样,教学内容繁杂,且教学活动中的学生众多,并以个体的、积极主动的、形式多变的身体运动,在广阔的运动场地进行学习活动,学生活动范围大、人际交往频繁、受外界环境影响大、教学节奏转换快。活动组织技能可有效控制教师、学生双方的活动过程,稳定课堂秩序,高效调配人员和器材,保障教学活动高质量、顺利完成。

### 6.严谨性

体育教学内容、种类、形式和影响因素繁多,各要素的相互作用和变化不确定,教师必须预先考虑到教学过程的每一个细节和可能发生的意外状况,设计规划每项活动。只有通过活动组织技能的应用,才能保障体育教学顺利进行,既充分调动学生的积极性、保持轻松活跃的学习氛围、合理布局与使用场地器材,又能高效完成教学目标,预防伤害事故的发生的技术和能力。

### (三)活动组织技能的内容

活动组织技能多种多样,内容包括课堂常规贯彻技能、活动分组实施技能、队列队形调动技能、场地器材使用技能等。

### 1.课堂常规贯彻技能

课堂常规是指在体育课堂教学过程中,师生共同遵守的、保证体育教学工作正常进行的一系列的基本要求。体育教师需要尊重学生的个性特征,加强课堂常规教育,采用教学用语,调控好课堂,注重示范引领,辅以惩罚教育,提高和促进课堂常规技能的形成。行之有效的课堂常规有利于加强学生的思想教育,迅速集中学生注意力,建立正常的教学秩序,营造良好的学习氛围,培养学生组织纪律观念和团队精神等优良品质。

(1)课前常规贯彻技能

制定工作计划和教学进度,每节课前要提前备课和编写教案,了解班级学生的情况和特征;服装整洁适当,精神状态昂扬;上课提前15分钟达到场地,精心布置好场地和器材,检查器材的安全性能;检查学生的着装,准备开始上课。

(2)课中常规贯彻技能

准时上课,整理队伍,师生问好,了解出勤和见习情况,特别注意见习生的管理,绝不能忽视、放任不管,可安排适当运动量或观摩、辅助教学工作;宣布教学内容和要求,必要时进行安全和纪律性教育;根据教学内容或实际需要,选择全班教学、分组教学或个别指导的形式,组织形式如无必要,切勿频繁切换,否则会占用有限的教学时间,降低教学效率;课结束时,进行课堂小结和讲评,并安排课后练习的内容以及下次课的学习内容,回收器材。

(3)课后常规贯彻技能

下课后要清理场地,归还器材,及时总结课上的经验教训,根据课堂实施情况,反思教学过程,修改教案,以提升教学效果。

2.活动分组实施技能

分组教学是按学生的能力、条件、共同爱好和需要等,把一个班分成若干小组,教师以组进行指导的教学活动组织形式。这种教学组织形式既保留了班级教学的长处,又能在一定程度上解决区别对待的问题,可以根据不同特征的各个小组进行分类指导,在体育分组教学中常用的基本形式有:随机分组、同质分组、异质分组和友情分组。活动分组实施技能必须预先设计分组方案、练习时间及调换时机,并能在课堂教学中执行,也可根据实际情况,随时调整分组的类型、人数、练习内容和时间等。

3.队列队形调动技能

体育课堂教学从开始到结束都离不开队列队形的安排和调动,熟练应用队列队形调动技能,有利于师生的教学交流,为学生创造良好的运动氛围,直接关系到体育教学的效率和效果。

(1)队列队形设计与安排技能

队列队形设计与安排的终极目标是为教学活动服务,根据教学内容、活动安排、教学环境等要素,以简便易行、便于调动为原则,恰当选择和设计队列队形,同时,教师也应该选择恰当的站位,这样有助于教学指令的传达和兼顾每位学生的活动。

(2)口令指挥与调控技能

口令是体育教师的基本功,是专业的语言艺术,必须吐字清楚、发音准确、声音洪亮、音调协调、沉着冷静和运用娴熟,起到使学生毋庸置疑、迅速执行的作用。整队、调队等大部分口令已有固定模式,切勿随意更改;也可根据实际需要,组合应用。另外,还要熟练掌握队列队形基本术语,如横队、列、纵队、路、间隔、距离、排头、排尾、基准等。

4.场地器材使用技能

体育教师必须从安全、科学合理的角度出发布置场地器材,不闲置、不浪费。首先,检查场地器材的安全性,避免在教学过程中出现教学事故;其次,场地器材的布置应有利于学生活动的开展,提高学生的练习密度;然后,要根据教学的具体需要,发挥场地器材的最大潜力,创造性完成学生体育练习与场地器材的有机结合;最后,通过场地器材的布置,彰显运动项目的特色,给学生创造良好的运动环境,激发学生对教学内容产生积极的兴趣。

（1）固定场地器材的使用技能

体育教学所需要的既有足球场地、乒乓球场地、篮球场、体操馆等场馆,也有固定在体育场地上的足球球门、乒乓球台、篮球投篮架、双杠、单杠、滑梯和铁爬竿等器材。合理利用场地器材体现在场地既不空闲,也不拥挤;固定器材一般立于场地的边缘,使用之前需检查器械的性能和周边环境,排除安全隐患,控制好学生秩序,切勿打闹说笑,灌输安全意识,做到既不空置,又井然有序。

（2）可移动器材的布置和使用技能

器械选择要简洁实用、安全卫生;数量规格清晰,满足教学需求为准;可移动器材的摆放要尽量向固定器材靠拢,不能占用教学空间;布局合理高效,保证体育教学目标的顺利达成。另外,在保证安全的前提下,可以改变器材的功能和用途,充分发挥其作用。例如,栏架除了可以用来跨栏,还可以当作球门,也可以作为一些钻跃活动的障碍物;可以将篮球、足球、排球等,当作橄榄球来参与比赛和游戏热身。

## 二、活动组织技能训练的过程与要求

### （一）活动组织技能训练的过程

#### 1.了解活动组织的作用

活动组织的作用是指教师通过协调各种教学因素,组织学生、管理课堂、设计教学环境、引导学生练习,从而有效实现预定的教学目标。体育教学活动主要以集体形式进行,因此自始至终都离不开活动组织的安排和调整,合理的活动组织安排,及时调整活动组织队伍,不仅能建立正常的教学秩序,严密组织教学,而且有利于师生交流,为学生高效的学习和练习创造条件,保证体育教学的效果和质量。

#### 2.确定活动组织目标

活动组织目标是在体育教学活动中,流畅合理地运用活动组织技能,确保课堂氛围活而不乱,教学秩序有条不紊,教学组织层次分明,教学活动顺利开展。务必熟练贯彻课堂常规,活动分组实施得当,符合教学内容和规范要求,队列队形安排和调动达到自动化水平,场地器材使用娴熟恰当,有利于体育教学目标的实现。

#### 3.掌握活动组织方法

活动组织方法主要体现在体育教学组织形式的选择和运用方面,讲解示范时采用集体组织形式,活动练习时采用分组组织形式,纠错帮扶时采用个别指导等。活动组织形式并不是越丰富越好,要根据教材内容、场地器材和学生的实际情况合理地采用分组教学。分组教学时,应把主要力量放在新授内容的小组;安排教材转换顺序时,应多照顾体弱组和女子组;要选好体育委员或骨干,最好是具有一定体育基础和组织能力的学生担任,让他在课中起到助手的作用。

**4.案例分析和经验总结**

案例分析可以使练习者身临其境地感受体育教学的氛围和要求,加强活动组织技训练的真实感,提高训练的难度,使练习者通过分解他人的教学案例,透析活动组织技能的运用逻辑与方式,总结经验,吸取教训,并思考更多的组织形式以应用到实际教学中;经过及时的经验总结,反思教学过程中课堂常规是否严格贯彻,活动分组安排是否高效灵活,队列队形调动是否合理紧凑,场地器材使用是否安全得当、物尽其用,时常斟酌推敲活动组织运行过程,有助于此技能的快速提升。

**(二)活动组织技能训练的要求**

在体育教学中,为了让每一位学生都参与到教学活动中来,体育教师必须具备控制课堂、保证课堂良好秩序、指导学生活动的活动组织技能。课前要设计有效的方法;课上要把学生有序地组织起来,安排他们进行形式多样的教学活动;一个教学过程结束后,要有准确的评价和总结,机智灵活地处理突发事件,从而培养学生良好的学习习惯。体育教师要熟练地掌握活动组织技能、提高教学组织能力,就必须做到以下六点。

**1.分析课堂伤害事故案例,提高教学组织的重视程度**

体育教学是以身体活动为主要手段的双边过程,教学组织中的考虑稍有不周,极易发生损伤类的事故,这不仅会给学生造成身心伤害,还会严重影响正常教学活动的顺利进行,所以在体育组织教学中要特别注意安全问题。体育教师要不断增强自身的安全意识,对易发生安全事故的教学有预见性,并采取积极的措施加以防范。例如,徒手练习时,不要安排学生站得太挤;器械练习时,只有先反复强调安全使用器械的步骤后,才能组织学生在安全范围内进行练习;必要时,如进行投掷实心球、体操的单杠、双杠的教学时,还应认真地设置合理的安全设施和安排正确的保护与帮助,从而保证课堂教学安全有序地进行。

**2.列出布置场地设施的图例,并进行评议**

合理布局场地器材,是上好课和实现教学目标的物质保证。教师在上课前列出布置场地设施的图例,按照上课流程进行评议,能充分利用场地器材,提高场地使用率;有利于课堂组织队伍的调动,合理安排练习强度,增加学生练习的次数,提高课堂效率。体育课堂的组织方法与场地的大小、器材的数量有着直接的关系。体育教师为了达到教学目标,要合理利用现有的场地器材,精心设计组织教学。例如,在小场地上同时有几个班级上课,可采用"定位法"组织教学;还可以充分利用学校的自然环境和建筑物,做"顺势法"的组织教学;在面积不大的有效活动范围内,可以用循环练习的组织方法安排分组循环练习等。

**3.加强课堂常规、队列队形调动的模拟练习**

由于体育教学目标、教学内容、学生人数、学习基础等条件不尽相同,以及教学活动复杂的动态过程中的干扰因素很多,再周密的设计与规划都会遇到变数和意外;另外,教学组织活动是一个完整的教学系统,在前进过程中是由一个个相互联系、前后衔接的环节构成的,其中任何一个环节的活动如果脱离了整体或与整体不协调,就会削弱整体的效果。必须加强活动组织技能训练,尤其是课堂常规、队列队形调动的模拟练习,做到心中有数,才能在实际教学中游刃有余。

**4.掌握教学分组类型,反复实践体验分组及调动过程**

学生是学习的主体,要充分了解并研究学生,包括所教学生的人数、年龄、性别、身体状况、体育基础和生理心理特征、个体差异等情况才能更好地进行合理教学分组;了解并研究学生的具体情况,还有利于体育教师制定或修订科学的、符合学生的、操作性强的体育课堂常规及正确执行教学常规的方法措施,组织有效的体育教学。分组教学对体育教学组织工作和学生的学习准备要求较高,教师只有反复的实践体验分组及调动队伍,才能提高教学过程的速度与规模,从而提升教学的质量和效果。

**5.观摩优秀课例,提高教学组织技能**

观摩优秀体育教学课例是指平时常见的体育公开课、体育优质课、体育汇报课等,是体育教师提高教学组织技能的有效途径和交流平台。从优秀课例中,我们可以了解体育教学的先进理念、体育教学手段和教学技巧、驾驭课的教学组织技能和场地器材合理布局。所以在进行体育观摩课"观"的同时更要进行"摩",只有观和摩同步了,才能在学习的过程中体会更深,提高活动组织技能。

**6.积累经验记录整理,形成自己的教学组织风格**

体育课堂的教学组织经验,大致体现在:队列队形组织与管理、学生(包括班干部、体育骨干的管理以及学习小组等)的组织与管理、课堂质量监督与管理、教学效果监督与管理、体育器材管理和伤害事故预防等一系列细节问题。细节决定成败,教育管理方式、方法是否得当,是课堂教学的关键所在,这就要求体育教师不断加强体育专业理论的学习,同时要加强教育学、心理学等理论的学习,甚至还要学习掌握管理和交际方面的一些知识和技巧,积累经验记录整理,形成自己的教学组织风格并运用于体育教学活动中,还要指出的是,体育教师专业素质(包括如语言、示范等方面能力)、道德素养、文化底蕴和个人魅力的提升都直接影响到组织教学经验记录和风格的形成。

教学组织风格的形成不是一蹴而就的,是在不断地学习和教学实践中逐步积累提升的。

通过在实践中勤学苦练,在教学中深刻反思(课中反思、课后反思、阶段性反思、对话反思和录像反思等),在培训中发展提高,在竞赛中大胆展示等方法,提升自身的教育教学能力和水平。

# 第四节　负荷调控技能训练探究

负荷调控技能是指为提高学生体质和技能水平,在运动负荷理论指导下,通过不断的教学实践而逐步形成的、科学合理安排和调控运动负荷量负荷强度的行为方式。为了让学生更好地掌握运动技能和提高学生的身体素质,负荷调控技能也是必须掌握的教学技能之一。负荷调控技能包括心率水平预计技能、练习疲劳判定技能、练习密度调整技能、练习强度调控技能等。通过本节学习,将了解到体育教学中负荷调控技能的作用和特征,理解掌握负荷调控技能的内容,并熟练运用负荷调技能解决教学实践中的相关问题。

# 一、负荷调控技能概述

运动负荷反映了人体接受外部刺激后，机体内部所承受的刺激反映出的程度和等级，包括生理负荷和心理负荷两个方面。在体育教学过程中，一般采用一定的练习强度、练习密度、连续练习时间和练习量，使学生机体内部系统承受"额外身体负担"，力图对其生理和心理施加积极影响，以达到提高学生身体素质，促进学生身心健康发展的目的。负荷调控技能即是体育教师在上述体育教学实践过程中对教学负荷（包括运动强度、运动量等）加以科学监督和评价的最终体现。

## （一）负荷调控技能的作用

熟练掌握和运用负荷调控技能是教学经验和技巧成熟的表现。负荷调控技能在体育教学中的作用和价值，主要体现在以下几个方面。

### 1. 有利于保障学生安全

在体育教学过程中，体育运动项目繁多，运动项目的负荷各异，加之学生身体素质不同，由于负荷调控技能掌握不理想，导致体育课安全事故的情况时有发生。掌握并灵活运用负荷调控手段和方法，形成良好的负荷调控技能，在体育教学中，对运动负荷进行实时监督和调控，不仅有利于保障学生体育课安全，同时有利于降低学校体育运动风险。

### 2. 有利于促进学生体能发展

体能是通过力量、速度、耐力、协调、柔韧、灵敏等运动素质表现出来的人体基本的运动能力。体能水平的高低与人体的形态学特征以及人体的机能特征有着密切的联系。尤其是中小学生正处于心理和生理发育的关键时期，骨骼与肌肉、身高与体重等迅速增长，他们的机能状态将呈现独有的特征，亟须通过体育锻炼以达到促进身体机能发展的目的。因而，体育教师掌握并运用负荷调控技能，将学生的外部身体活动和行为限定于个体生理机能的安全负荷域范围内，不仅可以有效地避免运动疲劳和危险情况的发生，还有利于促进学生体能的健康发展。

### 3. 有利于培养学生心理素质

情感体验、注意力和意志品质是学生心理素质培养的重要组成部分。在体育课堂教学中，上述三种心理品质最直接的反映就是运动兴趣，而学生的运动兴趣也需要适宜的运动负荷来刺激。如果学生所承受的运动负荷过小，体育课就往往上得平淡、消沉，体育锻炼效果无法体现，课上学生的意志品质也很难得到锻炼，此时学生注意力会分散，也感觉不到运动的乐趣；而如果学生所承受的运动负荷过大，又会使学生感到疲惫不堪，注意力会分散，运动的乐趣和意志力虽然得到一定满足，但却表现得过犹不及，容易挫伤学生以后参加体育学习的积极性，且容易造成运动损伤。如果能够掌握和运用负荷调控技能，合理安排运动负荷，并适时调控，则会在促进学生掌握技术动作、发展体能的同时，也能使学生的学习情绪高涨，会更容易在运动中体验到成功感、愉快感和自我价值感。

### 4. 有利于课堂教学组织

体育教学以身体练习为基本手段。学生必然要承受一定的运动负荷，这也是体育教学区别于其他课程教学的重要特征。而掌握运动负荷调控技能的熟练程度,会对课堂教学组织产生影响。熟练掌握体育教学负荷调控技能的体育教师,课堂组织科学合理,教学安排高效紧凑,学生在掌握了运动技能、发展了体能的同时,也能提高学习兴趣,学生的成功感、愉快感和自我价值都能得到实现。而没有掌握体育教学负荷调控技能或掌握较差的教师,课堂组织往往较为松散,教学效果很难保证,学生学习兴趣容易下降,注意力也容易分散,课堂表现较为散漫,正常的教学活动往往受到影响而难以维系。体育教学负荷调控技能的掌握,可以为组织课堂教学起到事半功倍的作用。

### 5.有利于课堂锻炼效果评价

在体育教学过程中,科学合理地安排体育课的运动负荷是学生锻炼身体和掌握运动技能的关键。运动负荷过大或过小,都不利于体育教学目标的达成,不利于学生的身心健康成长。运动负荷太小,运动刺激就较弱,身体锻炼效果就无法得到有效保障。这不仅不利于学生运动技能的掌握,更不利于学生的体质健康,同时体育课作为磨炼青少年意志品质的"竞技场",过小的运动负荷,也起不到提高学生意志品质的作用;而运动负荷过大,则又超出了学生身心所能承受的限度,容易引起疲劳和损伤,这对正处于生长发育期学生而言十分不利。在体育教学过程中,能够对运动负荷进行科学合理的调控,既有利于及时掌握课堂教学效果,又有利于监督和评价学生的锻炼效果。

### (二)负荷调控技能的特征

#### 1.实用性

学生承受一定的运动负荷,可能会产生相应的适应结果,但不是只要施加运动负荷,就一定会产生良好的适应。机体产生良好效应的现象只发生在适宜的运动负荷条件下,而在面临运动负荷骤然提升时,机体便会产生不良反应,导致疲劳、伤病甚至出现生命危险。体育教学负荷调控既要准确,能够将运动负荷调控在适宜的负荷域范围内,又要在面临运动负荷骤然提升,将要导致疲劳、情绪波动和注意力分散等情况下,迅速及时地将运动负荷调控到合理范围内,重新点燃学生的体育学习热情,这些都集中体现了负荷调控技能的实用性特征。

#### 2.可控性

身体练习能否达到预期锻炼效果,达到什么样的锻炼水平,在很大程度上反映出负荷调控技能的掌握情况。科学研究表明,学生个体所能承受的运动负荷存在一个最优区间——最佳负荷域(optimal load zone),最佳负荷域是指体育课或运动训练中,适宜运动负荷的底限至高限范围,可以用运动心率表示,也可通过运动后的外部身体特征(如出汗、呼吸等)及主观感受反映。而上述定量、定性的测评手段和方法,是掌握负荷调控技能不可或缺的,这体现了负荷调控技能可控性的特征。

#### 3.经验性

负荷调控技能的掌握是一个反复训练、长期积累的过程,不可能一蹴而就。在体育教学过程中,既要遵循体育课教学一般规律,又要考虑学生对于负荷强度和负荷量的可接受性,还必须掌握一定的科学方法和手段,对体育教学中的运动负荷进行实时监督和调控,确保体育活动安全适量。由于教学经验丰富的一线教师长期从事体育教学工作,积累了丰富的教学实践经验,对于体育课的内容和节奏安排都已经相当熟练,在课堂上,只要观察学生运动后的身体机能反应,如面部表情、谈话等,就可以判断出体育课运动负荷情况,并可以根据判断及时调整课的内容、节奏等。这体现了负荷调控技能的经验性特征。

### (三)负荷调控技能的内容

掌握负荷调控技能,首先要了解运动负荷调控技能包括哪些内容,然后再进行专门学习,反复训练,逐渐形成负荷调控技能。为了突出负荷调控技能的实用性和实践价值,根据运动负荷产生的生理和心理因素,重新划定了负荷调控技能的内容,包括心率水平预计技能、练习疲劳判定技能、练习密度调整技能和练习强度调控技能。前者(心率水平预计技能和练习疲劳判定技能)与负荷调控技能的相关理论知识结合最紧密,而后者(练习密度调整技能和练习强度调控技能)则与体育教学实践结合最紧密。

#### 1. 心率水平预计技能

生理负荷是运动时人体各器官系统所承受的刺激程度,这一刺激可以用一些生理或生化指标反映,如心率、血乳酸、最大摄氧量等。一堂体育课运动练习的强度、次数、持续时间和密度是影响负荷域的四个基本因素。按运动生理学要求,一般体育课运动负荷应达到最大心率的 70%～85% 或最大吸氧量的 50%～70% 为最佳心率范围,这也是最佳价值负荷域。

当了解和评价一堂体育课的生理负荷时,最为常见的就是用心率来预计体育课的运动负荷情况。如果一堂体育课大部分时间学生的心率水平控制在最佳价值负荷域范围内,那么从负荷安排角度来说,这堂课比较成功。心率水平预计技能就是指通过一次课上多次测定学生心率的方法,来获得整堂体育课的平均心率,使得体育教学负荷域控制在最佳心率范围内。在此范围内参加体育活动,身体功能将得到较好的锻炼。目前公认的体育教学最佳负荷域参数是:全课平均心率维持在 120～140 次/分钟左右。要准确测量运动时的心率,最好有心率监测器(heart rate monitor)的辅助。但在体育教学实践过程中,一般采用另一种较为简单合理的方法,即在运动结束后 60s 内,让学生自我测量 10s 或 15s 脉搏数,然后将搏动次数乘以 6 倍或 4 倍,计算运动时的平均心率。

学生在单位时间内完成一次较大强度或密度的身体练习后,必须了解学生心率情况。以便调整负荷强度和负荷量。一旦有超过上述心率范围的情况出现,说明运动负荷已经偏大,需要让学生有足够的休息时间以恢复到最佳负荷域范围内。在一次较大强度身体练习后,负荷域上限换算成脉搏数后,10s 脉搏搏动须在 25 次以下,15s 脉搏搏动须在 40 次以下较为合适。

#### 2. 练习疲劳判定技能

体育课中疲劳的程度一般与运动负荷呈正相关,我们可以根据学生的表现情况判定运动负荷大小,由此形成了负荷调控技能中的练习疲劳判定技能。练习疲劳判定技能属于心理负荷调控范围,包括自我疲劳判定法和教育观察法两种,前者是学生主观自述评价,后者则是教师课堂观察学生练习后的反应。

（1）自我评估判定

瑞典心理学家贡纳尔·博格（Gunnar Borg）通过学生自述主观感觉，又经严谨的实验验证，发展出一种《主观感觉辛苦程度量表》（Ratingof Perceived Exertion Scale）。他将个体主观辛苦或吃力程度分为 6～20 等级，在量表设计时已经充分考虑运动者的体能水平、环境因素及一般疲劳程度，且研究结果显示，其量表与运动心率及摄氧量具有极高的线性相关。即若把学生的 RPE 数值乘以 10，与其运动时的实际心率显著相关。RPE 可以成为有效地成为估算学生运动时心率的根据。例如，学生在运动时感受到 RP 数值为 16，那么他/她当时的心率约为 $16 \times 10 = 160$ 次/分钟。

自我评估判定所需器材：秒表。具体步骤及注意事项：①这是一个简单易行的学生自我判断运动负荷的方法，只需询问学生辛苦程度即可。②运动中的疲劳程度分为 20 级，每 2 级辛苦程度递增，该表由 6 级开始逐级递增，当教师询问（或发现）有学生在课堂上由于运动负荷原因，表现出非常辛苦吃力（17 级）时，应当及时调整练习强度。③体育教学主体部分应从 12 级（较轻松）至 16 级（较辛苦）之间进行，热身及放松阶段应使学生处于 6 级至 11 级（轻松）之间，学生在简单快乐中开始或结束体育课程。④经过科学验证，以下 RPE《主观感觉疲劳程度量表》中各级疲劳程度的递增与运动时心率呈高度线性相关。

（2）教育观察判定

教育观察判定是针对体育教师如何通过观察学生运动后外部特征判断并调控运动负荷强度的方法，是体育教学过程中体育教师最为常用的一种负荷调控方法。他是教师根据经验和直觉，观察学生的脸色、表情、出汗量、气喘、反应速度及协调能力等，判断其承受运动负荷的情况和疲劳程度。

3.练习密度调整技能

练习密度和练习强度不仅是体育课运动负荷产生的基本构成要素，也是造成学生机体负荷过大或过小的主要原因。练习密度调整技能和练习强度调控技能是负荷调控技能必不可少的实践技能。

练习密度主要由练习组数、次数、速度和练习时间等要素构成。练习密度调整技能是在运动负荷理论指导下，在教学实践中对练习组数、次数等反复调整而逐步形成的科学合理安排和调控运动负荷量、负荷强度的行为方式。在体育教学实践中，负荷调控一般遵循"调低降高"原则，即运动负荷大，适时降低负荷强度和负荷量；运动负荷小，适量增加负荷强度和负荷量。而练习密度调整技能则在注重负荷调控的基础上，更加注重负荷调整与体育课的练习、指导相结合。具体而言，运动负荷过大时，可以通过减少练习组数、次数，增加间歇时间等方式以达到降低运动负荷密度的目的，而运动负荷过小时，则可以通过增加练习组数、次数，减少间歇时间等方式以达到增加运动负荷密度的目的。

4.练习强度调控技能

练习强度主要由练习距离、高度、练习时间和方式等构成。练习强度调控技能则是在运动负荷理论指导下，通过对体育课堂中的练习距离、高度，练习时间和方式等反复调控而逐步形成的运动负荷调控方式。练习强度调控技能更加注重练习的内容和要求。运动负荷过大时,可以通过讲解示范、游戏等方式降低运动负荷强度,而运动负荷过小时,则可以通过增加练习组数、次数等增加运动负荷强度。练习强度与练习密度其实紧密相关,互有重叠。只是练习强度更加注重内容和要求,而练习密度更加注重练习与指导。

## 二、负荷调控技能训练的过程与要求

体育课的教学负荷由练习强度、练习密度、练习数量和持续时间等要素构成,产生的教学负荷包含生理负荷与心理负荷两种。由于学生的身体素质、运动能力等都存在个体差异,在体育教学过程中,如何对运动负荷进行调控就显得尤为重要。

### (一)负荷调控技能训练的过程

任何技能的形成都有其自身发展过程,负荷调控技能的形成需要一个较长期的过程来完成。过程一般包括5个阶段:确定训练目标、选择调控内容、确定调控方法、预判调控效果、反思提高创新。

#### 1.确定训练目标

体育教学的目的,除了传习运动技术、技能外,还要起到促进学生身心健康发展,培养学生体育运动兴趣的作用。负荷调控技能的训练目标主要包括以下几个方面。

(1)认知目标

了解运动负荷的生理基础,了解运动负荷调控的意义,掌握负荷调控的原则和要求,能够对体育课堂中的运动负荷情况进行正确的评价。

(2)操作目标

掌握心率水平预计技能,练习疲劳判定技能、密度调整技能和强度调控技能,掌握体育课负荷调控的模式(单高峰型、高峰偏前型、高峰偏后型、双峰型或多峰型)。体育课负荷调控总体要求是让运动负荷逐步上升到一定程度,保持相对平稳的一段时间,然后再逐步下降到相对安静的水平,既要使学生的身体得到充分的活动和锻炼,又不至于影响课后其他课程的学习。

(3)情感目标

增强运动风险防控意识,体验负荷调控技能提高教学效果的成功感,使体育教师对负荷调控形成自己的价值判断,形成富有个性的负荷调控教学风格。

#### 2.选择调控内容

针对学生身心发展特征和状态以及体育教学任务等,运动负荷的选择和安排应有所不同。体育课的运动负荷原则上以中等能力的学生为基准点,这也是大部分学生经过努力才能完成的。同时还要兼顾两头,围绕基准点上下波动,安排不同层次学生,进行不同次数和组数的练习,以满足不同的需求,确保每个学生身体素质都得到提高。例如,小学低年级运动负荷不能太大,特别是运动持续的时间不能太长,否则对学生的身心发展有害无利;疲劳时应降低运动负荷,否则不利于恢复,甚至造成伤害;体能锻炼课运动负荷可以合理加大,而新授课的运动负荷不应太大,否则会影响教学效果。

练习内容上,要反映出体育课组织教学的三个基本部分:通过身体活动,逐步克服机体惰性而进入工作状态的准备部分;通过专项练习,完成体育课主要任务的基本部分;通过放松练习和总结,使机体逐步恢复到课前状态的结束部分。在体育教学三个部分中,要根据学生的运动状态及时调整运动负荷,如果学生的运动能力、身体素质较好,那么可以加强练习的强度的和次数,以确保学生达到运动锻炼目的。而如果天气及周围环境不佳,学生运动能力状态也不佳,那么,应当减少运动强度和组数,以免造成运动疲劳和受伤的情况发生。

### 3.确定调控方法

在熟练掌握负荷调控相关理论知识基础上,根据课堂实际需要和前面所学的练习密度调整技能和练习强度调控技能,便可以确定调控方法。这一阶段要求基本掌握负荷调控技能的内容,在熟练运用负荷判定方法对运动负荷进行判定的基础上,能够对体育课的运动负荷进行科学合理的调控,顺利完成负荷调控和评价任务。

### 4.预判调控效果

在经过负荷调控后,就需要对负荷调控的效果进行预判。这主要是检验前面的心率水平预计技能和练习疲劳判定技能的掌握情况。就心率水平预判技能而言,已经给出了详细的方法步骤,例如,使用讲解法放慢教学节奏,以降低运动负荷,但在不清楚学生心率水平是否已经恢复到负荷域范围内时,可以选择一名有代表性的学生,让其食指及中指轻轻放于桡动脉处,体育教师看秒表喊"开始"计时,学生自我感知脉搏数,时间至"10s"或"15s"时,教师喊"停"询问学生脉搏数,如果学生脉搏搏动超过"25 次/10s"或"40 次/15s"说明还需要休息,如果低于最佳负荷域较多,学生都处于安静心率水平,说明休息过多,下次讲解示范时间需要适当减少。

### 5.反思提高创新

经过负荷调控理论知识和负荷调控技能内容的学习后,练习者已经对一堂体育课的负荷量和负荷强度有了清晰的认识,也基本上能够准确设计练习密度,预计最高心率和平均心率。但如果想要将运动负荷调控技能运用自如,达到自动化,前面这些都只是掌握负荷调控技能的第一步。因为负荷调控技能的获得是一个反复训练,不断总结提高的过程,负荷调控技能如果想要达到自动化的程度还需要练习者反复练习,反思提高才能实现。也可根据教学实践需要,寻求多样的负荷调控方法,创造性地完成负荷调控任务。

### (二)负荷调控技能训练的要求

#### 1.体验负荷调控带来的生理反应

运动负荷本身既是对身体承受力的考验,也是对身体结构的一次重塑。不用的运动负荷将会对学生的身心产生不同的影响,对教学效率起到不可低估的作用。在进行负荷调控技能训练之前,练习者要先体验不同的负荷调控方法,机体所产生的差异性感受。例如,突然提高或降低运动负荷,身体会不会感觉到不舒服;缓步提高运动负荷,身体的感受有何不同。练习者经过亲身体验负荷调控的过程,会更加认识到负荷调控的重要性,有利于在教学实践中科学、有效地实施负荷调控技能。

#### 2.了解心理负荷调控的内容与方法

心理负荷也是体育教学中不可忽视的重要影响因素,必须了解心理负荷调控的内容和方法。在体育教学的准备部分,要采用各种各样、丰富多彩的教学手段和教学内容,去激活学生课堂情绪。进入基本部分教学时,在学生注意力集中的情况下,教给学生一些新颖的、关键性技术动作,而后,可根据学生的不同特征,再进行个性化的动作技术练习和指导,去完成经意志努力所能达到的教学目标。

### 3.分析调控不当的伤害事故案例

负荷调控技能训练,不仅是掌握负荷调控技能的训练方法,学习负荷调控相关理论,还要能够分析因调控不当而发生的伤害事故案例。在分析伤害事故案例过程中,发现在体育教学实践中的不足,及时改正自己的错误,进一步提高负荷调控技能水平。

### 4.情境中及时判定运动负荷

负荷调控技能的训练不仅要体验负荷调控带来的生理反应,了解心理负荷调控的内容和方法,还要能够在情境中及时判定运动负荷的情况。进行负荷调控技能训练时,应尽量模拟真实情境,使练习者有的放矢,亲力亲为地感受与执行,在真正的体育教学实践中做到游刃有余、不急不躁、运用自如。例如,在安排教学内容时,要合理搭配不同的运动负荷,如把强度较大的跑、跳跃与强度较小的投掷、韵律操和舞蹈等内容组合。若设计的教学内容达不到一定的运动负荷要求,还要安排专门提高身体素质的练习来弥补,以使整堂课的负荷安排处于负荷域范围内。如运动强度和运动量较大则要适当减少练习的组数和次数,以使运动负荷降至最适负荷域范围内,达到提高身体素质、培养运动能力的目的,这些都需要在情境中完成。

### 5.演练运动负荷调控手段与方法

运动负荷调控手段与方法是负荷调控技能形成的知识基础和主要构成要素,也是负荷调控的关键所在。通过感知,如果发现学生不适合现行的负荷,应立即采取相应的调控手段与方法进行调整。不仅要求练习者对学生身体素质方面有较全面地了解,且具有一定的教学经验,注重学生信息的反馈,更要熟练掌握负荷调控的手段与方法。负荷调控要综合分析多方面信息,把量化分析与直觉判断相结合。这要求在保证负荷调控理论知识熟练掌握的基础上,经常演练负荷调控手段与方法,尽快使负荷调控技能达到自动化程度,在体育教学实践中娴熟应用、得心应手。

## 第五节　保护与帮助技能训练探究

保护与帮助技能是指在体育教学过程中,为安全、高效地实现教学目标,根据学生身体素质和技能水平,合理设计与运用各种保护与帮助方法的行为方式。它包括反复练习或模仿而形成的初级技能,也包括在教学理论基础上因多次练习而达到自动化水平的高级技能,即教学技巧。保护与帮助技能包括安全措施落实技能、技巧摆脱危险技能、助力完成动作技能和外部(信号、标志物、限制物等)手段运用技能。

通过本节学习,帮助读者了解到体育教学中保护与帮助技能的作用和特征,明确保护与帮助技能的基本内容和方法,掌握保护与帮助技能训练过程和训练要求。

# 一、保护与帮助技能概述

保护与帮助是为了防止教学意外和达到教学目标而采用相应的手段与方法，以及在学习有困难或无法独立完成动作时，直接或间接协助学生完成动作的教学活动。实施保护与帮助，不但可以摆脱危险的困境，避免受伤，还有助于减轻练习者的心理负担，消除顾虑，增强信心，便于建立正确的动作概念，掌握动作技术，提高动作质量。

## （一）保护与帮助技能的作用

### 1.有利于防止或减少伤害事故

体育教学存在着一定的难度和危险性，极易发生拉伤、擦伤、骨折等意外伤害。如若管理松懈，措施不当，则更易酿成安全事故。防止和减少伤害事故的发生，是学校体育工作的重点，亦是教师上好体育课的重中之重。根据教学内容、教学对象、教学阶段等实际情况，熟练运用保护与帮助技能，科学合理地设计教学方案，做到胸有成竹，只有防患于未然，才可以有效防止或减少伤害事故的发生。

### 2.有利于促进体育教师知识的再学习

保护与帮助的设计，是综合运用各种基础理论与技术知识的过程，它需要教师具备多元化的理论知识和熟练掌握运动技术动作。随着教学改革的逐步深入，体育课堂教学内容不断丰富，一些新兴的运动项目，如橄榄球、轮滑、攀岩、体育舞蹈、节奏体语、街舞等走进了课堂。同时，各种新的理论也在推动体育教学的发展，如核心力量训练理论、功能训练理论、筋膜学等。为了更有效地实施保护与帮助技能，高效安全地完成教学任务，教师必须通过各种渠道进行理论与实践知识的再学习，深入了解和分析相关信息。

### 3.有利于增强学生运动安全的自我防范意识

在教学的初期，教师会较多地使用保护与帮助，随着教学和练习的加深，学生需要逐渐摆脱教师的保护与帮助，独立完成动作练习。学生在学会运动技能并能独立完成运动技术的过程中，需要把教师的保护与帮助转化成自我保护，并通过对动作技术的不断练习和理解，提高自我保护能力，增强运动安全的自我防范意识。把教师的保护与帮助转变成自我保护能力，是实现学生运动安全的重要途径。

### 4.有利于提高学生体育技能学习的有效性

学生在运动学习的初期，因对运动技能的理解不足，练习方式与用力次序不了解，势必会产生各种多余的、不协调的甚至是错误的动作。此时若得不到教师的指点与帮助，那么练习效果就会下降；相反，如果在学生练习相对困难时得到教师的及时保护与帮助，就会提高练习的效果。以跳箱分腿腾跃为例，在教师的保护下，学生逐渐消除了对跳箱的恐惧与紧张心理，在教师的帮助下，可以按照动作的要求顺利完成跳箱练习。"保护"可以消除学生的紧张心理，"帮助"可以带给学生技术的力量，既能顺利完成动作，又能提高学生练习的有效性。

### 5.有利于增进师生感情和培养团结互助精神

学生在课堂上掌握的体育技能大都是在体育教师的保护与帮助下习得的，是师生密切配合，共同合作的结果。通过这种合作与配合，可以增进师生感情；同学间互相进行保护帮助,不仅可以提高课的密度与运动量,还可以培养相互之间的信任感和责任感,以及团结互助的集体主义精神。

### (二)保护与帮助技能的特征

#### 1.适时性

体育课堂教学是一个实时动态的过程,教师应随时准备保护和帮助,同时还要注意保护与帮助的助力时机,过早或过晚的阻力不但没有效果,还可能出现伤害事故。由此可见,保护与帮助技能具有适时性的特征。在实际教学中只有当学生确实需要保护或帮助时,才给予及时的保护与帮助,根据教学进度、技术动作的需要和学生生理负荷变化特征等,适时改变保护与帮助的方法。同时,要注意保护与帮助的站立位置,随动作的需要改变高低、前后、左右的方向和选择正确的身体部位。如跳马项目教学中,为了改进第一腾空技术,保护者在助跳板一侧,帮助摆腿或托腹以提高重心;为了改进第二腾空技术,可站在跳马前帮助顶肩和推手;在学生落地时,一般站在落地点侧方,防止前扑和后倒;在做分腿腾跃与分腿跳下动作时,保护者要站在落地点的前面,两腿前后站立,避免影响动作的完成和被踢伤。

#### 2.预见性

保护与帮助技能的主要目的,是预防教学过程中的伤害事故和促进学生技能的学习,在准备阶段就需要对教学过程中可能出现的意外伤害等安全隐患进行预判,具有较强的预见性。在保护与帮助方法的设计中,首先,要充分了解教授内容的技术特征,熟悉技术动作的力学原理,根据场地器材设施的实际情况,预判实践过程中可能出现的伤害事故的原因、阶段和程度,科学合理地设计保护方法;其次,根据学生的实际情况,预判学生需要进行助力的时间、阶段和部位,并有针对性地设计帮助方法。

#### 3.针对性

保护和帮助都是出于对学生不能完成练习从而运用的静态或动态的措施和方法;保护和帮助都有明确的目的指向,它们都是教学组织者或学生有意识、有目的的行为或行为结果;两者都需要专业的知识、经验、方法和技能作为支撑。保护主要针对体育课堂教学的安全问题,在出现危险情形时进行保护,贯穿于教学的始终;主要针对学生的教学内容的学习有效性,两者具有不同的目的指向。

#### 4.交融性

保护与帮助技能具有交融性特征,主要体现为保护和帮助之间的关系。在体育课堂教学中,由于动作技能学习的复杂性,通常我们把保护与帮助联系起来使用。在有些动作技能的学习过程中,保护与帮助往往以交替或同时出现的形式,紧密联系。例如,在前空翻教学中,教师在使用"十字手"时,它既是对学生的保护动作,也是一种直接帮助。此外,保护与帮助可以相互促进,有时帮助也是一种保护,保护也是一种帮助。例如,助力帮助就是避免学生受伤的一种保护,保护措施就是给予学生一种心理上的帮助。在运用保护与帮助时,不能把保护与帮助截然分开、对立起来。

#### 5.有效性

保护与帮助技能的有效性特征,主要表现在保护和帮助方法的设计和运用上。只有保护与帮助的动作、方法、手段的设计和运用合理有效，并具有可操作性，才能防止学生意外伤害事故的发生，消除学生动作技能学习的心理障碍，有助于促进学生动作技能的学习，确保安全、高效地完成体育教学。

### (三)保护与帮助技能的内容

保护与帮助是体育教学的一大特征，保护始终贯穿于整个教学过程，而帮助主要针对教学的初始阶段。保护与帮助技能主要包括：安全措施落实技能、技巧摆脱危险技能、助力完成动作技能和外部(信号、标志物、限制物)手段运用技能。

#### 1.安全措施落实技能

学校体育安全措施是校园安全基本内容之一，也是学校体育教学的基本保障。学校和教师为保证学生的安全，制订各种规章制度，如《体育课堂教学常规》《体育场地器材安全制度》《体育场馆使用制度》《游泳池使用制度》《学生体检制度》《学生体育课堂行为规范》《紧急情况处理制度》等。安全措施落实技能就是教师在进行体育教学过程中，为了防止意外事故的发生，对各种规章制度的执行行为能力。

具备良好的安全措施落实技能，首先，需要有爱心和责任心。对学生安全无微不至的关怀和周密细致的工作，以及完备的安全对策，学生的安全才有最基本的保证；其次，需要教师熟悉各种体育教学安全规定和措施，用规范严谨的工作程序来确保学生的安全。例如：课前准备好场地器材，定期检查场地是否平整，体育设施是否损坏，仔细检查器材是否存在安全隐患，确保第一时间发现并及时处理；最后，还需要落实学生的安全教育，引导和督促学生落实各项规章制度。体育教学的安全，要靠师生共同维护，学生也必须具有强烈的安全意识，严格体育课堂教学规范，穿运动服和运动鞋，严禁佩戴各种金属或玻璃的装饰物等，遵守课堂纪律，服从教学要求与安排，严禁嬉戏打闹。

#### 2.技巧摆脱危险技能

技巧摆脱危险技能是指在体育教学过程中，为预防和减少伤害事故发生，或在伤害事故发生的过程中，采用各种技巧动作预防和摆脱危险的行为能力。技巧摆脱危险技能主要包括他人保护技巧和自我保护技巧。

##### (1)他人保护技巧

他人保护技巧是指在教学过程中，为防止由于技术动作不熟练或意外等原因可能出现的危险，保护者直接保护学生所采取的必要方法。保护者可以是教师也可以是同伴，其主要目的是改变学生的身体位置、动作方向和受力程度，停止、减缓、加快或停止动作速度，避免剧烈摔倒或撞击，确保学生的安全。常用的保护方法有接、抱、挡、拦、拨等。接和抱主要是减小垂直方向的冲击力；挡、拦主要是减小水平方向的冲击力；拨主要给身体以偏心的作用。

##### (2)自我保护技巧

自我保护技巧是指体育教学中，学生独立运用特定技巧预防或摆脱危险的方法。既存在人类本能的行为因素，也需要不断的练习与强化。例如，守门员跳起接高空球，为避免与其他球员冲撞，就需要提膝进行自我保护，有本能的成分，也是平时训练的结果。在进行自我保护时，应头脑冷静，采取措施要迅速、果断、有效，特别警惕头部的直接碰撞和直臂反撑等。常用的自我保护方法有利用惯性、改变动作性质、主动停止练习、紧握器械、利用浮力等。

### 3.助力完成动作技能

助力完成动作技能是指在体育教学中，为更快建立正确的动作概念，更好掌握、改进和提高动作技术，帮助学生完成技术动作的行为能力。助力完成动作技能分为直接助力和间接助力两种。

（1）直接助力

为使学生能更快地建立正确的动作概念，更好掌握、改进和提高动作技术，直接作用于学生的方法叫直接助力。常用的直接助力方法可以分为助力类、阻力类、扭力类和固定类。

（2）间接助力

间接助力是指不直接施力于学生，通过各种感觉器官，间接给予助力的方法。帮助者主要通过触觉、听觉和视觉对学生给予助力，使其正确理解技术动作的基本要领，掌握用力时机、节奏，体会所在的空间和方位，尽快学会动作和提高动作质量。

### 4.外部（信号、标志物、限制物等）手段运用技能

外部（信号、标志物、限制物等）手段运用技能是指为消除学生的紧张害怕心理，正确体会动作要领，尽快掌握动作技能，缩短教学过程，促进技术的提高，而利用辅助器械进行保护帮助的行为能力。常用的器械有保腰带、护掌、手腕手套、护膝、浮板、弹力带、海绵坑（包、垫）、保护凳（台）、沙坑等。

（1）信号运用

信号运用主要是使用声音、颜色等信号的方法，通过听觉和视觉等，给予学生提示，起到警示和提醒作用。例如，在投掷实心球的教学中，可将安全区域和危险区域分别用绿色和红色标注，红色用来警告不可随意乱入。若有学生不慎在投掷过程中闯入红色区域，则立即以口哨报警，喝止其进入的同时，也起到了暂停其他学生投掷练习的作用。

（2）标志物运用

标志物运用主要是使用标志杆、标志盘等，起到指示动作的方向、范围和提示用力时机等作用。例如，在跳高教学中，可在横杆上方挂一个彩球作为标志物，提醒学生助跑起跳后，必须头顶彩球才能完成"背弓"动作，以此避免发生过早"倒杆"的错误动作。

（3）限制物运用

限制物运用主要是通过在练习中设置限制，提高或降低动作的难度，起到限定完成动作规格的作用。例如，在鱼跃前滚翻的教学中，可通过安装软皮筋的方式，控制学生完成"远撑"的远度和高度，也可通过逐渐拉远和升高软皮筋的距离和高度，加大练习难度，从而提高动作质量。

（4）防护物运用

防护物运用主要是通过使用海绵坑（包、垫）、护具等，起到缓冲和防撞击等作用，以减轻学生恐惧心理。例如，在轮滑的教学中，只有要求学生穿戴好头盔、护手、护肘、护膝等护具，

才能开始练习,可先让学生体会摔倒后,自我保护的姿势和力度。学生在亲身感受到摔倒后,在护具的保护下可以缓解甚至阻隔撞击和摩擦的疼痛,学会放松练习,克服畏惧心理。

## 二、保护与帮助技能训练过程与要求

### (一)保护与帮助技能训练过程

保护与帮助技能是一项实践的能力,练习者只有通过不断吸取和内化才能建立、完善和提高自己保护与帮助的能力。它和掌握运动技能一样,都需要从外界获取知识,再通过自己不断练习和实践才能形成。保护与帮助技能训练包含内化训练和外化训练两个方面。

保护与帮助技能训练过程是练习者根据保护与帮助技能训练目标,经过有针对性的内化训练和外化训练,最终以教学活动实践来实现。该过程是一个周而复始的过程,可通过不断的设定训练目标,逐步形成自动化的教学技巧。内化训练主要是通过对保护与帮助理论知识的学习和对实践的归纳、总结、提炼,强调对保护与帮助知识技能的自我转化过程;外化训练主要是通过将已获取的理论知识应用于教学实践,在教学过程中实施保护与帮助技能的过程。只有加强内化训练,才能将理论应用于实践,在教学中得心应手,完成由内向外的转变和升华。

(1)训练目标

保护与帮助技能训练首先要设定明确、具体的训练目标。训练目标通过技能训练的不同阶段等因素来设定,根据兼顾练习者的个体差异和个性需求,最终实现熟练和合理运用保护与帮助技能的目的。

(2)技能训练途径和方法

内化训练是练习者通过将主体的动作技能与教学环境作用及其关系抽象概括到已有的心理结构中,转化为内在的心智活动,并成为稳定个性特征的过程。主要通过书籍、视频、网络课程、教学观摩、教学比赛、示范课教学等,进行保护与帮助技能的自主观看和学习。内化训练是保护与帮助技能训练的初级阶段和量变阶段,注重的是知识的吸取、模仿和整合。

外化训练主要在专家、教授和名师引导下,进行的各种强化行为训练,并把习得的保护与帮助技能知识移植到练习者的教学实践中。外化训练是保护与帮助技能训练的高级阶段和质变阶段,通过消化和吸收理论知识,转化成自己独有的教学技能,注重的是技能的实操性和有效性。

(3)教学实践

训练目标的实现最终要通过体育教学实践来检验,教学实践也是内化训练和外化训练的综合运用阶段,是巩固和提高教学技能的有效途径。

(4)评价与反馈

保护与帮助技能训练的评价,目的在于帮助练习者改进和提高教学技能,可采用诊断性评价和形成性评价,而非优劣等级的评价。评价过程本身就是学习和掌握教学技能的过程,要强调评价过程中的学习因素。评价采用讨论的方式,气氛应温和,所有参加者抱以相互学习、相互帮助的态度,提出各自对教学实践活动的意见和建议,提出改进的措施和努力方向。

（二）保护与帮助技能训练要求

1. 重视安全教育，加强理论学习

"健康第一"是学校体育工作的指导思想，而安全是实现健康第一的前提。充分认识安全教育的重要性，提高安全责任感，是保护与帮助技能训练的首要内容。另外，保护与帮助技能是经过长期的教育理论和教学实践活动的学习研究，通过对教学规律的认识和把握而逐步形成的。教学过程中保护与帮助的设计和运用是否科学合理，是教师综合素质能力的体现，要求教师的知识储备要全面。教师不仅需要掌握多项运动的技术动作，还要通晓运动解剖学、运动生理学、运动生物力学等基础理论，建立合理的知识结构，以便准确判断动作技术的重点、难点和关键点，把握好保护与帮助的时机、力度等要素，科学合理地预见可能出现的伤害事故。

2. 视频分析案例，加强直观效果

成功的保护与帮助案例给人以启发，伤害事故的案例使人警醒。在保护与帮助技能训练过程中，应多观看相关视频，加强直观效果，并进行详尽深入的案例分析，从中总结经验和教训，有利于提升保护与帮助技能训练的效果。可利用微课视频、教学观摩、公开课、示范课、教学技能大赛等，观察其他教师是如何进行设计和运用保护与帮助技能，通过为什么这样设计安排？是否合理？我会怎么设计安排等问题的思考，总结发现有效的保护与帮助，为我所用，吸取他人的不足和教训，引以为戒。

3. 反思实践，总结经验

保护与帮助技能的实践性较强，只有不断吸取外部经验和通过思考、总结、内化再外化才能完善和提高。保护与帮助的实施不是一成不变的，面对不同的学生，要采取不同的方法；在练习技术动作的不同阶段，实施保护与帮助的方式和方法也不尽相同。只有在教学中通过不断的积极思考、反复实践、总结得失，才能持续提升保护与帮助技能。

4. 移植竞技训练用法，运用教学实践

专业的竞技运动训练难度大、强度高，保护与帮助的方式、方法则更加严密和细致。体育教师可以学习专业竞技训练中保护与帮助的用法，并经过改造、整合、拆分、移植等方式，借鉴到体育教学中来，拓宽保护与帮助的视野，增强保护的安全性和可行性，增加帮助的科学性和有效性。例如，在专业体操翻腾训练中，使用吊保护带的方法，延缓运动员完成动作和降落的时间，体验反转的身体感觉，是可以移植借鉴的。

5. 积极创新，谨慎实践

保护与帮助技能训练要防止"拿来主义"和"教条主义"。教科书中前滚翻保护与帮助要求"保护者跪于练习者侧方，推背帮助起立。"在实践中对于低头团身较好但滚动不足的学生比较适用，利用推背助力有利于前滚翻站立；但如果学生低头不及时，团身不紧，利用推背助力就可能适得其反。要结合学生的特征以及动作技能形成规律，合理设计保护与帮助。此外，不同的运动项目、不同的技术动作有不同的保护与帮助方法，在教学实践中要灵活运用，勇于创新，逐步形成自己独特的保护与帮助技能。例如，双杠的前滚翻成分腿坐，有的教师是通过双手托举进行保护与帮助的，而有的教师则通过站立在双杠之间，用背部来完成保护与帮助，使学生既克服了心理障碍，又顺利地完成动作，增强了师生间的互信。

# 第七章

# 高校体育教学与运动训练研究

# 第一节 高校体育教学与运动训练关系

## 一、体育教学与运动训练概念的界定

体育教学是教师的教与学生的学的统一活动。具体地说,体育教学是学生在老师有目的、有计划的指导下,积极主动地学习与掌握体育、卫生保健基础知识和基本的技术、技能,锻炼身体,增强体质,发展运动能力,培养思想品德的一种有组织的教学过程,是实现学校体育目标的基本途径之一。体育教学属于学校体育的范畴。体育教学包括体育理论知识的教学和体育技术、技能的教学实践课两种基本形式,并以后一种教学形式为主。运动训练是指在教练员的指导和运动员的积极参与下,为不断提高或保持运动员的运动成绩而专门组织的一种教育过程。在这个专门组织的教育过程中,教练员要根据运动员所从事的运动项目,采用多种多样的身体练习的方法和手段,对运动员进行身体、技术和战术训练以及心理、智力和恢复训练,有计划地不断提高或保持运动员的运动成绩。这一概念阐明了三个要点:一是运动训练是一个专门组织的教育过程;二是运动训练以不断提高或保持运动员的运动成绩为主要目的;三是运动训练是在教练员的指导和运动员的积极参与下进行的。对运动训练的概念,国内外有些学者从比较广泛的角度认为运动训练是运动员为创造或保持专项运动的最高成绩所做准备的全过程。这一定义除了将前述运动训练的概念所缺的内涵包括在内,还大大地扩大了其外延。也就是把与运动员创造或保持专项运动的最高成绩有关的各个方面,包括所采取的准备、创造和保持专项运动最高成绩的一切措施和办法,都纳入运动训练的范畴之内。从体育教学与运动训练的概念上不难看出,这两者之间具有共同之处,又各具特点。两者都是有组织的一种教育过程,都是培养人的手段,都是教与学的双边统一活动,都是以身体练习为主并承受运动负荷等。不同之处是,两者本质属性上有差异,体育教学属于学校体育的范畴,而运动训练则属于竞技体育的范畴。两者在目的任务上也有差异,体育教学的主要目的是增强体质、增进健康,而运动训练的主要目的是提高运动成绩,夺取各种运动竞赛的奖牌。两者在内容上、方法上、手段上等各方面都存在着明显的不同。

体育教学与运动训练概念的确立反映出人们对其特点的认识与掌握。我国体育教学与运动训练的概念形成已久,其分析与概括也相当完备,但隐藏于概念背后的一些问题却为人们所忽略。概念的归纳是与事物发展过程相逆的活动,事物不断发展变化以图改变现有状态,而人则通过实践经验总结出一定事物的阶段性特征,同时在具体的实践过程中遵从这些原则规律并加以运用。因此,从事物发展的角度来说,概念的确立在一定限度上固然能促进事物的发展,但在运用概念的同时,更应该注重概念的废除与重建,这是社会发展的需求,也是社会体育需求发展的要求。

## 二、体育教学与运动训练的相同性

### (一)二者都需要运动

运动训练需要"运动"是毋庸置疑的,而体育教学也需要运动。体育教学最主要的特点就是通过不同的运动来提高学生的身体素质,即学生需要在反复的学习和练习过程中不断提高自己的技能水平,而这个过程能够促进学生身体素质和运动技能的提高。从这一方面来说,无论是体育教学还是运动训练,它们都需要通过"运动"来达成各自的目的。

### (二)二者都根据对象的特点选择运动形式

体育教学和运动训练都需要按照学生和运动员的年龄、性别、体质、运动水平等来选择运动项目。如在大学生体育教学中,体育教师应以增强大学生的身体健康为目的,根据大学生的身心特点,选择能够适应其身体负荷的运动项目,并进行合理的搭配、排列与组合,这样才能促使教学过程更加科学化、高效化。而在大学生运动员的运动训练中,教练员同样要根据运动员的身心特点,选择适宜学生发展的训练项目,并需要根据其运动状况,制订多年详细的运动训练计划,分不同阶段逐渐地提高运动员的运动水平,延长运动员的运动寿命。从这一层面来说,体育教学和运动训练都是要以针对的不同对象的情况为切入点进行教学或训练的。

### (三)二者都需要随着时代的发展而发展

随着时代的发展,体育教学逐渐由传统的以传授固有知识为重点的封闭式教育向着重培养学生的创造性思维和终身教育观念教育方式转变。在这种情况下,体育教学的内容需要跟上时代发展的步伐,改变过去的单一的竞技体育知识传授为主的教学方法和内容,取而代之以健身、娱乐、休闲等内容为主要的学习内容。同样,运动训练的方法与形式也随着时代的发展而不断发展。运动训练需要研究最新的比赛规则,使用先进的仪器设备来提高自己的竞技能力。这些都是时代发展带给运动训练的变化。现代社会要想在比赛中获得好成绩,在运动训练中就不仅需要了解诸如运动生理学、运动解剖学等运动专项理论,还要了解世界各国该项运动水平的发展情况,结合我国此项目的当前水平,找到提高运动训练水平的新的训练理念与训练方法。

## 三、体育教学与运动训练的互补分析

虽然体育教学与运动训练存在一定差异,但从实质上看,体育教学活动与运动训练过程在核心内容上有许多相似之处,而这些一致性,正是体育教学与运动训练能够有效补充、互相渗透的关键所在,虽然存在的其他约束力使得其自然功能发生一定分化,但是二者发展目标的一致性,使得二者在整个教学过程中互相补充,相互渗透。体育教学与运动训练各自存在一定不足和缺陷,这就需要互相借助、相互取长补短,充分利用互补原理解决发展过程中存在的问题,之所以选择互补,就是因为"理论"与"实践"功能上的不同,但都是体育教育过程中必不可少的一部分,因此体育教学与运动训练从实质上来说是可以互相借鉴的和补充的。在体育教学过程中,运动训练只是其中一部分,整个体育教学活动依旧建立在教学目的实施方法的基础上,合理应用教学方法和教学理念等教学活动的基础上。运动训练包含多项内容,就目前发展状况来看,运动训练对竞技性的要求更高,而这一过程基本上以运动训练为主,整个运动训练过程的良好完成都是建立在大量运动训练基础上的。在体育教学过程中,随着教学活动和体育训练的开展,不仅能够帮助有效掌握体育理论,同时能够养成良好运动习惯和健康习惯,而这一系列都离不开运动训练的开展。

对体育教学和运动训练关系的互补分析研究对于体育教育来说十分重要,只有正确地处理好二者之间互相补充、相互促进的关系,才能在教学过程中实现理论与实践的紧密结合,才能够达到运动训练的效果,完成体育教学目的。而通过对两者相同性的正确认识,也将实现体育教学与运动训练之间的合理发展。随着时代要求的不断提升,要想适应这一变化,就需要改变以往传统单一的教学方式,创新教育形式,由封闭教学、机械教学转化为创造性教学。只有教育观念发生了本质的变化,才能跟上不断变化的时代形势。在变化发展的过程之中,转变旧的、落后的发展方式和成长理念,促进新的教育教学理念的形成,这样才能提高我国的体育教学整体水平,促进运动训练成绩的不断提高。

# 第二节 高校运动训练和体育教学的发展趋势

## 一、我国高校体育运动训练中存在的问题

### (一)不重视体育专业理论知识的学习

广义的体育运动训练实践既包括训练实践也包括体育专业理论知识的学习。但是目前,我国许多高校受教育思想的影响,在促进大学生个性发展的同时,却放松了对大学生的文化知识学习的重视。尤其是体育专业的大学生,很多都不注重专业理论知识的学习。这就导致其在体育运动训练中,对教练员的指导理解不正确,难以把握住体育技能要点,同时更容易发生运动损伤,体育运动训练成果不理想,技能水平提升较慢。

### (二)体育运动训练课程设置不合理

近几年来,随着社会经济的发展和时代的变革,体育事业也进入产业化阶段,这就对专业的体育运动训练员提出了更高的要求。而我国众多高校的体育运动训练课程在训练内容设置上落后明显,难以满足当前体育产业化阶段市场对专业体育人才的要求。所以我国高校必须积极调整与变革相应的体育运动训练课程的内容,使其更具有科学性、专业性与时代性,以此优化高校体育运动训练质量,提升其训练有效性。

### (三)高校运动队管理科学性不高

现阶段,我国高校体育运动队的管理还不是十分科学,这主要表现在两方面。第一,缺乏专业的体育运动教练员。众所周知,体育运动教练员的训练水平直接影响着大学生运动员的体育运动训练成果。目前我国高校的体育运动训练员一般都是由本校的体育教师兼任的,并非专业的体育运动教练,这样其体育运动训练能力自然有限。所以高校体育教师对大学生体育运动员的体育训练成果并不理想,我国高校运动队的管理方法必须及时调整与改

革。第二,我国高校运动队在选拔大学生运动员时,过于注重大学生运动员的体育天赋与体育技能,忽略了对大学生文化素质、心理素质、思想道德等方面的考察,大学生体育运动员虽然体育天赋不错,但心理承受能力较差,意志力不强,这样在训练过程中他们就很难长久坚持,遇到挫折往往会情绪低落,从而直接影响体育运动训练成果。

## 二、高校运动训练与体育教学的发展趋势

### (一)通过运动训练促进学生素质的全面发展

体育教学的重要表现之一就是发展人的自然素质,这主要是因为自然素质在人的素质结构中最为基础,而自然素质就是指身体素质,且能够通过体育教学进行锻炼与提升。想要达到这一目的的人,就需要承受一定限度上的负荷。高校学生在兴趣爱好、体育观念、身体形态以及素质等方面存在着一定的差异,其体育运动的水平自然也存在着一定的差距。针对这一点,教师就需要通过合理运用运动训练手段,结合学生的实际情况制定出相对合理有效的课程模式,减轻学生在锻炼过程中承受的负荷,使其在体能与体格等方面得到切实有效的锻炼。

### (二)运动训练与体育教学的互动发展

要想顺利开展高校体育教学,就需要确保运动训练与体育教学相互依托,互为一体。高校体育教学一旦脱离运动训练,势必缺乏必要的美感与激情,无法使学生的积极性得到调动;体育教学是运动训练的基础,运动训练一旦脱离了体育教学,势必也得不到良好的发展。因此,运动训练与体育教学需做到同步发展,即高校可将体育教学作为竞技体育发展的基础,充分利用运动训练、课余体育竞赛、课堂教学等方式,使学生的技能水平与体育意识得到强化,确保学生能够正确、深刻地认识体育,培养出一大批运动技术水平较高的积极分子与体育尖子;另外,竞技运动和训练的持续发展也会使体育教学发展得到进一步促进,即通过开展竞技运动可以使学生的集体荣誉感得到提高,激发学生参与训练的热情与积极性,并最终促进高校体育教学实现健康长远的发展。

## 三、提升高校体育运动训练有效性的科学策略

### (一)培养大学生体育运动员的运动兴趣

兴趣是最好的老师,人们对某件事情的兴趣爱好,对于推动事情成功至关重要,对于体育运动训练来讲也不例外。大学生体育运动员如果具有浓厚的运动兴趣,那么在进行体育运动训练时,就会主动且全心贯注地投入其中,这样他们在整个训练过程中对于体育运动训练方法和体育运动训练技巧的认识更深刻,掌握也更熟练,其体育运动训练的有效性也就随之显著提高。而培养大学生体育运动兴趣的方法主要有以下两种。第一,积极鼓励大学生运动员邀请自己的运动员同伴一起进行体育锻炼,并在锻炼前设定竞争规划,锻炼过程中彼此竞争,相互鼓舞,共同提高体育运动训练的效率。第二,积极报名参加各类体育运动会,通过对实践体育赛事的亲身经历,激发起大学体育运动员参与体育运动的兴趣。

## （二）培养大学生体育运动员的体育精神

在体育运动训练中，运动员需要消耗大量的体力，拉练全身各个部位，唤醒身体的运动状态，并随时承受运动损伤的风险，也就是说体育运动训练本身是一件十分艰苦的活动。再加上近些年来，我国人民生活水平的提高，许多大学生从小娇生惯养，倍受呵护，缺少吃苦精神和顽强的意志。要在这项艰苦活动中长久地坚持下去，没有体育精神的支持是很困难的。所谓体育精神一般是指体育运动的整体风貌、体育运动水平、体育运动特色、公正、公开和凝聚力、号召力等，这也是体育的理想、情操、信念、道德与体育审美水平等的标志，是整个体育运动的支柱和灵魂。只有具有了强大的体育精神，运动员在体育训练中，才会更加不畏困难、艰苦奋斗、自觉地维护团队的团结公平。而体育精神并不是每个运动员与生俱来的，而是在平常的体育运动中训练一点点培养起来的。这就需要大学体育运动教练重视大学生体育运动员体育精神的培养，将体育精神融入体育专业理论知识教学中，不断加强大学生体育运动员对体育专业理论知识的学习。通过对体育文化知识的学习，加深大学生运动员对体育精神的深层次精神感悟与理解。

## （三）重视大学生运动员良好心理素质的培养和训练

体育运动员心理素质的好坏会显著地体现在体育训练的每一个环节上，有时甚至会细化到运动员的每一个体育动作中。如果大学生运动员缺乏良好的心理素质，心理承受能力差，在体育训练中一旦受到挫折，很容易陷入垂头丧气、情绪失落、萎靡不振等不良运动状态中，直接降低体育运动训练的有效性。所以体育运动训练员必须重视大学生运动员良好心理素质的培养，并在平时的体育运动训练中通过科学化的心理素质训练方法不断增强大学生的心理承受能力，促使他们随时保持一个良好的心理状态，并在这种良好心理状态的影响下，使身体训练进入预期的最佳状态。

## （四）进一步加强对高校体育运动队的管理

目前我国高校体育运动队的管理并不科学，这就要求相关高校从大学生运动员和体育训练员这两方面进一步加强对高校体育运动队的管理。一方面，在选择大学生运动员时，将他们的文化知识水平与体育技能、体育天赋作为其入选资格的共同依据。另一方面，高校要及时改变传统的体育教师兼任体育训练员的落后管理方式，在大学中将专业的体育竞技和日常的体育教学工作独立开来，并为体育运动队聘请训练水平高、训练经验丰富的专业的体育教练员，负责高校的体育运动训练工作。

## （五）制订科学合理的体育运动训练计划

体育运动训练是一件需要长久坚持的艰苦事情，在日积月累的长期训练中，才能实现身体素质的增强与运动技能的提升。尤其是对于专业的体育运动员来讲，运动训练量更大，日常训练过程也更艰苦。这就需要体育运动训练员根据自己丰富的实践训练经验与队员的身体素质状况，制订科学合理的体育运动训练计划，通过该计划将艰巨的体育训练任务细化到各个阶段，各个环节，有步骤性、有重点地展开相关的训练活动，最终达到高效优质的训练目的。

### （六）加强对大学生运动员本体感觉的研究

所谓本体感觉一般是指关节、肌腱、肌肉等身体各个部分的运动器官自身处在不同状态（静止或者运动）时，所产生的身体感觉。作为人体最基本的感觉系统，本体感觉的灵敏限度对于体育运动员的训练水平与训练质量有重大影响。一方面，本体感觉在运动员进行体育运动训练时，可以准确提供出运动员身体姿势变换与运动员四肢位置转变的信息，精确地感知到运动员目前所处的相对位置。它虽然不能直接显现在某一体育运动项目上，但是却可以间接影响体育运动训练成果，它通过有效控制体育运动员身体各关节的活动，协调运动员的身体各部位的动作配合，促使运动员做出的体育动作更到位，并确保运动员的身体平衡。另一方面，本体感觉还有助于大学生运动员有效预防体育运动训练中的各类运动损伤。所以高校体育运动训练员必须进一步加强对大学生体育运动员本体感觉的研究，深入了解各个运动员的本体感觉灵敏限度，并将其有针对性地应用到日常的体育运动训练中，最终提升大学体育运动训练的有效性。

综上所述，目前我国高校传统的体育运动训练机制存在的问题越来越明显，其落后的训练方法与管理方式已经难以适应时代的发展需要。这就需要各大高校积极采取科学策略，对高校体育运动训练进行变革与创新，通过更加科学化、专业化的训练与管理方法，进一步提升我国高校体育运动训练的有效性，优化高校体育运动训练质量。

## 第三节　高校体育教学与运动训练理论实践研究

当下高校各类教学活动中，智育压倒体育的趋势愈演愈烈，德育教育在高校教学过程中也被淡化，因此，体育课堂教学急需改革，通过构建高效的课堂改革新模式和新体系，进而实现全科育人的教学理念。从当下体育教学实践上来讲，良好的体育教学课程与训练课程关乎人才的培养质量和运动训练专业化技能的提升，对加强学生心理健康教育和学生做好职业生涯规划有着积极影响。

### 一、制约我国高校体育运动训练专业课的设置因素

#### （一）课程内容设置与人才目标偏差

当下，我国运动专业训练还沿用教练员本位的教学理念，尤其在实践体验课程活动中运动训练专业的课堂设置仍将关注点集中在学生是否达到预定的要求上，从某种限度上来说，忽略了学生的心理健康要求，违背了"健康第一"的教学原则，不利于增强学生的心理素质。目前，我国体育教育专业课程分为两大类：第一类，要对运动生源进行系统和理论化的教学；第二类，对普通学生开展全面训练要求。但是，由于运动训练的专业课程内容有部分偏差，导致人才培养目标相对落后，因而，专业培养目标不清晰、运动训练专业培养方向狭窄、学科和科目比例不够协调、必修和选修课混乱等问题，导致课程设置缺乏科学化。

#### （二）评价层次与结构不协调

体育运动训练专业课程层次的协调与否，与体育运作质量的均衡化有着直接关系，如若

课程层次不够清晰,那么就会导致训练专业课程不够规范。另外,衡量课程层面专业的关键要素是体育分数,即评价方式,体育评价是衡量体育教学质量的重要标准,若评价标准过于单一,评价体系的层次与结构不协调,也会给体育考试带来诸多负面影响。很多学生平时不重视体育锻炼,在考试前"恶补",延长训练时间,加大训练量,导致训练效果不理想。因此,为提升训练效果,教师应该选用学生更能接受的方式提升学生的体育锻炼能力,培养学生的运动兴趣,让学生掌握良好的运动技能。另一方面,对于学生体育课程的评价标准也要与时俱进,不断创新,不以唯一的考试分数衡量学生的课堂表现。

## 二、高等院校体育教学与运动训练发展性构想

### (一)建构特色化体育课程体系

体育课程建设的要求主要从引领、规划、建设等几方面入手,这些都是体育课程设置的关键驱动力,可以让各级的院校领导从繁复的事务中脱离出来,还原教育本身。教育主管部门也应该积极组织高校体育课程教材的调研工作,让学校思考、规划体育课程。构建的体育训练专业要符合校本特色化要求。在此基础上,培养高校学生的体育素养,不仅要关注学生评价,更要关注课程评价,摒弃过去重视课堂忽略课程的形式,构建更具特色的运行训练专业课程体系,由此才能构建完整和富有特色的学校运动训练专业化体系。

### (二)创新运动训练专业课程设置

通过高校的体育运动训练专业课程创新,让体育课程教学质量实现跨越式发展。我国的体育教育要走特色化发展道路,起点是培养学生的体育运动兴趣,力争让学生养成终身体育锻炼的习惯。体育教学活动的关键是为了推进学生的锻炼能力,使学生通过体育课程培养自己的体育锻炼能力,养成热爱体育、不断加强体育锻炼的良好习惯。高校要不断地深化体育教学改革,发挥学校体育运动训练课程的主导作用,持续推进体育健康教育,让学生全面掌握运动技能,更要重视学生健全人格方面培养。体育运动项目的开设一方面是身体建设,另外一方面是心理建设。体育是一项群体活动,比如篮球、足球等项目需要团队配合,因而为在竞争中获取名次,就要队员之间的相互配合,这对提高学生的人际交往能力有很大帮助。所以要鼓励学生多参与体育锻炼,让学生通过体育结交新朋友,并且学会团队之间的配合。此外,体育运动训练也要根据中国的国情完善高校体育课程结构。

## 三、高校体育教学课程与运动训练实践性研讨

### (一)创新当下教学理念并改革教学内容

很多人将体育看成是单纯的体力运动,其实体育在发展进程中更涉及脑力训练。研究发现,经常参与体育锻炼的学生反应和应变能力都比较强。体育训练专业的学生一般文化基础薄弱,导致在理论课程学习时出现学习目标不明确、学习动力缺失、学习方法单一等状况。出现这些状况的真正原因是传统的理论课程教学以教学大纲为主,虽然这种"中规中矩"的做法能够适应教学需求,但是却不能契合学生的专业化特点,导致教学内容单调,学生难以理解和接受,进而失去学习兴趣。因此,教师在选取运动训练专业学生教学内容的时

候,要根据学生的学习特点,结合教学大纲的规定要求,遵循"从简求实""深入浅出"的学习原则,将理论必修的难度降低,让知识更偏重于操作性,尽量将抽象的知识转向为形象知识,让学生能学、能会、能用,真正达到学以致用。另外,在设置理论选修课程的时候,也要考虑市场需求和学生爱好这两方面因素,加大教育、自然、学科和工具类等边缘学科的课程比重,让学生在学习阶段多涉猎知识,这样不仅能拓展学生的知识面,对培养学生的学习能力的提升也有切实帮助。

### (二)运用自讲教学法促进学生能力的提升

自讲教学法主要集中于"导"字上面,"导"即为引导,通过引导让学生对知识有初步的了解,然后再深入地探究知识本质内容。这要求学生要具有一定的主动学习意识,能够积极主动地获取知识,教师发挥"导"的作用,是要引导学生的学习方向,避免学生在学习过程中走偏,这要求教师要根据课堂所讲内容,结合学生的学习实际,给学生提出基本的问题,学生根据问题开展针对性学习,通过查阅文献资料、分析、思考,提高解决问题的能力,进而达到触类旁通。此外,引导自讲,能够提升学生的表达能力,激发学生学习兴趣,调动学习主动性,学生的学习主动性也能由此激发。例如,教师在进行《运动心理学》"社会环境与青少年心理"这一章节时,就可以运用自导法展开讲解,课程开始之初给学生讲解有关社会环境对学生状况的影响因素,让学生通过孟母三迁的案例了解环境对人的影响意义。通过事例引入,学生对环境影响因子有了初步探究,通过有趣的案例探究知识的本质内容。这种自学、自讲的教学模式对学生课下主动获取知识、提升语言表述能力方面发挥了积极作用。

### (三)通过讨论研究教学方法助力教学革新

讨论研究教学法的开设则将关注点集中在"论"字上面,教师组织学生探究体育课堂教学方面的论点或者难点,讨论的目的一方面是让学生交流看法,另一方面是通过讨论寻求到解决办法。例如学生在上羽毛球专业课时,不能第一时间掌握好落球的位置,初期接球的时候,直接让膝盖垂直落地,这样不仅不利于方位的调整,还会因为地面的震动导致膝盖受伤。但是借助于课程讨论使学生了解到,如若在运动时脚掌倾斜落地,那么膝盖不垂直下落就能有效规避这一问题。由此教师在设置问题的时候,需要选择和学生的兴趣与需求结合的问题,给学生充分的准备和思考空间;教师组织教学活动,让学生能够畅所欲言,在学习完成讨论以后,教师要针对学生的状况做总结,使学生能够全面、准确地把握知识。借助讨论,不仅学生的分析、理解和逻辑能力能够得到不同程度的提升,学生的领导能力和协调能力也得以发展。

### (四)采用联想对比教学方法完成教学实践转型

新一轮的课程改革已经逐步进入到深水区,运动训练专业教学改革要符合国家的"教育改革深化发展"的要求,借助现代化教学资源的整体优势,进一步创新现代化教育教学改革发展新模式,培养创造性的高水平运动人才,不断地完善课程改革发展模式,让体育教育活动更趋向高端化、多元化和集聚化。由于传统的体育观将体育的生物价值属性看成是教学活动的中心,因而关于体育的解释更关注生物学科知识,人们将关注点都集中在运动员的体能、技术等方面。因此,体育院校要树立更为全面的价值观,要在体育教学活动开展的同时增设人文社会学科。在教学活动开展的同时,给学生灌输相关的人文理念,这不仅契合人文与科学相融合的教学理念,也让学生在完成体育训练要求的同时,了解体育文化和体育知识,对提升学生整体素养有积极推动意义。

在课程教学改革的过程中,要强调运用横向联想与纵向对比相接的教学方法,该教学法的关键在于一个"比"字,即理论教学过程中将相似的概念、规律或者现象根据不同的方式进行对比,并且在比较中找到相同或者相似点,目的是加深知识理论能力。这要求教师在教学时需要准确的对比不同材料的相似之处;同时要求学生由此及彼地联想到之前的知识;此外,让多项知识彼此之间形成内部联系,通过建立恰当的联系,让学生寻找到内在知识认知规律。

高校开设运动训练专业课程学习不仅是学习的需求,也是培养学生体育素养的关键性举措。因此,教师教学时要转变专业课程的设置形式,转变运行训练的驱动要素,进而完善专项体育课程,增强学生对实践知识的理解能力,借以优化课程训练和课程改革,进而探寻体育课程改革的新模式。

# 第四节　体育运动训练基本原则及对高校体育教学的启示

在科学和经济迅速发展的今天,高校教学中的体育运动训练受到教育领域和各界人士的关注,纷纷研究什么是体育运动训练的基本原则。在国家和教育部的政策指导下,全国各地将中学生体育成绩纳入中考成绩,在很大程度上提高了全体学生和教师对于体育重要性的认识。体育运动训练一般是以学校本身的体育训练规律为准,此项标准在一定程度上体现了体育运动的有效性和正确性,这些体育标准都是学生和教师在长期的训练中得出的。

体育有其独特的文化性,高校教学过程中开展了多项体育训练项目,每一项体育训练项目都有着其独特的优势,也发挥着不同的作用和功能。体育教学和体育运动训练有所区别,各有特点,两者在教育实践过程中发挥着不同的作用。对体育教学和体育训练的基本特征进行深入了解,合理掌握两者之间的关系,可以帮助更好地在高校开展体育教学和体育训练工作,推动高校体育教学工作的健康进行。本文根据各高校在体育教学实践过程中获取的教学经验,对高校体育运动训练的基本原则和体育教学的启示进行深入分析。

## 一、运动训练与体育教学之间的联系

运动训练与体育教学之间有着紧密的联系,在体育教学中经常会借助运动训练的方式来达到预期教学效果。运动训练简单来说就是预先设立好体育训练的目标,进而通过一定强度的运动任务来达到预期训练效果。运动训练是提升学生身体素质水平,增强学生运动能力的有效途径。在体育教学活动中,体育教师应当充分利用科学合理的运动训练方法来促进学生运动水准与体育能力的提升,通过规范化的训练和教学能够高效地促进学生体育成绩的提高,达到理想的体育教学效果。结合规范化运动训练而言,主要可以分为身体训练以及战术训练两种模式。运动训练具有较强的专业性特点,在体育教学中通常需要教师进行专业的示范和指导,然后引导学生进行反复、大量的训练才能够获得良好的训练效果。在体育教学中运用运动训练需要综合考虑学生的体质特征、接受能力以及训练目标等多方面因素。除此之外,还应当结合教学目标、场地以及设备条件等合理设计运动训练的内容和强度。运动训练有效展开的影响因素包括多方面,教师的自身专业性、学生的身体素质水平、运动项目和教学目标等都是影响体育教学中运动训练方式的主要原因。因此,需要在保障体育教师专业水准的基础上,对运动训练有更为深入的把握和理解,才能够充分发挥运动训练的积极作用和效果,促进体育教学有效性的提升。

## 二、体育运动训练的基本原则

### (一)健康性原则

该原则要求全体学生要在保持身体健康的前提下才能参与正常体育训练,训练过程中通过加强训练来不断增强学生的体质。教师在开展体育教学的过程中也要注意体育项目的安全性,以学生身体安全为前提,以提升学生身体健康水平为目的来进行各项体育项目训练。在坚持健康性原则下,长期坚持训练才能更好地发展身体机能,才能更为高效地开展体育教学。

体能是通过力量、速度、耐力及身体协调和柔韧限度等运动素质表现出来的人体基本运动能力,体能的锻炼以增强学生健康和提高学生基本活动能力为目标。健康体能指的是人们能通过适当的训练在日积月累中锻炼提升自身素质,让身体更容易适应陌生的环境。例如,夏季天气比较炎热,学生在高温环境下进行体育锻炼会排出很多汗液,身体流失大量水分,一些身体较差的同学甚至会出现脱水现象。冬天是个流感高发的季节,许多学生很容易染上风寒感冒,进而影响学生参与正常的体育锻炼,甚至影响正常生活。当学生经过长期的体育锻炼后,身体适应能力会有所提升,能更好地适应各种天气环境,减少因为抵抗力弱而在天气突然变化时生病的情况。当然,在体育运动训练过程中,所有的体育运动项目训练都需要在学生身体健康的前提下开展,如此长期坚持训练才能更好地发展身体机能,继而促进学生的全面发展。

首先,贯彻健康性原则的根本目标就是增强学生的体质和发展身体机能,围绕这一目标,让学生进行运动训练。

其次,在思想上,健康性原则应该是所有问题的根本,学校开设相关的运动项目就是希望学生们能通过一定的体育训练,达到提高自身素质的目的。虽然追求高素质人才是办学的主要目标,但是保证学生的身体健康是办学的重要理念基础。学校在给体育教师安排体育教学工作时,应听取众多教师共同商议的意见和建议,保证所采取的训练在学生身体的接受范围之内,不能因为想要提高身体素质而参加过量的体育运动,这样反而会对身体某些部位造成伤害。

再次,体育训练的基本原则是让学生根据个人身体素质,适当锻炼,循序渐进,虽然教师在日常的教学工作中会鼓励学生积极面对并且努力克服困难,但是所面对的困难和挑战也应该在学生的接受范围之内,不应给学生过高的体育训练目标。此外,学校应要求体育教师将健康性理念传给每一位学生,保证健康性理念在每一位学生的心目中根深蒂固,学生在参加日常的体育活动和训练时一切都应当以健康为准。

最后,体育教师也应在体育教学中梳理好健康性原则,尽好自身的义务,时刻关注学生的身体情况。学生在参加有些危险的容易对身体造成危害的体育活动时应该注意提醒其做好防范措施,所使用的训练设施也必须符合标准,保证不会因为设施出现质量问题或防范措施没有做好而让学生身体受到伤害。

（二）全面性原则

全面性原则指的是学生在进行体育活动或参加体育训练时,为了让身体的各个方面都能得到锻炼,展示自己的体育天赋,学生所接受的训练和活动也应该具备全面性原则。这些活动和训练,不能单纯地停留在表面或只单一参加某些体育运动,应具有多元化特点。人体是一个统一的有机体,综合的、多样化的体育训练才能发挥人体每一个部位的机能。因此,体育教师开展体育活动时应该针对性地安排一些相应的训练,每一种训练类型都应该以身体某个部位的机能发展为目的,只有这样才能确保能有效训练开发学生身体的各部分。贯彻全面性原则一般有以下几点要求。

1. 全面发展是学生参加体育训练的目标导向,应该被学校和体育教师重视

只有做到强者更强、强弱兼顾才能更好地进行体育训练,锻炼学生的身体素质。一般情况下,每个学生自身的身体机能都有所区别,身体状况也有一定的差异,运动喜好和自身的运动强项也有所不同。学校和教师为了对学生开展一系列的针对性训练,通常会让学生参加一些体能测试,以对每个学生的身体情况有大致的了解,方便开展接下来的训练工作。教师在日常的体育训练中往往采取许多措施来促进每个学生全面发展,但由于学生的身体机能发展不平衡,在实际的针对性训练中还存在巨大的问题。既然要做到全面发展,那么在保证强项更加突出的同时,弱项应得到最大限度的弥补。教师应充分了解每位学生身体情况,知道哪个学生哪个项目发展较弱,哪个项目要想取得更好地成绩就应参加大量的训练。

2. 学生在参加大量训练的同时,也应该在教师的引导下调节好身体素质和运动能力之间的关系

不能单纯地只追求运动能力的提高,而忽略了身体素质的提升。只有具有较高的身体素质,学生才能积极地全面地发展。身体素质和运动能力,两者相辅相成,当学生经过一定量的体育运动之后,其运动能力会有相应提高,身体素质也会因为运动能力的提高而提高。

## 三、体育运动训练对高校体育教学的启示

（一）体育训练的内容和过程对体育教学的启示

运动训练主要是针对一些具有竞争性的运动项目而开设的。体育竞技能带给人们精神上的享受,是人们生活娱乐的一种方式,同时也是一种具有较高水准的体育活动。竞技不仅能带给人们许多快乐和享受,还能够动员全校师生参与其中,在锻炼身体、丰富课余活动的同时体会体育活动带来的乐趣。一些天赋较好的运动员在报名参加体育竞技时,在参与竞技比赛中全力以赴,锻炼自我、超越自我,也成为学生学习的榜样,其体育精神可以鼓舞士

气,引导越来越多的人参与到体育活动中,并且爱上体育运动。例如,教师在组织跑步比赛时,要考虑到体育活动给学生带来的作用。跑步比赛能够激发学生的竞争意识,在赛跑中不断提升自己,获得全新的体会和感受。这对学生的身心健康发展非常有利,能够帮助学生进一步激发自身潜能,发挥更大的优势。同时,这对学生的全面发展也非常重要,如果想让学生切实发挥出自身素质能力,就必须结合体育训练的内容进行考虑,在教育教学活动的影响下帮助学生完成充分的学习体会,体育教师要将重点放在学生整体素质的培养上。

### (二)训练方法和训练原则对体育教学的启示

学生在参加体育训练时往往会受许多教学因素的干扰。学生在参加体育训练时,教师使用的方法应严格按照教学原则来施行,不能存在偏差。与此同时,学校和教师要根据教学的情况和学生体育训练的实际情况,定期进行研讨,总结相应的经验,只有不断地总结训练方法和相应的训练原则,才能更好地帮助学生积极、健康地参加体育活动。高校体育训练所采取的教学方法和原则有很多相同之处。例如,在进行俯卧撑训练时,教师可以给学生以正确姿势的引导,让学生能够养成良好的体育练习方式,在锻炼过程中不断提高自身素质,也有利于学生在训练过程中养成认真负责的态度,并逐渐成为影响学生一生的重要行为习惯。因此,训练方法和训练原则对体育教学而言非常重要,为促进学生的身心健康发展,应结合体育训练的过程,逐渐提升整体学生的体育素质。体育训练基本原则对高校体育教学有很大推动作用,要求教师必须利用合理的训练方式来进行体育教学。

### (三)先进知识与科学技术的启示

正如上文所言,运动训练具有一定的专业性和系统性,所以在训练过程中会采取一些较为先进的训练理念和训练方法,也能够接触到最为先进的训练器材设备等,还能够充分地与最新的科技水平相结合。相较而言,运动训练具有一定的先进性和专业性。而这些方面刚好可以弥补体育教学的不足,体育教学中可以利用运动训练中的先进知识与专业技能展开教学活动,进而完善体育教学的质量与水平,全面促进体育教学有效性的提升。

体育训练的开展工作是一个连贯的过程,学生在参加体育活动时必须严格遵循健康性原则和全面性原则。学生在参加体育活动时要积极踊跃,教师要选择针对性的项目开展训练,将学生锻炼成全面型体育人才。教师自身也要具备较强的专业教学能力,提供更多更完备的体育设施来完成教学目标,从而帮助学生更好地参加体育活动,并培养出一批又一批优秀的体育人才。

## 四、高校体育运动训练课的发展策略与建议

### (一)完善课程设置,坚持"健康第一"的教学理念

在教学课改形势下,体育选修课程应对高年级学生开设。课程设置应遵循以学生为主导,充分考虑学生现有的心理水平及兴趣,重视学习过程和学生的主体地位,全面提升学生的综合素养。在教学改革背景下,高校应不断转变传统的以运动技术为核心的教学模式,逐步树立起"以运动竞赛为中心、以健康为首"的新型教学理念,从而促进大学生的全面发展;应以增强体质、培养大学生体育锻炼能力为目标,帮助其树立全面运动、健康第一的体育意

识;要以创新进取、提升实践能力为中心,通过多样化的体育手段,来激发学生参与体育训练活动的积极性;要摒弃以教材、技术和课堂为中心的传统教学观念,关注体育教育,使高校学生的身心素质得到全面提高。

### (二)完善体育场馆设施,加强高校体育师资建设

体育场馆设施及各类体育运动器材,是高校开展体育教学活动的基本前提。在我国,大部分高等院校的体育经费,均是由政府拨款或者是由高校自身筹备而来。假如不能正确分配这些教育经费,势必会影响高校体育教学的改革进程。基于此,在继续扩招的前提下,高校还应确保体育经费同学生数量同步,并加大体育经费支持力度,逐步完善校内各项体育设施,从而更好地满足高校当前的扩招需求。与此同时,教师是高校体育运动训练课程教学中的引导者,其综合素质的高低,不仅关系到体育教育改革的成功与否,同时也影响着体育教学的工作质量。为此,各高校应吸引和培养更多经验丰富的体育教师,使师资队伍结构得到全面调整和优化。要引导和扶持中青年教师在职期间接受深层次教育,使学历层次得到逐步提升;应适当鼓励本校在职老师去其他省市读硕士、博士等,为本地区输送更多的优秀教学人才;此外,要创造优越的教学环境、条件,高薪聘请或吸引外省教学经验丰富的体育教学老师,从而不断优化高校体育教师的人才结构。

### (三)丰富教学训练方法,构建科学的教学评价体系

高校应立足于当前教学实际,将教师的教法与学生的学法综合起来,营造有助于学生全面发展的和谐环境。要以学生为主导,恰当运用“发现、做示范及问题教学”等方法。转变传统的教学组织形式、通过更新教学方式、提升技术等级等方式,为学生营造良好的学习情境,使之成为体育运动训练课中的主人,从而不断改善教学效果及质量,促进教学目标的顺利实现。此外,要构建科学的教学评价体系。高校体育课程评价是高校体育教学中必不可少的环节,一旦评价方式运用不恰当,很容易降低学生的学习主动性,严重时还将导致其厌烦体育课。基于此,一套有效的评价体系,应包含运动技能、活动参与以及社会适应等诸多方面。高校体育运动训练成绩的评价,既要遵循《体育与健康课程标准》中的相关要求,同时也应关注学生学习的各个阶段,要综合运用学生自我评价、他人评价等方式,使高校体育运动训练课的教学质量得到有效提升。同时,在实际的教学过程中,体育教师应做到“区别对待”,针对那些素质条件先天不足的学生,应适时予以鼓励,从而帮助其树立学习体育的信心。

### (四)营造校园体育文化氛围,组建教学类体育俱乐部

当前的教育形势下,高校应贯彻落实好《纲要》的规范及要求,要始终坚持“三自主”方针(在教学内容、上课时间和授课教师上,学生有绝对的选择权),逐步创设先进的体育文化氛围。首先,应立足于高校现有教学模式的实施状况,以“三基型”为基础,逐步实施“二段型”教学模式,使大学生能对体育运动训练课有更浓厚的兴趣;其次,应稳步发展和推进,假如高校已推行“二段型”教学模式,则可在校内成立教学类体育俱乐部,并将管理权限下放给学生社团。要从时间、器材、场地及指导力量等方面为学生提供条件,必要时可延长学生借还运动器材时间,或者延长学校向学生开放体育场馆的时间;可为学生配备1~2名体育运动教练,让体育俱乐部成为学生锻炼身体、体育课拓展和学生个性培养的根据地。最后,应深入

分析学生在课余及假期的生活方式,鼓励学生将假期利用起来,踊跃参与各类健身活动,从而逐步培养学生的终身体育意识及能力。

综上所述,体育是人类发展进程中的历史产物,其表现形式多种多样,因此人们在体育运动中具有较多的自主选择权。体育教学与运动训练之间存在着千丝万缕的联系,运动训练的原则及方法等对体育教学有着一定的启示作用。本章简要地阐述了运动训练与体育教学之间的联系,介绍了运动训练的基本原则,并进一步分析了运动训练对体育教学的启示和作用,以期能够更好地促进体育教学活动的有效展开。

# 第八章

# 高校竞技运动多元化教学与训练实践探究

第八章

# 第一节 篮球运动教学与训练实践探究

## 一、篮球运动的常规教学与训练

篮球运动是我国青少年最喜爱的一项体育活动,它是由跳、跑、投等基本动作所组成的一项集体的直接对抗性的竞赛活动,在活动中要求密切配合、灵活机动。篮球运动对提高学生的身体素质水平有较高的价值。

(一)篮球技术的常规教学与训练

1.移动

移动是对篮球比赛中队员的位置、方向、速度、高度变化时所采用的各种脚步动作方法的统称,是篮球比赛中一项主要技术动作。移动技术是各项技术的基础,是实现篮球战术配合的重要因素。

(1)教学与训练方法

第一,体会移动动作要领,按体操队形进行基本站立姿势及各种移动练习,可边讲边练,讲练结合。

第二,按口令练习移动动作。学生按体操队形听教师口令或看教师进行各种移动练习。

第三,结合实践练习。两人一组,一攻一守,结合实践练习各种动作,进一步巩固动作质量。

第四,在篮球场内练习。根据篮球场上的线圈和固定目标进行各种移动练习。

第五,利用障碍物练习。利用各种障碍物进行移动练习,要求学生认真观察,合理运用。

第六,抛接球练习。各组成纵队站立,站排头持球向前方4~5米外的上空抛起后,快速起动,接球急停转身,将球传回本组,依次进行。

(2)易犯错误及纠正方法

易犯错误1:两脚开立的距离近,重心高,上体前倾过大。

纠正方法:教师在练习中多提醒动作要领和关键,或者重复讲解动作要领,并以正确的示范动作指导学生的练习。

易犯错误2:开始移动时蹬地无力,腰腹灵性差,动作速度跟不上。

纠正方法:重点讲解示范蹬地动作以及上体的配合动作,并在慢速练习中体会。

易犯错误3:移动中手脚配合不协调。

纠正方法:在慢速练习中,体会手脚配合动作,逐渐提高要求。

易犯错误4:不会合理地运用前脚掌蹬地,显得灵活性差,动作速度慢。

纠正方法:在慢速练习中体会前脚掌蹬地和脚触地动作的方法。

易犯错误5:急停触地时,不是以脚跟着地滚动到前脚掌,而是前脚掌触地,容易前倾,急停不稳。

纠正方法:先练跨步急停,再练跳步急停,并注意由慢速到快速,逐渐提高要求。

### 2.运球

运球是摆脱对手、发动战术配合时所经常采用的一种基本技术。运球方法有高运球、低运球、运球急停急起、体前变向换手运球、体前变向不换手运球、背后运球、胯下运球、运球转身等。

手对于球的控制能力，即为控制好球的反弹高度、速度与角度，脚步移动的熟练程。需和手脚协调配合。

（1）教学方法

第一，原地垂直的高低及各种变向运球、体后运球的动作要领。

第二，对墙运球的练习，提高腕、指的控球能力。

第三，体前单手做推提运球的动作要领。

第四，行进间的运球练习。

第五，全场绕圆弧形运球。要求左右手交替，绕圆时用外侧运球。

第六，在对抗条件下做攻守运球、防运球的练习，单手背后。

（2）易犯错误及纠正方法

易犯错误1：运球时身体不协调，手与球的接触部位不正确。

纠正方法：讲解、示范运球技术动作要领，在慢速练习中体会动作。

易犯错误2：低头运球，控制球的能力差。

纠正方法：可采用在运球中喊出教师手指的数目或注视目标的方法，帮助克服低头运球的错误。

易犯错误3：运球时不会合理地用身体保护球，球容易被对方将打掉。

纠正方法：讲解、示范运球时的身体动作及手臂的协调配合方法，并说明保护球的重要性，先在慢速练习中体会。

易犯错误4：在运球变向、变速和运球转身时动作过大，形成明显的翻腕动作，造成二次运球违例。

纠正方法：重复讲解变向、变速、运球转身时手触球的部位和身体的动作方法。首先在慢速练习中体会动作，逐渐加快速度，提高水平。

### 3.传接球

传接球是篮球比赛中队员之间有目的地转移球的方法，是组成进攻的纽带。接球是与传球紧密联系在一起的技术，接球的目的是获得球，以便投篮、突破、传球或运球。

（1）教学方法

第一，各种原地双手或单手传接球。

第二，移动中双手或单手传接球。

第三，行进间（先做慢速再做快速）双手或单手传接球。

第四，综合传接球。

（2）易犯错误及纠正方法

易犯错误1：接球手型不正确，无缓冲动作。

纠正方法：指出正确的手型，加大迎球距离。要求臂部、肘关节放松，接球时顺势后引，在慢速练习中体会动作。

易犯错误 2：持球手型不正确，掌心触球，传出的球无力量。

纠正方法：进一步讲解、示范正确的持球手型，可采用每人持一球的互推练习，帮助体会正确的持球和出手用力的方法。

易犯错误 3：持球或传球时肘关节外张。

纠正方法：注意手腕不要紧张，肘关节不要下垂，还可做模仿练习，帮助体会正确的动作。

易犯错误 4：传球时动作不协调，双手传球时用力不一致或两手交叉，传出的球侧旋；单手传球时好似推铅球或甩球。

纠正方法：可在慢速练习中体会正确的动作。注意出手后的手臂动作，用时要求学生注意落点，讲明落点不准主要是传球技术的错误，引起学生重视并认真练习。

易犯错误 5：行进间传接球时手脚配合不协调，有的腾空较高，有的侧身跑动，影响速度和效果。

纠正方法：进一步讲解、示范行进间传接球和手脚配合的方法。可先在慢速练习中体会正确的动作，逐渐提高速度。

4. 投篮

投篮是队员在进攻中得分的一种方法，是篮球运动中最重要的技术。任何进攻战术的目的都是为了创造有利的投篮机会。但是，即使战术配合得很熟练，投篮时机很好，若投篮不中，则前功尽弃，在投篮教学中应特别注意强调"准"。投篮"准"的基础是正确的手法和协调性。另外，还应注意瞄篮点、球飞行的抛物线、球的旋转；在比赛中还要具备坚强的信心、高度集中的思想和良好的体力，并掌握投篮时机。在教学中，应当以要求学生掌握正确的投篮手法为重点，坚持认真刻苦练习，这样就一定能提高投篮水平。投篮方法有原地投篮（双手胸前投篮、双手头上投篮、单手肩上上篮、单手低手上篮、双手低手投篮、反手投篮、勾手投篮）、原地跳起投篮（单手肩上投篮、双手头上投篮、双手补篮、单手补篮）和扣篮等。

（1）教学步骤

第一，初学阶段，学习并初步掌握正确的投篮动作，体会投篮技术的关键和要领。特别要掌握投篮手法，逐渐做到动作连贯、用力协调，并掌握瞄篮点、球的飞行抛物线和球的旋转规律。注意认真纠正错误动作。可组织徒手模仿投篮练习、对墙投篮练习和原地投篮练习等。

第二，在初步掌握投篮的正确技术后，要不断巩固，反复强化，及时改正错误动作，形成正确的动力定型，为实战运用打下坚实的基础。可组织多种形式和各种条件下的练习，注意练习次数和时间，强调质量。

第三，提高投篮与脚步动作、传接球、运球、突破等技术的衔接能力和控制身体平衡的能力，为实战运用奠定基础。可进行传球投篮、运球投篮、运球转身投篮等练习，并可采用传切、突分、掩护、接应或综合配合投篮练习等方法。

第四,采用对抗性的投篮练习,使练习更加接近比赛条件。可进行竞赛性的练习以及在防守条件下的投篮练习,以提高学生的兴奋性和技术运用的应变能力。根据教学大纲的安排,在不同的阶段运用不同的教学方法,采用不同的练习形式,认真完成教学任务。

(2)教学方法

第一,原地双手或单手近距离投篮。

第二,行进间(先慢速后快速)双手或单手投篮。

第三,跳起双手或单手投篮。

第四,补篮或扣篮。

(3)易犯错误及纠正方法

易犯错误1:持球时掌心触球,投篮动作不协调。

纠正方法:教师应注意强调持球时手触球的部位要正确,并可采用对墙做投篮模仿练习,以帮助体会动作。

易犯错误2:肘关节外展,致使投篮时用不上力量,投篮出手时手腕、手指僵硬,投出的球不是向后旋转,而是有些横转动。

纠正方法:面对墙站立,反复做瞄篮与收回的动作或出手的动作(自接)。每做一次都要注意观察肘关节、手腕、手指的动作和球的旋转方向是否正确。

易犯错误3:投篮时出手角度太小,手臂只向前推,而没有向前上方伸出的动作,使球的飞行抛物线过低,不易投中。

纠正方法:在投篮者前面站一人(或放挡板),双手高高举起,这样不仅可以帮助投篮者提高投篮的抛物线,而且能帮助其改进投篮或跳投时身体前倾的错误。

易犯错误4:投篮出手时,过早地运用手臂、手腕、手指的力量;球刚出手,手臂就急速收回,没有建立起"伸臂护送球入篮"的感觉。

纠正方法:在练习中强调手臂向前上方伸展到将要伸直的一刹那间才运用手腕、手指的力量。出手后观察自己的手臂动作,并要求随投篮方向在空中稍停,护送球入网。

易犯错误5:行进间投篮步法乱、跳起时动作不协调等。

纠正方法:可在走动中或慢速跑动中,以正确的步法去拿教师手举的球练习投篮,逐渐加快跑动的速度,去接教师传给的球进行投篮练习。

易犯错误6:行进间投篮起跳时,身体前冲过大,控制不住身体平衡,使投球出手时用力过大。

纠正方法:练习中,强调第一步大、第二步稍小一些,从用脚跟落地过渡到全脚掌着地,摆动腿上摆的同时,向前上方举球抬肘,主要用手腕、手指的力量,柔和地将球投出。可采用徒手练习体会起跳及出手手法的正确动作。

5.持球突破

持球突破是持球队员运用脚步动作和运球技术相结合、快速超越对手的技术,它是一项攻击性很强的个人进攻技术。持球突破方法有原地持球突破(交叉步突破、同侧步突破、后转身突破)和跳步急停突破(正对篮的突破、前或后转身突破)等。

（1）教学方法

第一，要注意培养学生勇猛顽强的战斗作风，要求各种持球突破时机合理，动作做得既有速度，又果断勇猛、扎实有力。

第二，培养学生在原地或快速移动中接球后，两脚都能做轴心脚，并能及时快速地向不同方向突破。

第三，持球突破的教学要与投篮、传接球等技术相结合，并要求衔接紧密，动作协调，运用自如。

第四，教学中要狠抓观察、蹬跨、转体探肩、放球、加速等环节的规格和协调动作的练习与提高，同时注意贯彻规则。

第五，教学中应注意强调和加强脚步动作、运球、保护球相结合技术等能力和技巧的培养与提高。

（2）教学步骤

第一，原地交叉步或同侧步突破。

第二，跳步急停突破。

第三，前（后）转身突破。

第四，结合其他技术的突破。

（3）易犯错误及纠正方法

易犯错误：持球突破时机和假动作的运用不合理。

纠正方法：讲解持球突破时如何运用假动作，如何选择时机。可在慢速中进行练习体会，并对假动作的运用提出要求。

易犯错误 1：持球突破时的蹬跨，转体探肩，放球，加速不连贯、不协调。

纠正方法：教师进行示范时，指出几个环节结合的重要性，并站在练习的位置 3∶1∶2 较慢的速度示范，促进建立正确的动力定型。

易犯错误 2：持球突破时轴心脚移动，或运球时球在手中有明显的停留，造成违例。

纠正方法：讲解、示范如何确定轴心脚，并合理地选择练习形式和手段，提高突破时的脚步动作和运球技术，同时注意贯彻规则。

易犯错误 3：持球突破时身体重心高，不注意保护球，造成失误。

纠正方法：教师站在突破的位置上，两臂侧平举，让学生从臂下运球突破，帮助降低重心，提高保护球的能力。

## 6.个人防守技术

（1）防守有球队员

进攻队员有球时，将以投篮、突破或传球来威胁防守队员。对有球队员的防守，必须尽可能地阻挠他和影响其各种进攻技术的运用与发挥。

（2）防守无球队员

进攻队员无球时的进攻任务主要是摆脱防守，空切到篮下或在有利的位置去接球、投篮。防守无球队员必须合理地、积极地选择有利的位置，尽力防堵无球队员的摆脱空切，并随时注意断获传向他的球,始终保持防守的合理性、积极性、攻击性。

### 7.抢球、打球、断球

抢球、打球、断球是个人防守技术中攻击性较强的技术,既是积极防守思想在防守过程中的体现,又是积极防守战术的重要环节。抢球方法有拉抢、转抢,打球方法有打持球队员手中的球、打运球队员手中的球、打上篮队员手中的球、盖帽,断球方法有横断球、纵断球、封断球等。

### 8.抢篮板球技术

抢篮板球是投篮不中时,双方争抢控制球权的技术。它是篮球运动中的主要技术之一,在进攻或防守中都是很重要的,在比赛中是攻守矛盾转换的关键。

进攻时有效地控制篮板球,不仅可以增加进攻次数和投篮得分的机会,而且可以增强同队队员投篮的信心,减少对方发动快攻的机会。

防守时有效地控制篮板球,不仅可以中断对方的连续进攻,造成进攻队员投篮的顾虑,而且能为本队快攻创造有利条件。

### (二)战术基础配合

战术基础配合,是两三人之间通过良好的协同动作而组成的简单配合,有进攻和防守之分,是组成全队攻守战术的基础。

#### 1.进攻战术基础配合

进攻战术基础配合包括传切配合、突分配合、掩护配合、策应配合等,是组成全队进攻战术的基础,它对配合位置、移动路线、配合时间和技术动作的要求是很严格的。

根据进攻战术基础配合的方法与特征,应培养学生的集体主义精神和密切协作、默契配合的能力与技巧。

#### 2.防守战术基础配合

防守战术基础配合包括"关门"配合、夹击配合、补防配合、挤过配合、穿过配合、绕过配合、交换防守配合等,是组成全队防守战术的基础。在实际配合中,只有严肃认真、积极顽强地掌握配合时机、配合路线和配合位置,并熟悉地运用技术,配合才能成功。

根据防守战术基础配合的方法与特征,对学生进行积极防守思想的教育,培养他们严肃认真、积极顽强的战斗作风以及密切协作的集体主义精神,提高他们的协防配合能力与技巧。

## 二、运动教育模式在篮球教学中的实践应用

当今,在校园内篮球受到广大学生的喜爱,但是缺乏比赛意识,大大降低了篮球比赛的质量,长期下去就会造成不良的影响,必须培养学生的比赛意识、提高学生的练习篮球技术的兴趣。我国应将收运动教育模式与我国篮球教学的实际情况相结合,促进我国体育教育事业的发展。

### (一)运动教育模式应用于篮球教学的教学目标

运动教育模式应用于篮球教学的教学目标是使参与篮球学习的学生成为有能力的、有

运动素养的和热情的运动参与者,使参与篮球学习的学生掌握专项运动技能,发展篮球运动技能与体能;了解掌握一定的篮球运动战术,具有评价和运用战术的能力,有能力选择参与适合自身水平的篮球运动,具有团队精神,在团队中成为有责任感的领导,发展决策能力和解决问题的能力,了解篮球裁判知识,具备一定的篮球裁判技能;形成自觉参与篮球运动的意识。

### (二)运动教育模式应用于篮球教学的教育理论

运动教育模式一般根据运动教育理论来讲,主要包括的特征有体育教师需要在篮球教学工作之前做好各项准备,在授课的过程中介绍篮球的各种教学模式,让学生在学习过程中了解和掌握篮球学习的主要内容、主要目的、主要手段、方式方法以及篮球教学班当中的一些基本课堂规则,并在授课过程中组织形成比较固定的学习小组,每一个学习小组的学生都要扮演教练的角色,组织组员设计教学计划;小组的形式学习篮球技战术,并在篮球教学中模拟积分制的正式比赛,着重体验运的过程,而不是单一地去看结果。

#### 1.赛季

运动教育模式使用的篮球赛季与传统上的单元不一样。篮球赛季超大单元,一般情况下一个赛季至少要20节课。美国学者迈克尔·W.梅茨勒(Michael W.Metzler)认为,运动季通常包括练习期、季前赛期、正式比赛期和有最终比赛的季后赛期。

#### 2.同学关系

学生在整个赛季内自由的组成小组,也可以在教师的指导下进行分组,在整个篮球赛季要以小组进行学习,整个赛季中的学生在一起决策比赛事项,共同完成赛季内的目标、体验失败与成功、创建小组的荣誉,发展小组的特色。

#### 3.正式比赛

正式比赛使教学中的重要环节。每组在教师的指导下设计多次的比赛,每个队根据比赛的计划对本队制定相应的短期和长期计划。

#### 4.最终比赛

比赛可以是团体赛也可以是个人赛,在学生中选出最终的裁判员进行现场的执法。最终比赛要求每个学生都要参加,即使是作为观众也要参加,为选手加油助威。

#### 5.成绩记录

篮球比赛都需要进行成绩记录,学生在记录成绩的过程中进行学习,增加学习的兴趣,通过成绩也可以了解到自身的优缺点。学生通过分析成绩可以提高学生应对战术的水平。

#### 6.庆祝活动

庆祝活动是整个赛季的最后活动,是整个运动教育模式的升华,赛后学生通过布置场地、设计颁奖活动等来营造欢乐的气氛,使学生们喜爱篮球运动,为整个赛季画上圆满的句号。

### (三)运动教育模式应用于篮球教学的必要性

篮球运动能够吸引广大学生的喜爱主要在于篮球通过团队的合作赢得比赛,学生在篮球比赛中要合理的使用自己所学的知识,以前传统的模式只重视学生掌握篮球技能,忽略了学生的全面发展。在运动模式的教学模式下，可以培养学生团结合作的精神，培养团队意识，使学生为了共同的目标而努力奋斗。在运动模式教学中不仅要求学生能够掌握篮球动作技能，还要求学生能够掌握攻守战术，使其能够在真正的比赛中合理地运用所学知识，是篮球教学更有意义。

1. 运动教育模式使学生更加了解篮球运动

在运动教育模式在篮球教育中应用改变了学生对体育课的认识，学生在运动教育课堂中要求学生扮演篮球比赛中的各个角色，扮演的角色要求学生能够充分的了解篮球运动。不仅要了解篮球的历史还要了解篮球比赛的规则和裁判评分标准。了解篮球的历史可以使学生深刻地认识篮球，了解篮球的文化，在学习篮球的时候能够有较高的篮球素养；在运动教育模式下，要求学生进行角色扮演，学生不仅仅以球员的身份存在，还有可能担任队长、宣传员、裁判员、记录员以及啦啦队员。这就需要学生了解篮球的相关规则，学生在了解篮球规则的同时更加熟悉了篮球的运动技能。而传统的教学模式只重视学生运动技术的掌握，忽略了对篮球规则的教学。在实际的比赛中，学生通过扮演的角色，更加有责任感，更能正确地认识篮球，使他们体会到比赛的重要性，与传统的教育模式相比，是规则不再停留在试卷上，而是让学生能够真实地了解篮球的规则。

2. 运动教育模式提升了学生的篮球专业技能

该运动模式使学生在整个学期都要以小组进行学习，为学生的学习提供一个良好的学习氛围，有利于学生更好地掌握篮球技能，在传统的教学模式中，虽然重视运动技能的教学，忽略了其他知识的教学，但是综合水平的高低也决定中运动技能的掌握情况。运动模式的主要目标就是通过教授篮球相关知识来督促学生更好地掌握篮球运动技能。运动教学模式通过赛季让学生进行篮球学习，每个学期都要进行一次比赛，比赛会使学生学习战术和应对战术的方法，更好地运用所学的运动技能，学生通过真实感受篮球比赛现场的气氛，更加喜欢篮球，更加勇于探索篮球运动里的未知领域。运动教学模式使学生变得会学、爱学，极大地提高了学生的篮球水平。

3. 运动教育模式对学生的心理产生了积极的影响

运动教育模式改变了传统教育模式如同"模具"一样的教育方式，实现了由"复制模型"到尊重个体发展的转变。真正做到了人为本，因材施教，极大地发展了学生的心理素质，使其变得更加独立、自信、乐观，勇于挑战，从而发展了学生的个性、增强了学生的耐挫能力、提高了学生的适应和学习力。

（四）运动教育模式在篮球教学中的实践应用

1. 运动教育模式在篮球教学中的应用

在篮球教学中实施运动教学模式，首先在整个赛季开始之前，要先将学生分成不同的小组，在整个学期中都要以这个小组进行学习，这也体现了篮球这一运动的集体性。在整个学期中每个学生的表现都有利于整个小组的发展。分好小组后，每个小组都要选出队长，然后队长根据每个学生的表现进行角色的分配，分配的角色包括：队长、宣传员、裁判员、记录员和啦啦队。角色分配好就要进行正式的比赛，正式比赛中的裁判员是非常重要的，在比赛中的比赛规则、裁判的手势、比赛的得分方法都是裁判的工作，在比赛前还要对学生进行裁判员相关的教学。在实际教学中教师可以在篮球教学穿插 2～3 节课进行篮球相关知识的介绍。最终比赛是正规的篮球比赛，在正式比赛中学生自己记录成绩，自己作为啦啦队为自己队伍加油喝彩，使学生能够真正地感受到篮球比赛的气氛。在比赛中学生自己记录成绩的同时发现自己队伍的不足和以后应对比赛的策略。最终比赛中自己队伍的进球后的心情和气氛，使学生感受到节日的气氛，通过这种活动使学生能够真正了解篮球运动的内涵。

2. 篮球教育中实施运动教学模式应注意的事项

(1)教学前准备工作

运动教学模式是一种新的教学模式，在实施运动教学模式前，教师应该充分的了解该教育模式，教师只有充分地掌握运动教学模式的相关知识，才能在课堂上合理地运用该模式去授课。对于学生来说，可能有的学生从来没有听说过运动教育模式，也可能不习惯该教育模式的教学方法，在运用运动教学模式之前，教师应该对运动教育模式进行简单的讲解，使学生充分的了解该模式的教学方法，并让学生能够习惯和适应小组学习，使其形成团队意识。

(2)合理的分组

运动教育模式的主要就是把学生分成小组进行篮球比赛，分组是实施"运动教育模式"的基础。每个学生的表现都有助于整个队伍的表现，关系到公平学习的机会，体现了公平竞争的概念。在运动教育模式下教师应当注意分组的方法方式，可以使用等级量表分组。

(3)正式比赛前充分考虑学生各个方面的水平

比赛前要考虑学生各个方面的水平，使学生充分了解比赛的规则和比赛现场的各项规定，使其能够在比赛中充分发挥，防止出现投机取巧的现象，控制好比赛现场的秩序，使比赛能够正常地进行。与此同时，教师也应当考虑到每个学生的思想状态，鼓励他们积极参加比赛。

(4)在教学中插入篮球的项目规则、文化等知识

在运动教育模式中主要就是调动学生学习篮球的兴趣，这主要是看学生是否能够去欣赏这项运动，感受到这项运动的魅力，要使学生能够欣赏篮球，必须让学生去了解篮球的发展历史、文化、规则和礼仪。在运动教育模式中虽然有对篮球运动相关知识的讲解，但教师在实施运动教育模式的时候，也应当把篮球理论知识的教学当作重点去教授。

# 第二节　游泳运动教学与训练实践探究

## 一、游泳运动的常规教学与训练

教学内容有熟悉水性，蛙泳、自由泳、仰泳和侧泳的基本技术，以及上述姿势的教学方法。在游泳教学指导中，提出游戏教学的一般原则和要求。

## （一）熟悉水性

### 1.熟悉水性的含义

要在水中游泳，先要熟悉水的环境和特性，就要熟悉和适应不同于空气的水的压力、阻力、浮力，以及水中游泳的姿势和运动特征，消除怕水心理，培养对水的兴趣，并掌握一些最基本的如呼吸、滑行等方法，为进一步学习游泳技术打下基础。熟悉水性是游泳教学的首要环节。

### 2.熟悉水性的方法

（1）水中行走练习

这是熟悉水性的第一个练习，目的是体会水的阻力和浮力，初步掌握身体在水中保持平衡的方法，消除怕水心理。具体练习如下：

第一，手扶池壁向前、向两侧慢步行走。

第二，离开池壁用手维持平衡向前、向后、向两侧慢步行走。

第三，全组手拉手（或搭肩）向前或圆圈行走。

第四，在水中向各方向跑动和跳跃。

第五，在水中做走跑追逐游戏。

（2）呼吸练习

游泳时的呼吸与陆上习惯的呼吸方法不同。游泳是用口吸气，然后在水中用鼻口慢慢呼气。这一练习是使初学游泳者掌握呼吸方法，锻炼把头浸入水中的勇气，进一步消除怕水心理。具体练习如下：

第一，手扶池槽或在同伴帮助下用口吸气后闭气，然后下蹲把头全部浸入水中，停留片刻后起立，在水面换气，口鼻出水后先呼后吸。

第二，同第一步练习，要求把头浸入水中停留片刻后，在水中用鼻慢慢呼气直至呼完，然后起立，在水面上用口快速吸气。

第三，同第二步练习，要求吸气后把头浸入水中，稍闭气后用口鼻同时呼气，在接近水面时用力把气呼完并立即用口在水面上吸气，吸气结束后再把头浸入水中。连续有节奏地做吸、闭、呼动作。吸气要快而深，呼气时要慢，最后用力将气呼尽。

第四，两脚开立，按上述练习要求连续做呼吸动作15～20次，稍事休息后重复练习。

（3）浮体与站立练习

练习的目的是体会水的浮力，初步学会控制身体在水中平衡的能力和水中站立的方法，树立学会游泳的信心。具体练习如下：

第一，抱膝漂浮练习。原地站立，深吸气后下蹲低头抱膝，膝部尽量靠近胸部，前脚掌蹬离池底成低头团身抱膝姿势，自然漂浮于水面。

第二，展体漂浮练习。两脚开立，两臂放松向前伸出，深吸气后身体前倾，两脚轻轻蹬离池底成俯卧姿势漂浮水面；两臂两腿自然伸直。站立时，收腹，收腿，两臂向下压水并抬头，两腿向下伸，脚触池底站立。

（4）滑行练习

滑行是各种泳式的基础，是整个熟悉水性练习的重点，目的是进一步体会水的浮力，掌握水中的平浮和身体滑行姿势。具体练习如下：

第一，蹬池底滑行练习。两脚前后开立，两臂前伸，两手并拢。深吸气后屈膝，当头和肩浸入水中时，前脚掌用力蹬池底，随后两脚并拢，使身体呈流线型向前滑行。

第二，蹬边滑行练习。背向池壁，一手拉水槽，一臂前伸，同时一脚站立，一脚贴池壁。深吸气，低头，上体在水中前倾成俯卧姿势，然后支撑脚向上收起，两脚掌贴住池壁，臀部尽量靠近池壁，随即拉水槽的一臂向前伸出与前臂并拢。头夹在两臂之间，此时头与臀是一条直线，然后两脚用力蹬池壁，使身体呈流线型向前滑行。

第三，仰卧滑行。面对池壁两手扶水槽，两脚蹬池壁，两臂置体旁，下颌贴近胸骨，蹬腿向前滑行。

第四，滑行打水。滑行后两脚上下轻轻打水，体会水的推动力。

### 3.教学方法

第一，呼吸练习中的浸水和闭气是学习游泳的基础，也是消除怕水心理的重要手段，要鼓励学生大胆把头浸入水中。

第二，闭气练习是浮体和滑行的必要条件，要注意引导学生逐渐延长闭气时间。

第三，滑行练习时，可 2～3 人一组互相保护和帮助，做扶、拉、接、推的练习，增长滑行距离。

第四，用游戏和比赛的方法延长闭气时间，增加滑行距离，提高学习兴趣。

### 4.易犯错误及纠正方法

易犯错误 1：吸气呛水。

纠正方法：通过讲解示范，使学生明确用口吸气的道理和方法；反复练习用口吸鼻呼的方法。

易犯错误 2：浮体练习时浮不起。

纠正方法：深吸气，尽量屈身团身抱膝。

易犯错误 3：浮体或滑行后站不起。

纠正方法：讲解示范，明确要领。反复练习两臂压水的同时双脚着池底站立。

易犯错误 4：滑行不适。

纠正方法：滑行前先做好两臂伸直头夹在中间的俯卧姿势，支撑脚和腿收起时尽量屈膝收腹，臀部靠近池壁，蹬壁要快速有力，蹬离池壁后身体伸直成流线型。

### （二）蛙泳

蛙泳是模仿青蛙游泳动作的一种姿势。蛙泳时，头露出水面或浸在水里，抬头就可吸气，呼吸方便、省力持久，而且在游进中声音小、易观察、可负重，是实用性较强的游泳技能。

1. 动作要领

（1）身体姿势

俯卧水中，两臂前伸并拢，微抬头，前额齐水面，稍挺胸略收腹，腿伸直呈流线型，身体纵轴与前进方向成 5～10 度角。

（2）腿部动作

蛙泳腿部动作包括收腿、翻脚、蹬腿、滑行四个连贯动作。

收腿。收腿是把腿收至能为翻脚蹬水创造有利的位置。收腿是从滑行结束自然下沉开始，两腿边收边分，在收腿结束时大腿与躯干之间的角度为 130～140 度，小腿和脚靠近臀部，小腿与水平面成垂直姿势，两膝距离与肩同宽。收腿的要求是：腿要放松，收腿的力量要小，速度与蹬腿相比要慢，截面要小。

翻脚。翻脚是为了造成有利于蹬水的效果。实际上翻脚是收腿的继续、蹬腿的开始。在收腿靠近臀部时，两膝内压，小腿外移，紧接着两脚外翻，使脚和小腿内侧对好蹬水方向，要求在收腿未结束之前开始翻脚，在蹬腿开始前完成。

蹬腿。蹬腿的要点是用髋和大腿肌肉发力，按先伸髋再伸膝伸踝的顺序，以大腿内旋做快速有力的鞭状蹬夹水动作。蹬夹水结束时两腿并拢。

滑行。紧接着鞭状蹬夹水动作，两腿并拢伸直，借助惯性向前滑行，身体成平卧姿势，腿部放松，为收腿做准备。

（3）臂部动作

蛙泳臂部动作不仅是游进的重要推动力，而且对维持身体平衡、配合呼吸有重要作用。蛙泳臂的划水动作可分为抓水、划水、收手、伸臂几个阶段。

抓水。抓水是划水的准备阶段，抓水动作紧接滑行肩前伸，两臂内旋滑下，稍勾手，两臂分开向侧斜下方压水。抓水结束时，两臂分成 30～40 度角，两臂与水面成 15～20 度角。

划水。紧接着抓水动作，两臂积极地向侧、向下、向后地屈臂高肘划水。随着划水的进行，大小臂的夹角不断地变化着。当划水至肩线以前，大小臂的夹角约为 90 度。

收手。划水结束时，随着惯性，手臂继续用力向内、向上收至头的前下方。

伸臂。伸臂是由肩向前冲伸的动能使肘关节伸直而完成的。掌心由收手时的向上逐渐向下方，两臂同时向前伸出，两手拇指并拢。

（4）臂与呼吸的配合

呼气是在水中用口鼻同时做由慢到快的呼吐动作。吸气是在水上用嘴把最后的余气有力吐完的刹那做短促有力的吸气动作。

当两臂开始划水时，利用产生的浮力，嘴露出水面吸气；两臂内收前伸时闭气低头；开始划水前，嘴鼻同时迅速呼气。随着技术水平的提高，吸气和划水可同时进行，或收手时再快速抬头吸气。

（5）臂、腿和呼吸的完整配合

臂、腿配合一般是臂划水时腿伸直放松、吸气后臂前伸时做收腿和蹬夹水动作。臂、腿和呼吸的完整配合一般是:腿蹬夹一次,臂划一次,呼吸一次。也可采用臂划水两次或臂划水三次、吸气一次的配合。选择怎样的配合技术应根据个人特征而定。蛙泳技术的重点、难点是腿部动作,而腿部动作的关键又是翻脚和鞭状蹬夹水动作。腿部动作的技术要求是慢收快蹬、翻脚充分、鞭状蹬腿、放松滑行;臂部技术主要注意屈臂划水和划水路线不超过肩。在完整配合技术中注意动作的节奏和连贯性。

### 2.教学方法

(1)腿部动作的教学

第一,坐在池边或岸上,上体后仰,两手后撑,按口令做收腿、翻脚、蹬夹伸直的蛙泳腿部动作练习,建立正确的腿部动作概念。

第二,俯卧在池边或岸上,做蛙泳腿部动作练习,建立正确的腿部肌肉感觉。

第三,扶池槽或由同伴帮助,在水中俯卧做收、翻、蹬夹动作,体会翻脚和弧形蹬夹水的动作。

第四,水中扶板做蹬腿练习,主要是巩固提高腿部动作技术。

(2)手臂动作和手臂与呼吸配合动作的教学

第一,陆上站立,上体前倾,两臂前伸,两手并拢掌心向下,做蛙泳划水、收手、伸臂的练习。可配合呼吸动作进行练习。

第二,两脚开立站在齐胸深的水里,上体前倾做臂的划水动作。主要体会划水路线和收手、伸臂动作。

第三,同第二步练习,配合呼吸动作进行。要求臂滑下时抬头吸气,收手时低头闭气,伸臂时呼气。

第四,同第三步练习,要求由原地到走动练习,并逐渐增加划水力量,体会前臂及手掌对水的高肘弧形划水动作。

第五,腿夹浮板做蛙泳臂与呼吸配合练习。

(3)完整配合动作的教学

第一,水中练习,滑行后做臂腿配合的练习。要求臂腿交替进行,臂划水时腿放松伸直,收手同时收腿,臂前伸时蹬腿。

第二,同练习的第一步,加上抬头吸气动作。

第三,同练习的第二步,由臂腿配合两次,呼吸一次,过渡到臂腿配合一次,呼吸一次,并逐渐增加游泳距离。

### 3.易犯错误及纠正方法

易犯错误1:蹬腿时没有翻脚。

纠正方法:讲解示范,明确动作要领;多做分解动作练习,体会慢收、翻脚、快蹬的节奏;在同伴的帮助下做翻脚动作练习。

易犯错误2:平收腿,蹬腿过宽,蹬夹脱节或只蹬不夹。

纠正方法:讲解示范,明确动作要领;用矫框过正法,要求两膝并着收蹬或用绳固定两膝距离;在陆上做模仿练习,体会收、翻和弧形蹬夹动作。

易犯错误3:收、蹬腿时脚的位置太低。

纠正方法:腰部肌肉适度紧张,使身体平卧水面;积极收小腿,少收大腿。

易犯错误4:收、蹬腿时臀部上下起伏。

纠正方法:头肩保持平稳,少收大腿,积极收小腿;强调弧形蹬夹、慢收、快蹬。

易犯错误5:划水路线太后,两臂划水太宽。

纠正方法:要求臂划水时抬头吸气,高肘屈臂划水。

易犯错误6:吸不到气。

纠正方法:强调吸气前先在水中呼气,口露出水面用口吸气;臂开始划水就抬头吸气;多做臂划水与呼吸配合的练习。

## 二、分层教学模式在游泳教学中的实践应用

### (一)分层教学模式

#### 1.分层教学模式的构成要素

分层教学模式作为教学实践活动中的组成部分,主要内容则指的是在特定学科教学活动中,对于有着相同或者相似学习能力、思想意识以及兴趣爱好的学员,以小组的形式进行分组划分来实施教育教学活动的一种教学模式,而其中教学模式的构成要素包含了以下几点。

第一,针对学员所表现出来的不同学习特征,观察并记录学员之间存在的差异性。

第二,以上述学员表露出来的差异性为基础,结合教学实际计划目标进行小组划分。

第三,开展实施教学实践活动,并对不同小组所表现出来的特性进行重点引导讲解。

第四,进行实时考核,设定考核标准,激发学生对于提高学习成绩的动力。

第五,进行小组之间的资源共享交流学习中遇到的困难和解决问题的经验措施。

#### 2.分层教学模式的种类

现阶段分层教学模式的种类按照形式和内容的划分主要被分为以下几种类型:

第一,以运动式为主的走班分层教学,通过将接收特定学科的学员进行小组划分,以“走班”形式对其进行教学实践活动,根据不同学习能力的学员制定不同的教学内容,进一步提高了学科教学的成效。

第二,以学习能力变化为主的分层教学模式,其主要内容体现在将参与分组教学活动的选择权交给学生,根据自身的学习现状以及能力等要素选择组别类型,并在其中经过不断的学习实践,改变自身的学习能力并在此对小组的划分进行选择。

第三,以互动式教学为主的分层教学模式,根据不同特征形成的不同小组,在课堂活动中以相互交流、探讨学习为形式,强化小组之间的学习探讨能力,这也是目前课堂教学活动中适用范围广的主要形式之一。

### 3.分层教学模式的优势

第一,表现为层次感分明,以分层为主导形式的教学模式,通过将拥有不用学习能力和思维意识的学生进行分组划分,能够便于教师对学生的学习现状和教学实践成果进行充分的了解与掌握,同时学员也能够及时对自身的学习情况进行掌握,逐步调整学习方向和学习任务目标。

第二,表现为较强的针对性,分组教学所提倡的是对不同学习素养的学生进行教学实践活动,所采用的教学模式、教学内容以及教学措施等方面都必须符合不同小组的总体特性,便于教师在教学实践中制定教学计划,选择设置教学内容,同时符合了学生的学习能力范围进一步促进了提升教学成效的教学目的。

### (二)分层教学在游泳教学中的应用

#### 1.在教学方案设计方面

在采用分组教学模式以后首要解决的问题是对教学方案进行科学、合理的设计规划,游泳体育项目的教学中依照体育项目的特性,逐步设定了不同层次阶段的教学目标计划以及所采取的教学措施,例如,针对学习能力、思维灵敏度较高的学习小组,应当逐步提高其学习要求,特别是对游泳所需要的体能、游泳动作掌握情况相比较能力较弱的学员要提升一个层次;而对于其他小组来讲,应当确立掌握基础的游泳技能为教学目标,并围绕其指定的目标计划开展教学实践活动。

#### 2.在教学内容选择方面

分层教学模式中由于小组所体现的学习素养不同,使得教师在教学内容的设置中存在着不同的侧重点,相比较学习接受能力较强的小组学员来讲,教师在讲解完基础的游泳动作要领和安全注意事项以后,会将不同形式的游泳类型逐步引入课堂教学种类,包括蝶泳、蛙泳、自由泳、仰泳等形式,促使其小组学生能够掌握更多的游泳技能,也激发的学员学习游泳项目的兴趣。而与此相对应接受能力有限的小组学员来讲,教师多采用以基础知识、基本技能为主的基础性教学内容,重点加强学员对游泳所要掌握的必备要素进行充分的学习与掌握,促使其能够独立完成游泳活动实践检验,逐步培养学员的游泳技能。

#### 3.在教学实践操作方面

在实践操作中分层教学的应用主要体现在游泳动作技巧的讲解深度和示范过程,教师会对不同能力的学员讲述在不同状况下游泳动作实践的要领,其要领理解和实践难易程度的变化,随着分组特性的不同而发生变化,特别是针对难度较大的游泳技能,其示范动作的分步讲解更加细化;此外不同学习小组所处的水域环境也不同,根据能力的高低和技巧掌握熟练来讲,能力较高的一般在深水区域范围内,反之则在浅水区域范围内进行实践活动。

#### 4.在应急突发事项方面

安全教学是开展游泳课堂教学的首要因素,不论是在不同的学习小组还是在不同的水域环境内开展实施教学活动,都必须要保障教学环境的安全稳定性,同时为了防止教学意外的发生,教师在从事教学实践过程中严格按照安全防范管理体系,多会采取有效措施避免出现诸如学员溺水、游泳活动出现身体损伤的现象,包括建立完善应急突发事项管理机制、水域实践活动监督管理制度以及规范游泳场地使用细则。

### (三)强化分层教学在游泳课堂教学的主要措施

#### 1.教育规划方面

为了进一步提高分层教学在游泳课堂教学当中的应用范围和规模,应对其应用实践体系运行进行系统的规划设计,一是需要高等院校结合本校的办学宗旨和体育教学的总体发展规划,确立游泳教学的长远发展目标和建设方向;二是围绕提高学生游泳技能、提升教学成效逐步建立并持续完善游泳课堂教学管理体系,重点是加强游泳教学各要素之间的衔接与沟通,保障游泳教学实践活动能够持续有效进行下去。

#### 2.安全保障方面

在原有游泳体育教学安全防范措施的基础上进行优化,特别是针对应急突发事件的处理流程和制度规划进行合理、规范化设置,围绕以提高游泳教学安全性为基本原则,以营造安全可靠的教学环境为行动目标,制定切实可行的应急突发事件的实施细则,逐步在教师、监管人员、救援人员、学生之间形成相互依托、相互监管的安全防范管理运行体系,提高处理应急事件的时效性,避免出现教学活动中人身财产损害的现象。

#### 3.设定游泳教学内容

在现阶段体育教学创新改革发展建设的影响下,为实现提高游泳教学成效、满足社会发展对于综合型人才的需求,在实施分组教学的前提背景下,需要对游泳教学的内容进行设置,游泳分层教学模式所采取的内容设定,首先应当要结合现有的游泳教学资源包括师资力量、教学目标、教学器械场地、学生身体素质现状等基础要素;其次,逐步确立不同分组中对于游泳项目学习的侧重点,是加强动作要领的培训还是提升身体协调性;最后,在保障安全条件的前提下,尽可能多地采用理论与实践相结合的分层教学,在不断地游泳实践活动中来逐步体会教师所讲解的课程内容。

#### 4.优化分组措施

一方面,分层教学实践的重点在于小组划分,为此在实施小组划分的过程中教师应当在满足体育教学计划的前提下,结合院校游泳教学实际现状和存在的问题,以及学生自身的身体素质状况,逐步观察采集学员对于游泳项目学习能力以及兴趣的差异性,将其作为实施分组教学操作的重要参考依据。

一方面,进一步提高分配小组的划分标准,包括能力水平、身体素质以及灵活程度等软硬件条件是否达到既定的分组要求,提高分层划分的公正性和科学规范性;同时做好学员的讲解工作,避免出现因分组问题造成教师与学生、学生与学生之间的矛盾冲突,影响了教学成果的提升。

综上所述,分层教学模式本身所包含的优势效益,对于提高游泳教学活动成效起到了重要的推动促进作用,特别是在当下校园建设与教育体制都处在创新改革的发展建设时期,分层教学模式层次分明、条理清晰的优势特性,逐步提高了游泳教学的效率和质量,为此应当在现有环境资源的基础上，通过规划设计、体系建设、提升安全保障、优化分组措施等步骤，形成一套实践性强、适用范围广的综合型分层教学模式，助力于游泳教学长远发展。

# 第三节　体育舞蹈教学与训练实践探究

## 一、体育舞蹈的常规教学与训练

（一）常用的基本舞步

1. 跑跳步（一拍完成）

小八字步站立，两手叉腰。左腿屈膝前举，绷脚面，同时右脚向前跳一小步，随即左脚向前落地，再换右腿屈膝前举。可向前、向侧、向后做，要求动作轻快、欢跃，两臂自然前后摆动。

2. 跳踢步（两拍完成）

自然站立，两手叉腰。第一拍，两脚轻跳一次；第二拍再跳起，左脚向前踢出，同时右脚落地。可连续做，也可左右腿交换做；可向前、向侧、向后方踢腿；可原地做，也可在移动中做；可直膝踢腿，也可屈膝踢腿。要求动作轻快活泼，头部协调配合。

3. 踵趾步（两拍完成）

自然站立，两手叉腰。第一拍两脚轻跳，右脚落地稍屈膝，同时左脚跟在体前点地；第二拍右脚轻跳，落地稍屈膝，同时左脚尖在体后点地。可连续做，也可经过渡动作交换腿做。踵趾可在同一方位连续点地，也可在不同方位分别点地。要求动作活泼欢快，协调配合上姿势和头位动作。

4. 踵趾踢步（四拍完成）

自然站立，两手叉腰。第一拍，两脚轻跳，右脚落地稍屈膝，同时左脚跟在右脚尖前方点地；第二拍，右脚轻跳，落地稍屈膝，同时左脚尖在右脚的右侧点地，膝稍屈；第三拍，右脚轻跳，同时左腿向左前方踢出；第四拍，右脚轻跳，双脚同时落地还原。可交换腿做，也可连续做。要求动作轻快活泼。

5. 快踏步（两拍完成）

自然站立，两手叉腰。第一拍，上半拍，左腿屈膝上摆，同时右脚蹬地随之屈膝上摆，左脚落地；下半拍右脚随即落地，同时左膝屈膝上抬。第二拍，左脚落地；换右腿屈膝上摆开始。可在原地做，也可在前进中做或左右移动中做。要求动作轻快、节奏分明。

6. 踢毽子（两拍完成）

自然站立，第一拍，左腿屈膝上抬，随即右脚蹬离地面后屈膝，小腿从左腿前面内拐上踢，同时左脚落地。第二拍，右脚落地还原。可连续做，也可经过渡动作交换腿做；可使右小腿从左腿后面内拐上踢成右腿的后踢毽，还可使右小腿在侧面外拐上踢成侧踢毽。要求动作轻捷、节奏分明，两臂随腿的动作自然摆动。

### 7.垫跳步(两拍完成)

自然站立,两手叉腰。节拍前右膝稍屈,左膝前抬稍离地。第一拍,左脚前脚掌垫地,伸膝立踵,右脚直膝离地。第二拍,右脚落地,还原节拍前动作。可连续做,也可经过渡动作交换腿做;可在原地做,也可在向前、向侧、向后移动中做,还可以边转体边做。要求动作柔和、有弹性,上下起伏节奏清楚。

### 8.踏跳步(两拍完成)

自然站立,两手叉腰。节拍前左膝前抬离地。第一拍,左脚踏地跳起,右腿屈膝前摆;第二拍,左脚落地,右膝前抬停留在空中,换右脚踏地。可在原地做,也可在移动中做,还可以边转体边做;可向前、向侧、向后屈膝摆动,也可直膝摆动。要求动作刚健有力、节奏感强。

### 9.跳点步(两拍完成)

自然站立,两手叉腰。第一拍,上半拍左脚向左跳出一步,下半拍右脚随之在脚旁点地;第二拍,左脚原地踏一步,换右脚跳出,可向各种方位跳出。要求动作欢快活泼,注意上体和头位的配合。

### 10.三步一跳(四拍完成)

自然站立,左脚开始,向左走三步,每步一拍;第四拍,左脚蹬地跳起,右脚同时向左踢,左脚落地。换右脚向右走。可向前后左右各个方位做;可直膝踢腿,也可屈膝抬腿。要求动作轻快自然,两臂随动作自然摆动。

### 11.秧歌步(四拍完成)自然站立

三进一退。左脚开始,向前扭三步,每步一拍,双膝随之稍予颤动,两臂在胸前做横"8"字摆动;四拍右脚原地退一步,左脚稍离地。

三步一跳。1~3拍同上一步前三拍,第三拍后半拍左脚跳起小腿后踢,右脚向前跨出,两臂摆起至右肩膀位,左臂托掌位右脚落地。

十字步。第一拍,左脚向右前方迈一步;第二拍,右脚向左前方迈一步;第三拍,左脚向左后方撤一步;第四拍,右脚向右后撤一步,两臂随脚在胸前做横"8"字形摆动。可原地做,也可在前进中做;可加转体做,边做边向左转体。

以上三种秧歌步都要求动作流畅、欢快热烈。

### (二)基本舞步与动作组合

### 1.踏跳步组合(八拍完成)

节拍前自然站立,两臂侧举,半握拳。

1~2拍,左脚踏跳,右腿在后屈膝摆动,两臂内摆至右臂在体后屈,左臂在体前屈。

3~4拍,左脚踏跳,左腿向前屈膝摆动,两臂外摆至侧举。

5~6拍,左脚踏跳,右腿在右侧屈膝摆动,两臂内摆至右臂在体前屈,左臂在体后屈。

7~8拍同3~4拍,反复进行。

可原地做,也可边做边向右侧移动。两个八拍后可换右脚。

2.踢毽步组合(八拍完成)

1~2拍,抬左膝,右腿前踢毽步。

3~4拍,抬左膝,右腿后踢毽步。

5~8拍,右脚侧踢毽步两次。

可反复进行,两臂随动作自然摆动。两个八拍后换左脚做。

3.跳点步组合(八拍完成)

1~2拍,左脚向左做跳点步,左臂屈肘由右至左在头前方小晃手,右手在左肘下按掌。

3~4拍,右脚向右做跳点步,换右臂小晃手。

5~6拍,左脚向前做跳点步,上体前俯,同时左臂前下伸右臂后上举,头后屈,眼看左手。

7~8拍,右脚向后做跳点步,同时上体右转后仰视,头向左转仰视,左手叉腰肘向前,右手扶头后,可以右脚开始做,注意手臂、上体和头位配合。

4.踵趾步,快踏步组合(八拍完成)

1~2拍,左脚做前踵后趾步。前踵时,臂体前小交叉,上体左侧;后趾时,两臂外翻打开成侧下举,上体正直。

3~4拍,左腿屈膝前摆做快踏步,同时两前臂向上内绕至手叉腰。

5~8拍,动作同3~4拍,但换右脚做。

可原地做,也可在快踏步时向前移动;可在第二个八拍时做转体360度的快踏步,两臂上摆至三位。

5.跳踢步、垫踏步组合(二八拍完成)

1~4拍,做左腿屈膝外摆侧踢的跳踢步两次,同时头右偏左转,眼看左脚,两手在右耳旁击掌两次。

5~8拍动作同1~4拍,但换成踢右脚。

二八拍的前四拍,右脚做垫踏步两次,同时右转180度,两手在胸前击掌后摆至两臂侧举,眼看左手。

5~8拍动作同1~4拍。

三八拍开始,可换右腿先做侧踢。

6.秧歌步组合(四八拍完成)

1~8拍左脚开始做两次三进一退步。

二八拍做两次十字步,第二次向左转体180度。

三八拍做两次三进一跳步。

四八拍同二八拍动作。

7.三步一跳组合(四八拍完成)

学生手牵手成圆圈。

1~8拍,先向左后向右各做一次直膝踢腿的三步一跳。

二八拍先向前再向后做一次屈前抬的三步一跳。向前做时,两臂由下向前至上举;向后做时,两臂经下向后摆。上体随动作俯仰配合。

三八拍开始不牵手,先向左做一次三步一跳,右腿屈膝抬起向右摆,两臂在头上从右向左挥摆,跳起时再随之向右挥摆。再向右做一次,动作同,方向反。

四八拍先向前再向后做一次屈膝前抬的三步一跳。向前做时,两臂向后轮转一周至左臂前下举,右臂后上举;向后做时,两臂向后轮转一周半至右臂前下举,左臂后上举。

8.组合舞蹈"春天来了"(四八拍完成)

学生牵手成圆圈,单数出列站成逆时针方向的内圈。

1~8拍,外圈拍手,内圈从左脚开始向前做8个跑跳步,两臂打开,四侧向下经前至上举成三位,上体随之由前俯逐步抬起,做两次。

二八拍内外圈相对,一起做左腿跳踢步两次,左手叉腰,右臂后上举;再换右腿做两次,手臂相反。

三八拍,前4拍先向左后向右做跳点步小晃手一次;后4拍做秧歌十字步转体180度,内外圈交换位置后相对。

四八拍做一次蹱趾步、快踏步组合练习。

9.组合舞蹈毽子舞(四八拍完成)

学生牵手成圆圈。

1~8拍,前4拍用抬左腿踢右腿做一次前后毽踢步组合,后4拍向右做4次跑跳步。

二八拍同一八拍动作,但向左做跑跳步。

二八拍和四八拍做一次跳踢步、垫踏步组合练习。

(三)教学方法

注意各动作的区别和联系,合理安排教学顺序,充分发挥各动作之间的有利影响,避免可能出现的干扰。

以单个动作为基础,及时转入舞步组合练习,既提高对学生的练习要求,又提高学生的练习兴趣。单个动作练习时,要着重抓好动作基本形态的教学,在学生掌握后再根据需要进行动作演变形态的教学,启发学生思维,培养想象力。

在学生基本掌握动作后,要及时选配适宜恰当的音乐伴奏,让学生在欢快的气氛和优美的旋律中练习,激发学生情感的共鸣,提高练习的热情和动作的表现力。伴奏前,先让学生熟悉音乐的节奏和旋律特征。

舞蹈教学要与学校课外活动相结合,为师生提供一个广阔的课堂,使学生的表现力、想象力、创造力能得到充分的发挥,既能丰富校园文化生活,又能极大地巩固、提高和扩展课堂教学效果。

## 二、翻转课堂教学模式在体育舞蹈教学中的实践应用

### (一)翻转课堂的内涵

翻转课堂是从英语"Flipped Class Model"翻译过来的术语,又被称为"反转课堂式教学

模式"。翻转课堂实质上是指教师在课前把教学内容制作成一个短小精悍的视频发布在网络上,学生在家中完成对教学视频的观看和学习,随后在基本掌握一定理论知识的基础上完成在线测试,在课堂上师生一起协作交流共同解决在学习过程中遇到的问题,完成教学任务,以此来提高学生的学习兴趣,调动学生主观能动性的一种新的教学模式。这种教学模式颠覆了传统课堂上听教师讲解,跟随教师进行技能学习,课下领会练习的教学模式,更好地提高了学习效率。

## (二)体育舞蹈教学的特征

体育舞蹈是将体育与舞蹈、音乐相融合的运动项目之一,它以音乐节奏为基础,以身体动作和形态为具体表现形式,同样具备了一般舞蹈的艺术性,教师在教学过程中不仅要注重对动作技能的传授,更要注重对学习者的音乐素养和舞蹈表现力的培养。体育舞蹈动作的学习符合运动技术形成的一般规律,分别为泛华、分化、自动化3个阶段,在教学过程中我们通常采用讲解和示范相结合的方法。讲解是教师通过语言的描述帮助学生在脑海里建立动作的模糊概念,加深对动作的理解,而示范则需要教师以自己的动作为范例帮助学生建立动作表象从而更好地掌握技术动作。

## (三)翻转课堂应用与体育舞蹈中的意义

### 1.教学内容

传统的体育舞蹈教学模式强调课堂是一个知识与技能传授的过程,教师教什么,学生就学什么。目前,很多学生学习的还是教师规定的那几个固定的舞蹈套路,学生无需创新和思考。而翻转课堂在多媒体课件的制作中引用国际赛事的视频,将音乐、图像、文字集于一身,学生完全沉浸视频所制造出的现场逼真效果中。赛场上舞者绚丽的服装和优美的舞姿会使学生产生跃跃欲试的感觉。翻转课堂模式采用更加有意义,学生感兴趣的内容作为教学内容。同时,学生也可以根据自己感兴趣的内容编排自己喜欢的组合套路进行小组展示,古人说"授人以鱼不如授人以渔",而翻转课堂正式验证了这个道理。它不仅注重对技能的传授更注重对学生学习能力,舞蹈创编能力的培养。

### 2.教学方法

传统的体育舞蹈教学模式是"灌入式"的,教师在教学过程中占主导地位,学生在学习过程中是被动地接受知识和技能。翻转课堂强调的是自主学习与信息化学习、合作探究式学习相结合的多样化学习模式。学生在课前可以根据教师制作的视频和提出的问题提前预习教学内容,帮助学生更好、更快地建立动作表象,缩短教学时间,提高教学效率。在学习过程中可以小组互相展示学习成果,讨论合作,相互学习,发挥学生的主体作用。课下,学生也可以通过教学视频对不懂的问题反复揣摩,对同一个动作甚至高难度动作也可以反复播放,加深理解,兼顾到了每个学生发展的不同需求。

### 3.评价方法

翻转课堂对激发学生学习的主动性与积极性,培养他们发现、分析、探索问题的综合能力,对学生的社会适应能力,相互合作学习能力的提升也发挥了重要的作用。教师可以通过与学生在线的交流讨论,了解学生的学习情况。在评价阶段,翻转课堂与传统的以考试分数作为唯一的评价手段有所不同,除了教师对学生课堂上的表现进行评价,还有教师将小组展示录制下来放在视频播放区,学生可以发帖评价。多样化的评价方式,促进学生的个性化学习。

### (四)翻转课堂应用与体育舞蹈教学模式的构建

翻转课堂与传统的体育舞蹈教学模式最大的不同点在于如何尽可能地在课前预习的基础之上,延长有效的上课时间,关键在于利用一个好的教学设计来提高教学质量。

不同的学习方法带来的学习效率有着很大的差异,传统的"满堂灌"式教学已经不适应学生的发展,这启示我们,在教学过程中,教师和学生都应该做出相应的调整。传统的教学模式过分注重教师的讲授,学生被动地模仿,要通过视、听、口、脑多中感官的刺激来启发学生的学习,才能真正做到对知识技能的吸收内化和掌握。

#### 1.课前模块设计

在课前准备阶段,教师要准备2～3个实践课视频,其中包括恰恰移动步教学视频、优秀运动员比赛视频或教师实践课录制视频,将制作好的视频上传到校园慕课平台供学生课前预习。视频制作要短小精悍、时间控制在5～7分钟之间,突出重点内容,时间过长易分散学生注意力,达不到好的学习效果;尽可能用简单易懂的语言介绍本节课的重难点内容,在视频结束之前可设置几个有针对性的小问题,激发学生学习的动力;学生可以将预习过程中不懂的问题反馈给教师,教师通过问题的统计来把握教学过程中应该着重强调的地方;学生也可以将问题带到课堂上去与同学相互讨论、探究。

#### 2.课堂活动模块设计

课前学生已经学习了恰恰移动步的相关知识,教师就可以花很多的时间在课堂实践活动的组织上,这些活动的组织是教师根据课前学生问题的反馈而设定的有针对性的实践活动。包括知识检测、布置任务、小组协作、小组展示、反馈评价几个方面的内容。

##### (1)知识检测

教师可提问几个小问题并通过学生的回答来检测课前的预习情况。对于恰恰移动步这个新授课而言,学生想通过教学视频就掌握教学的重难点是比较困难的,对于这节课的重难点内容,还是要通过课堂实践中教师的讲解、示范,学生间的讨论与探究来解决。在提问问题时要尽量以选择性答案方式呈现给学生让学生选择。

##### (2)布置任务

学生在基本掌握了教学内容及重难点之后,围绕教师布置的教学任务全面掌握动作技能。这就要求教师在下达任务之前对学生的学习情况基本了解,设计有针对性的学习任务。恰恰移动步是一门新授课,学习任务要由易到难,主要包括:①完成恰恰律动练习;②掌握主力脚推动地板练习;③将律动与主力脚推动练习结合。

##### (3)小组协作

在小组协作阶段,每一位成员都有机会发表个人的观点和看法,小组成员之间可以通过互相探讨、学习进一步对自己已掌握的知识进行补充,共同提高。同时,有利于培养学生的团队合作意识和主动参与的意识,发展学生的社会适应能力。

（4）小组展示

小组展示是一项重要的教学手段,学生可以以小组为单位向教师和同学展示自己的学习成果,也可以自己创编舞蹈动作进行展示,它能很好地改变教师占主导地位学生被动学习的局面,发挥学生的主动性,激发学生的学习热情。它作为一种高效的学习方式,帮助学生开展"认知交流,成果分享,思维碰撞,解决问题"的活动,大大提高了学生的学习效率。

（5）反馈与评价

小组展示结束之后除了需要教师与学生的鼓励之外,还要有一定的评价来帮助他们认识到自己存在的问题与不足之处。评价手段包括两种,由教师根据学生的课堂表现和小组展示成果做出的评价称为教师评价;教师用手机或多媒体工具将小组展示录制下来并放到校园慕课平台上由学生发帖评价的称为学生评价。多元化的评价机制相结合更有利于促进学生的个性化学习。

翻转课堂虽然被誉为"影响课堂教学的重大技术变革",但在教学过程中不能完全依赖多媒体教学,也不能完全替代传统的教师讲解示范为主的教学模式,如果教师在教学过程中过分依赖多媒体教学会导致动作技能教学时间的丢失,学生的动作技能也无法得到提升。教师在教学过程中一定要适度,灵活运用,才能使翻转课堂与体育与舞蹈教学做到真正意义上的融合。

# 第四节　武术运动教学与训练实践探究

武术是我国宝贵的文化遗产之一,是一项具有独特风格民族形式的体育项目。

## 一、武术教学任务

第一,使学生了解武术的特征及其在中华民族文明史上的作用,明确学习武术的目的既是为了锻炼身体,又是继承民族文化遗产,发扬光大我国的优良传统文化。

第二,通过武术的教学,发展学生的柔韧、灵敏、速度、协调和力量等身体素质,增强其肌肉、韧带的伸展和弹性,提高各关节的灵活性和中枢神经系统、心血管等内脏器官的机能。

第三,使学生掌握教材中的武术操、基本动作和组合动作、拳术套路以及攻防动作。

第四,培养学生勇敢顽强、机智果断的优良品质和朝气蓬勃、吃苦耐劳的精神,增强民族自豪感。

第五,由于武术具有系统性和动作的连贯性以及内外合一、神形兼备的特征,通过对动作、套路的记忆,以及对攻防含义的理解,提高学生的理解能力和独立思考能力,促进学生德、智、体全面发展。

## 二、武术教学的一般规律

### （一）武术教学的三个阶段

中学的武术教材是根据由易到难、循序渐进的原则编写的,在教学中可分成以下三个阶段：

第一，进行武术中拳术的手型、手法、步型、步法等基本动作和武术操的教学，提高学生的身体素质，使学生学会动作，并掌握动作的规格。

第二，学习组合动作和少年拳，掌握套路特征和运动方法。

第三，在巩固和提高少年拳的基础上，掌握单人和双人攻防动作，初步掌握攻防技术的性质和作用。如果学习攻防动作的条件不够成熟，也可选棍术或剑术进行教学，初步掌握器械套路的方法。

### (二)武术教学的顺序

武术教学的特征之一，就是以套路为运动形式，而套路由若干基本动作组成。每个完整的套路，一般都包含着动作的方向路线、功架的结构、发力的特征、节奏的变化、意识的走向、手眼的配合等要素。要让学生逐步学会动作和套路，可按下列教学顺序进行：

第一，弄清动作的方向路线。

第二，进一步掌握动作姿势的准确和工整。

第三，要使学生完整地掌握动作，并使其规格化。

第四，要使学生体会、了解武术的技法，以及神形兼备的要求。

第五，通过多练、多复习达到熟练掌握套路，并不断提高质量的目的。

### (三)讲解和示范的特征

在武术教学中，教师的讲解和示范对于教学的成败起着极其重要的作用。讲解和示范是思维和直观相结合的教法，是使学生建立正确的动作概念和掌握动作的基本方法。

#### 1.讲解的特征及内容

第一，讲解动作的规格和要求时，力求通俗、精炼、形象准确，可采用武术的术语和口诀。

第二，讲解动作的基本技法，即带有一般规律的基本方法，如进攻和防守的方法与部位。

第三，按动作的顺序，每一个动作，一般先讲下肢(步型)，再讲上肢，最后讲上下肢的配合以及眼看的方向。

第四，讲解动作的关键环节，即难点。

第五，讲解动作的攻防含义。

第六，讲解动作易犯的错误。

#### 2.示范的特征及方法

教师的示范是使学生通过直观感性认识来了解动作的形象、结构过程，从而获得正确的动作概貌。武术教学的示范有自己的特征和方法。

第一，示范的位置。可以选择在横队的等边三角形的顶点或左前方、右前方。

第二，根据动作的需要，教师的示范面可采用正面、镜面、斜面、侧面和背面。在教套路时，需要示范领做，教师要随着队形的变化方向不断变换自己的位置，最好保持在队列前进方向的左前方，领做时最好先用背面示范，便于学生直接模仿教师的动作。开始可用慢速示范，以后逐渐加快示范的速度。

(四)组织教法

第一,以集体练习为主、分组练习为辅,要充分发挥教师的主导作用,调动学生的练习积极性。

第二,注意培养和使用武术骨干,使其发挥"小教员"的作用。集体练习时,把他们安排在适当的位置,可以起到示范不同角度的作用。分组练习时,发挥"兵教兵"的作用,让他们当好教师的助手。

第三,练习时可进行教学比赛,择优示范和讲评,可提高学生的兴奋度,促使其熟练掌握动作,提高质量,互教互学。

## 三、武术基本动作的常规教学与训练

武术中的基本技术动作是组成套路的主要内容,主要包括手型、手法、步型、步法、腿法、身法、眼法和跳跃。这些动作是武术所特有的,在教学中会反复出现,并具有独特的风格和技击意义。另外,这些动作不仅是套路演练过程中看得见、用得上的基本技术,也是发展专项身体素质的有效方法。加强基本技术动作的教学,不仅有助于学生领会和掌握教材中的套路,保持武术技术动作规范性的独特风格,而且还可达到有效地锻炼身体的目的。

## 四、多元化教学模式在武术教学中的实践应用

所谓多元化教学模式,主要指的是一种突出学生主体性地位的,全方面地、多视角地将所有可以利用的因素全部引入教学当中去的教学模式。多元化教学模式,它旨在促进学生学习兴趣的培养,努力开发学生的发散性思维,主要便是武术学习的个性化以及武术课程的开放化等多个方面。

(一)多媒体教学模式在武术教学中的应用

在这个"科学大爆炸"的时代,合理地引进最新科学技术来服务于教学也已成为必然趋势,最有代表性的便属多媒体技术在教学当中的应用,当前多媒体教学技术也开始应用于武术教学。由于传统教学模式根深蒂固的影响,许多教师仍选择讲解示范法进行教学,这一传统的教学方式,对于学生学习简单的基本套路动作确实具有十分重要的作用,但是随着武术动作技巧难度的不断提升,便需要教师在反复地从多个角度示范技术动作的同时讲解动作要领,既增强了教师教学的难度也增加了学习的压力。采用多媒体教学法便能够有效地解决这一问题,通过多媒体技术,利用视频影像以及分解动作图片对技术动作的直观呈现,并且配合音乐、文字等一些感官进行全方位的学习,不但可以减少教师的教学强度,同时有利于学生学习兴趣的培养。

1.多媒体教学法对学生兴趣培养的作用分析

通过多媒体教学法,可以将教学内容以图像、视频、文字等不同形式直观、生动地呈现在学生面前,使学生能够全方位地、直观地进行观察学习。对于套路学习还可配上音乐的伴奏,更能给学生营造出一个轻快的学习氛围,从而营造出一个和谐、轻松的学习环境。通过多媒体技术,学生可以更加深入细致地对技术动作进行观察,能够提高学生掌握动作的准确

度,并且能够维持长时间的记忆,这在一定程度上也能够起到减轻学生学习负担,减轻教师教学难度,提高学生学习兴趣的作用。

2.多媒体教学法运用中应注意的问题分析

必须明确的是,多媒体教学法只是教学的辅助手段之一,因而作为一名优秀的武术教师,应该要能够熟练掌握多媒体教学课件制作以及操作技术,并且可以准确合理地将其应用于教学活动当中。教师应仔细观察学生的学习情况,再结合学生的反馈意见来准确灵活地运用多媒体技术进行教学,让多媒体教学模式与传统教学模式相结合,共同提升武术教学质量。

(二)俱乐部教学模式在武术教学中的应用

采用俱乐部教学模式,通过成立武术俱乐部,能够在一定范围内吸引一些学生参与到武术俱乐部的训练活动中,在提高学生武术技术的同时,还能够让学生养成良好的锻炼习惯,为其终身参与体育锻炼打下坚实的基础。除此之外,作为我国传统体育运动项目,武术教学中所蕴含的德育价值也是极为重要的,通过俱乐部教学模式,让更多的人参与这项运动当中,对于传承我国传统体育文化,弘扬武德精神,培养学生的意志品质都具有积极作用。

(三)网络课程教学模式在武术教学中的应用

近些年来,互联网得到了迅猛发展,它开始影响着人们生活、学习、工作的方方面面。因而武术教学也应该有效运用网络,开发网络课程,采用网络课程教学模式以激发学生的学习兴趣。网络课程与传统课程最大的区别便在于教学时间的随意性,教师可将教学视频传到网络上,学生再自由选择空暇时间进行观看学习。教师在制作网络课程的时候,应该注重对其趣味性以及实用性的体现,这样便能够更好地吸引学生积极主动地进行学习。在网络课程教学评价中,也可让学生自己拍摄套路学习的视频,将其上传至教师邮箱,教师再对学生的学习成果进行评价,这样一种区别于传统评价方式的形式,也能够调动学生的学习兴趣,提高评价的趣味性。

综上所述,多元化教学模式在武术教学中的应用,对于提高学生的学习兴趣,丰富武术教学内容,提高武术教学的趣味性等多方面都具有重要作用。多元化教学模式的应用,不但能够有效弥补传统武术教学当中的一些缺陷,还能够扩大武术教学的范围,激发学生的武术训练热情。在未来的武术教学当中,应该要灵活地运用多媒体技术辅助教学,支持武术俱乐部活动的开展,开设武术网络课程等,以营造出一个自主、灵活的武术教学氛围,从而更好地实现武术教学目标。

# 参考文献

[1]曹宏宏.高校体育与健康课程教学实践改革研究[M].长春:吉林出版集团股份有限公司,2018.

[2]常德庆,姜书慧,张磊.高校体育教学与运动训练研究[M].长春:吉林出版集团股份有限公司,2020.

[3]畅宏民.我国高校体育拓展训练的教学体系构建与模式创新研究[M].沈阳:东北大学出版社,2018.

[4]陈轩昂.新时期高校体育教学的改革与发展[M].北京:航空工业出版社,2019.

[5]段胜霜,付杰.高校体育教学与训练[M].长春:吉林出版集团股份有限公司,2019.

[6]王伟,李小雄.高校体育教学训练有效性的路径构建[M].北京:光明日报出版社,2016.

[7]谷茂恒,姜武成.高校体育教学评价体系的构建[M].北京:航空工业出版社,2019.

[8]郝英.高校体育教学俱乐部的组织与设计[M].北京:九州出版社,2019.

[9]吉丽娜,李磊.高校体育教学与训练理论实践探究[M].北京:地质出版社,2017.

[10]江俊.高校体育教学与训练发展研究[M].延吉:延边大学出版社,2020.

[11]蒋艺.高校体育教学与训练研究[M].北京:中国国际广播出版社,2018.

[12]李慧.高校体育教学改革与科学化训练研究[M].沈阳:辽宁大学出版社,2021.

[13]李松华.高校体育教学与训练方向的研究[M].西安:西安交通大学出版社,2019.

[14]李响.高校体育教学训练水平提升策略与实证[M].北京:北京燕山出版社,2022.

[15]廖建媚.高校公共体育教学环境研究[M].厦门:厦门大学出版社,2019.

[16]刘少华,高校体育教学中学生意外事故的善后处理与舆情对策研究[M].长春:吉林文史出版社,2018.

[17]刘伟.高校体育教育创新理念与实践教学研究[M].北京:九州出版社,2019.

[18]马超.高校体育教学与训练研究[M].长春:吉林出版集团股份有限公司,2022.

[19]马鹏涛.高校体育教学改革创新与科学化训练研究[M].北京:新华出版社,2018.

[20]潘瑞成.高校学术文库体育研究论丛刊.跆拳道运动文化与技能教学研究[M].北京:中国书籍出版社,2018.

[21]史振瑞.移动健康和智慧体育互联网＋下的高校体育革命[M].天津:天津社会科学院出版社,2018.

[22]受中秋,王双,黄荣宝.高校体育教育发展与改革探究[M].长春:吉林大学出版社,2018.

[23]孙宝国.高校体育审美教育研究[M].长春:吉林美术出版社,2018.

[24]孙静.高校体育教学与训练研究[M].北京:现代出版社,2020.

[25]王皋华.高校体育教练员基本教学训练技能岗位培训[M].北京:北京理工大学出版社,2009.

[26]王建军,白如冰.高校体育文化教育研究[M].长春:吉林美术出版社,2018.

[27]夏越.现代高校体育教学研究[M].北京:北京理工大学出版社,2019.

[28]谢宾,王新光,时春梅.高校体育教学与运动训练研究[M].吉林人民出版社,2021.

[29]薛文忠.民族传统体育文化与研究生体育健康教育研究[M].长春:吉林大学出版社,2017.

[30]杨景元,董奎,李文兰.体育教学管理与教学现状[M].长春:吉林人民出版社,2019.

[31]杨乃彤,王毅.高校体育教学创新及运动教育模式应用研究[M].北京:九州出版社,2019.

[32]于海,张宁宁,骆奥.高校体育教学与训练实践研究[M].长春:吉林人民出版社,2021.

[33]张红玲,高校学术文库体育研究论丛刊乒乓球教学与训练[M].北京:中国书籍出版社,2019.

[34]张建梅.高校体育教学与大学生体能训练[M].长春:吉林科学技术出版社,2020.

[35]张京杭.高校体育教学方法实践探索[M].北京:现代出版社,2019.

[36]张胜利,邢振超,孙宇.高校体育教学与科学训练[M].北京:九州出版社,2015.

[37]周春娟.高校体育教学的影响因素分析与改革探索[M].青岛:中国海洋大学出版社,2018.